CLAUS LEGGEWIE

REPARATIONEN

IM DREIECK ALGERIEN, FRANKREICH, DEUTSCHLAND

CLAUS LEGGEWIE

REPARATIONEN

IM DREIECK
ALGERIEN, FRANKREICH, DEUTSCHLAND

KINZELBACH VERLAG MAINZ

Stolze-Schrey-Str. 3
D-55124 Mainz
www.kinzelbach-verlag.de

Titelbild: Kader Attia, Power Plant 12,
aus: Traditional Repair, Immaterial Injury, 2014-2018
Courtesy of the artist.
Photo: Toni Hafkenscheid

ISBN 978-3-942490-50-4

Inhalt

III

IV

Postkolonial: Die Unabhängigkeit

V

Dekolonial: Die Zukunft

Einleitung

Algérie mon amour (malheureux)

Algerien lässt einen nicht los. Wenn ich persönlich beginnen darf: In einem gewissen Alter fragt man sich, warum man ein bestimmtes Land, eine Fragestellung, ein Thema gewählt hat. Oft sind es äußere Gründe, hin und wieder tritt auch eine tiefere Verbundenheit zutage, oder die Wahl bleibt ein ewiges Rätsel. Zu erkunden wäre in meinem Fall, warum ich mich über fünf Jahrzehnte mit der Geschichte, Gegenwart und Zukunft Algeriens beschäftige, eine Spezialisierung, die in Deutschland nie auf der Hand lag, zu der auch keine Vorbestimmung qua Herkunft, Familie, Sprachkenntnissen, Reiseerfahrung oder akademischen Instituten vorlag. Und Karrieregründe können es nicht gewesen sein, denn dieser Spleen bringt kaum akademische oder journalistische Lorbeeren ein.

Tiefer gegraben führt dann doch eine quasi-familiäre Spur auf einen ganz unbewussten Anfang zurück – ein Familienbesuch bei der als *au pair* tätigen, acht Jahre älteren Schwester im Jahr 1961 in Paris.[1] Zu dem Zeitpunkt fand, wie ich erst später herausfand, in der französischen Hauptstadt ein Massaker an algerischen Demonstranten statt, die sich am Abend des 17. Oktober für die Unabhängigkeit ihres Landes

[1] Im Folgenden greife ich zurück auf verschiedene Algerien behandelnde Abschnitte meines autobiografischen Berichts „Politische Zeiten. Beobachtungen von der Seitenlinie“, München 2015.

versammelt hatten und von der Polizei zu Dutzenden regelrecht massakriert wurden. Davon, einem der schlimmsten Ereignisse der jüngeren Geschichte, bekam ich als wohlbehütetes Kind im vornehmen 16. Bezirk nicht das geringste mit, noch weniger, dass die Seine sich blutrot verfärbt haben soll, weil man Leichen einfach in den Fluss geworfen hatte. Lediglich einen unerfindlichen Blumenstrauß im Rinnstein erinnere ich und den coolen Bescheid der welterfahrenen Schwester an den Elfjährigen, dass da wohl „einer umgebracht" worden sei und so etwas in Paris gerade häufiger geschehe. Es gibt Momente im Leben eines Kindes, von denen an es nicht mehr ans Christkind und an das stets Gute im Menschen zu glauben bereit ist - gut möglich, dass Letzteres in meinem Leben auf der Rückfahrt von Paris-Nord nach Köln Hauptbahnhof in dem schicken TEE-Schnellzug eingetreten war, der mich dann (auch im Märklin-Format) wieder mehr interessierte.

Irgendeine algerische Bestimmung möchte ich daraus nicht ableiten. Das Land kannte ich mit dem Finger auf der Landkarte und aus Sahara-Postkarten, die mich beeindruckt und eine Reiselust in Wüstenregionen ausgelöst haben. Bis ich erstmals in die Sahara kam, 1977 nämlich, war mit Algerien der Name Frantz Fanon verbunden. Dessen Rowohlt-Aktuell-Ausgabe des Buchs „Die Verdammten der Erde" wurde zur Pflichtlektüre bei Linken wurde, zu denen ich mich seit zirka 1966/67 rechnete. Meine Ausgabe ist eine 31.-38. Tausendste Auflage von 1971. Und meine Anstreichungen erkennen lassen, dass ich zwar nicht wie die meisten schon bei Jean Paul Sartres gewaltschwangeren Vorwort hängengeblieben bin, aber auch nicht über Kapitel 1 hinausgekommen war. Die letzte Unterstreichung findet sich auf Seite 64: „Dieser bewaffnete Kampf beweist, daß das Volk entschlossen ist, sich nur noch auf gewaltsame Mittel zu verlassen. Dieses Volk, dem man immer gesagt hat, daß es nur die Sprache der Gewalt verstehe, beschließt, sich durch die Gewalt auszudrücken. Im Grunde hat der Kolonialherr ihm seit jeher den Weg gezeigt, den es wählen muß, wenn es sich befreien will. Das Argument, das der Kolonisierte wählt, hat ihm der Kolonialherr geliefert, und durch eine ironische Umkehrung ist es jetzt der Kolonisierte, der behauptet, daß der Kolonialist nur die Gewalt verstehe. Das Kolonialregime gewinnt seine Legitimität aus der Gewalt und versucht keinen Augenblick lang, über diese Natur der Dinge hinwegzutäuschen".

Das war die Lehre aus einem Opfergang wie dem traumatischen Massaker von 1961. Neben dem Rowohlt-Band steht in meiner Algerien-Bibliothek ein 1970 erworbenes Exemplar von Fanons „Aspekten der Algerischen Revolution" in der *edition suhrkamp*. In den zuerst 1959 erschienenen Artikeln habe ich konziliantere Sätze des Autors unterstrichen: „Nein, es ist nicht wahr, daß die Revolution ebenso weit gegangen sei wie der Kolonialismus. Doch wir rechtfertigen deshalb nicht die spontanen Reaktionen unserer Landsleute. Wir verstehen sie, aber wir können sie weder entschuldigen noch verwerfen." Darauf werde ich zurückkommen.

Im Zentrum der Artikel stand die algerische Familie und die Rolle der Frauen, und mich interessierten vor allem die psychologischen Studien des aus Martinique stammenden, seit 1953 in Blida/Algerien tätigen Arztes, der seine Tätigkeit

aus Protest gegen die französische Kolonialpolitik aufgab und sich bis zu seinem Tod in eben jenem Oktober 1961 in den Dienst des Front de la Libération Nationale (FLN) stellte. Die Nationale Befreiungsfront setzte Fanons Überlegungen zur Gewalt mit revolutionärem Terror um, der mich als jungen Studenten ebenso faszinierte wie abstieß, aber nicht beirrte an der Identifikation mit der „Dritten Welt" im Allgemeinen und dem im Juli 1962 unabhängig gewordenen Land in Nordafrika. Algerien war jetzt auf meiner inneren Landkarte deutlich vorhanden.
Akademisch wurde das Interesse an Algerien 1971. Im vierten Semester Soziologie nahm ich teil an einem Seminar über Arbeitsmigration, das der Arabien- und Islamspezialist Wolfgang Slim Freund als Assistent von Professor René König abhielt. Mir wurde wie damals üblich ein Referat zugeteilt, und zwar eines über Arbeitsmigranten aus Algerien, was ich trotz mangelnder Französischkenntnisse so passabel bewältigte, dass es der Nordafrika (und mir) zugewandte Assistent sogar für die Publikation in der von ihm gerade gegründeten Zeitschrift „Die Dritte Welt" geeignet erklärte.[2] Gleich im ersten Heft konnte ich dort, als 22jähriger Student, mein ausgearbeitetes Referat zum „Export von Arbeit, ein Entwicklungsfaktor?" publizieren. Freunds Chef König, ein vielbeschäftigter Großordinarius, las den Text, lud mich ein und heuerte mich *en passant* als Rechercheur für eines seiner zahlreichen Projekte an. Was ich gerne annahm

[2] Export von Arbeit - ein Entwicklungsfaktor? Behandelt am Beispiel der algerischen Einwanderer nach Frankreich, in: Die Dritte Welt, Bd. 1, H. 1 (1972), S. 50-77

und zwar so gründlich, dass ich gleich an die Quelle der Erkenntnisse über algerische Gastarbeiter reiste: Ich bezog ein Hotelzimmer im *Goutte d'Or*, einem überwiegend von Nordafrikanern bewohnten Viertel, in dem heute noch viele afrikanische und arabische Einwanderer leben. Die von diesem Ort ausstrahlende Exotik, nun schon mehr faszinierend als abstoßend (anders als in Jaques Chiracs abschätzigen Worten: „le bruit et l'odeur"[3] - Lärm und Gestank) beeindruckte einen Twentysomething aus dem noch ziemlich monokulturellen Deutschland tief. Meine bescheidene Enquête beschränkte sich auf ein paar Interviews und viele Statistiken, ansonsten auf teilnehmende Beobachtungen vor und im *Louxor*, einem Prachtkino in ägyptischem Stil am Boulevard de la Chapelle, auch auf Wochenmärkten, im Couscous-Restaurant „Chez Omar" und sonstigen Vergnügen im Barbès, wobei vor allem musikalische Impressionen einen emotionalen Zugang zu dem Heimatland der Migrantenfamilien herstellte. Die wenigen Wochen teilnehmender Beobachtung reichten aber, um Orte algerischen Lebens, auch des früheren Widerstands in Paris kennenzulernen und die Ereignisse am 17. Oktober 1961 genauer zu eruieren. Das Interesse war nun geschärft, und die Algerier bei mir als „sympathisch" gespeichert.

Die Fernwirkung einer frankophilen Schwester mag bewirkt haben, dass sich das von PD Hans Ulrich Wehler am Historischen Seminar der Kölner Universität beflügelte kritische Interesse am Kolonialismus nicht (wie von ihm vorgeschlagen) auf den Boxeraufstand in China, sondern auf

---

[3] https://www.dailymotion.com/video/x4u7n9t

den Siedlungskolonialismus in Algerien richtete. Da Wehler eine Professur an der Universität Bielefeld angetreten hatte, fragte ich den Historiker Theodor Schieder, ob er eine Examensarbeit zum französischen Kolonialismus in Algerien annehmen würde. Das klappte und ich ergatterte sogar ein Stipendium und einen Leseausweis für die Bibliothèque Nationale, in der ich so viele Bücher zum Thema las, dass Exzerpte und Energien noch für die spätere Dissertation in Göttingen reichten.[4] Algerien selbst kannte ich 1972 immerhin von historischen Fotografien in vergilbten Foliobänden dieses Büchertempels; und so gut wie jeder größere Ort des Landes war mir, jedenfalls französisch, aus der Literatur bekannt. Stets kam die verwunderte Nachfrage, warum ich mich nun ausgerechnet mit diesem Land beschäftigen wolle, das notorisch unterschätzt und verkannt wurde. (Eine leichtsinnige Wette darauf, dass Algerien bei der WM 1982 die deutsche Fußball-Nationalmannschaft schlagen würde, brachte mir einen schönen Reibach ein.) Mein „Doktorvater" war der am arabischen Sozialismus interessierte und damals noch nach links neigende Bassam Tibi, der auch ein Forschungsprojekt zur postkolonialen Politik des Landes betreute.

Dieses konnte ich von 1977 bis 1979 nun auch endlich zu Feldaufenthalten selbst betreten und bereisen. Das hätte ich nie bewältigt ohne die Einstiegshilfe des älteren Politologie-

[4] Siedlung, Staat und Wanderung. Das französische Kolonialsystem in Algerien, Frankfurt-New York 1979

Kollegen Werner Ruf [5], der vor seiner Berufung an die Gesamthochschule Kassel am „C.R.E.S.M.", einem Zentrum für Mittelmeerstudien in Aix-en-Provence tätig war und mir großzügig dessen Infrastruktur zur Vorbereitung meiner Exkursion eröffnete. Und den Weg zu einem „pieds-rouge" bahnte, wie man solche Franzosen nannte, die den Befreiungskampf in Algerien unterstützt hatten. Bei einem ebensolchen, dem Jesuitenpater Henri Sanson, kam ich in dessen hübschem Kloster in Ben Aknoun oberhalb der Stadt unter und lernte ihn als eine faszinierende Persönlichkeit kennen, die alle vermeintlichen Widersprüche und eigentlichen Stärken dieses Landes in sich vereinte: 1917 an der Loire als Sohn einer Muslima aus Oran geboren, war er 1940 in den Orden und seither stets für die *Communio* von Christentum und Islam eingetreten. Von seiner Bildung her ganz (katholischer) Franzose und promoviert an der Universität Algier, war er ein Befürworter der *Algérie algérienne* und ein Hüter der pluralen Tradition des Landes, ein *homme de lettres* und Gründer des *Secrétariat Social*, in dem in den 1950er Jahren

[5] Vgl. sein Buch Die algerische Tragödie. Vom Zerbrechen des Staates einer zerrissenen Gesellschaft, Münster 1997. Der wohl beste deutsche Kenner der politischen Ökonomie Algeriens und des Kolonialkriegs ist der in Leipzig lehrende Politologe Hartmut Elsenhans, Frankreichs Algerienkrieg 1954-1962. Entkolonisierungs-versuch einer kapitalistischen Metropole, München 1974, dazu Rachid Ouaissa (Hg.) Les carnets d'Hartmut Elsenhans: La guerre d'Algérie vue par ses acteurs français. Alger 2009. Mit Ouaissa lehrt ein aus der Kablyei stammender Politikwissenschaftler an der Universität Marburg. Nicht zu vergessen ist Isabelle Werenferls, die Maghreb-Expertin an der Stiftung Wissenschaft und Politik in Berlin.

wichtige soziologische Pionierstudien zu dem Elend entstanden, das der Kolonialismus auf dem Land und in den überbevölkerten Stadtbezirken hinterlassen hatte. Und Sanson war ein diskreter Gastgeber, der dem Novizen seine Unkenntnis über das Land verzieh und ihm beste Kontakte vermittelte.

Ben-Smen, die Kloster-Villa im maurischen Stil, war eine Oase der Ruhe im vornehmen Stadtteil Hydra. Vom Dach aus, in dessen Kuppel ein Davidstern auf den Erbauer hinwies und an ein multireligiöses Algerien erinnerte, hatte man einen guten Ausblick auf die Stadt, die mir riesig vorkam, obwohl damals erst 1,3 Millionen Menschen in Algier lebten. (Heute sind es wohl bald vier Millionen, die Hälfte davon unter 30 Jahren alt). Nicht weit von unserer Klause lagen etliche Villen in schattigen Parks, wo die postkolonialen Eliten aus Partei, Staatsunternehmen und Sicherheitsapparat residierten, deren erlauchte Namen und trübe Skandal-Geschichten Sanson mir im Vorbeifahren zuraunte. Es hieß, die Generäle würden in klimatisierten Kinosälen die neuesten Hollywood-Filme anschauen – ein typisches Beispiel für *Radio Trottoir* (Klatsch und Tratsch), wie in Ermangelung einer freien Presse die Hauptinformationsquelle in dem von der Einheitspartei und dem Militär beherrschten Algerien hieß. Direkt vor dem Einfahrtstor von Ben-Smen erstreckte sich eine kleine Favela, die unterdessen – die Planierarbeiten hatten schon begonnen – einer Autobahn gewichen ist. Ich lernte einen Bewohner kennen, der tagsüber seinem ordentlichen Beruf als Lehrer nachging. Der Autoverkehr war bereits enorm, von der Innenstadt nach Hydra zu kommen, war ohne eigenes Auto eine halbe Odyssee.

Die berühmte Kasbah rief in mir orientalische Bilder auf, aber auch Gillo Pontecorvos Film „Die Schlacht von Algier" von 1966, während die stattlichen „Haussmann"-Gebäude an der Rue Didouche Mourad[6], vormals Rue Michelet, ein Klein-Paris in Afrika suggerierten. Auch wenn die Wohnquartiere der damals schon fünfzehn Jahre aus dem Land vertriebenen Siedler hier und dort etwas schäbig waren, wirkten sie fast hochherrschaftlich im Vergleich zu den lieblosen Mietwohnungskomplexen, in denen durchschnittlich sieben Personen pro Zimmer lebten und Balkone oft als Ställe für Ziegen und Schafe dienten. Überall wurde heftig gebaut, ohne dass die Wohnungsnot geringer wurde. Die Bürgersteige der Boulevards waren ständig belebt, und an der Wand lehnten schon die „hittistes", Halbwüchsige und junge Männer, die keine Beschäftigung hatten und - mit angewinkeltem Bein und Hände in den Hosentaschen - an der Wand lehnten. Wenn sie ein Moped ergattert hatten, knatterten sie zu zweit oder dritt in atemberaubender Geschwindigkeit durch die Stadt. Die Küstenstraße am Hafen, wo den Flaneur lange Arkadengänge vor der Sonne schützen, war jedoch seltsam leer, die Strände im Westen der Stadt wurden nur an wenigen Feiertagen besucht. Auch der Hafen war kaum belebt, ein großes Trara gab es nur, wenn die

---

[6] Didouche Morad, genannt Si Abdelkader, gehörte zur „Gruppe der Sechs", der Gründer der Front de Libération Nationale (FLN), die am 1. November 1954 die nationale Befreiungsrevolution ausgerufen hatten; er ist 1955 im Kampf gefallen, vgl. https://www.elwatan.com/regions/kabylie/tizi-ouzou/aghribs-tizi-ouzou-vibrant-hommage-a-didouche-mourad-19-01-2020. Der Boulevard war vor 1962 nach dem Historiker der Franzöischen Revolution, Jules Michelet benannt.

Fähre aus Marseille eintraf und Gastarbeiter mit Bergen von Gepäck und Mitbringseln in Empfang genommen wurden.
Der auffälligste Unterschied zu anderen Metropolen bestand darin, dass es in Algier kaum Touristen gab und folglich auch keine aufdringlichen Händler. Wenn mich eine Gruppe Kinder um einen Dinar anbettelte, trat sofort ein Erwachsener dazwischen und belehrte sie, dass sie das gefälligst sein lassen sollten, und auch mich, der ich treuherzig ein Fünf-Dinar-Stück gegeben hatte, dass Algerien, Monsieur!, keine Almosen brauche. Die Gesichter der Passanten wirkten auf mich asketisch, bisweilen streng und, wenn man es nicht besser wusste: unzugänglich. Die meisten führten kleine blaue Plastiksäckchen oder große Taschen mit sich, um Besorgungen zu machen, Müßiggang in Cafés und Bistros nach Pariser Art suchte man vergeblich. Auch das öffentliche Nachtleben beschränkte sich auf die Hotels für Ausländer, in denen man sich lieber nicht aufhielt. Erst im Lauf der Zeit kamen die Geheimtipps, die mir einen schönen Abend mit Jazz verschafften oder mich in die Anfänge der Raï-Musik einführten und frühere Eindrücke aus Paris verstärkten. Damals, als der Islam noch keine so eine herausgehobene Rolle spielte, war man hier auch nicht allein unter Männern.
Algerien war (und ist) kein Reiseland für Touristen. Das ist insofern erstaunlich, als das Land in der Kolonialzeit als „afrikanisches Kalifornien“ bezeichnet wurde.[7] Reiche Europäer, Amerikaner und auch einheimische Siedler fuhren Ski

[7] Colette Zytnicki, L'Algérie, terre de tourisme, Paris 2016

in den Bergen, besuchten römische Ruinen an der Küste und taten etwas, was Einheimische heute noch eher selten tun: Sie nahmen ein Bad an den sonnigen Stränden, wo sie in maurischen Villen abstiegen. Ein Reiseführer von 1848 gab den Ton an als „Itinéraire du savant, de l'artiste, de l'homme du monde et du colon".[8] Als besonders exotisch galten Oasenexkursionen und Bergtouren im Aurès, bei Miliana im Tell Atlas-Gebirge war 1923 der erste französische Nationalpark entstanden. Reiche Weiße nahmen hier ihre Dosis Orient(alismus). Der Guide Michelin verzeichnete 1954 150.000 Urlauber jährlich, bevor der Unabhängigkeitskrieg dem „afrikanischen Kalifornien" ein jähes Ende setzte. Nach der Unabhängigkeit ist Algerien nie eine bedeutende touristische Destination geworden, bis ins 21. Jahrhundert gehörte das Land zu den gefährlichsten der Welt.

Mittlerweile lebte ich in einem virtuellen geografischen Dreieck, welches das Mittelmeer überspannt: Algerien, in Frankreich als ehemalige Siedlungskolonie und Herkunftsort zahlreicher Migranten bestens im Alltag verankert, war in Deutschland *terra incognita.* 1962 hatte sich das Land nach einem opferreichen Befreiungskampf aus 132 Jahren Kolonialherrschaft befreit; die politische Blockfreiheit und die Gegnerschaft zu Israel machten es zur *domaine réservé* des „anderen Deutschland", der DDR. Algeriens erster Präsident Ahmed Ben Bella, mit Nehru, Nkrumah und Nasser eine der charismatischen Führerfiguren der „Dritten Welt", hatte das Land trotz der ländlich-konservativen und religiösen Bevölkerung auf Linkskurs gebracht und unter der

[8] https://gallica.bnf.fr/ark:/12148/bpt6k28813v.texteImage

Ägide europäischer Trotzkisten Experimente wie die „autogestion" (Arbeiterselbstverwaltung) zugelassen.
1965 putschte ihn die Armee weg, sein Nachfolger Houari Boumedienne schlug den nichtkapitalistischen Entwicklungsweg ein, verstaatlichte ausländische Unternehmen und finanzierte mit den Ausfuhrerlösen aus dem im Saharaboden reichlich sprudelnden Erdöl und Erdgas eine Industrialisierung im Schnelldurchgang.
Genau das war dann mein Forschungsthema, das offizielle jedenfalls. Bassam Tibi hatte ein Forschungsprojekt der Friedrich-Ebert-Stiftung eingeworben, das die sozialen Folgen des forcierten Aufbaus der Stahlindustrie in Algerien bearbeiten sollte. Dafür ging ich Ende der 1970er Jahre häufiger für einige Wochen nach Algerien. Dort regierte noch unangefochten die Einheitspartei *Front de Libération Nationale* (FLN), nun eine Clique ehemaliger Guerillakämpfer, in der sich das Armee-Establishment heraushob. Sicherheitsapparat, Bürokratie und Geheimdienst schufen eine Atmosphäre des Misstrauens und der Stagnation, die Jungen waren, wie ich bei Besuchen in der Universität feststellte, wo man etwas freier reden konnte, großenteils frustriert und unmotiviert. Unter der Decke des säkularen Regimes regten sich religiöse Kräfte, die im antikolonialen Kampf eingebunden gewesen waren und nun Familie, Bildung und Gesellschaft als ihre Domänen konservativ gestalteten. *Al-Dschaza'ir*, die arabisch-islamisch-sozialistische Nation, wollte das westlich-frankophone Erbe mit aller Macht abwerfen.
Tief im Süden gab es erst recht keine Touristen, die Schluchten des Aurès-Gebirges durchquerte ich fast allein,

nur im Hoggar, einer atemberaubenden Bergkulisse, traf ich auf Abenteurer, die mit mehr oder weniger wüstenfesten Wohnmobilen die Sahara durchkreuzten, was ich mich nie traute. Die schönste Reise führte in die Oase Timimoun, berühmt durch ihre kunstvolle Bewässerung der *Foggara*, die allerdings rasant verfielen. Was mich ebenso wenig störte wie das tagelange Ausbleiben des Flugzeugs, das mich nach Algier zurück an die Arbeit bringen sollte. Schmökernd oder dösend verbrachte ich die Zeit auf der Terrasse des dekadenten *Hotel Transatlantique*, mit streunenden Katzen am wasserlosen Pool. Und ich bekam eine gute Idee von dem auch in Algerien sagenumwobenen „Süden" – vom Himmel, den Düften und den wie durch einen Vorhang abgedämpften Stimmen.

Auf dem Arbeitsplan stand wie gesagt, am Beispiel der Schwerindustrie aufzuzeigen, welche Folgen eine so rücksichtslose Industrialisierung in einer tief agrarisch geprägten Gesellschaft haben würde. Algerien folgte *grosso modo* dem sowjetischen Vorbild, parallel startete eine Agrarrevolution, womit zwei ambitionierte Transformationsprojekte radikal mit der kolonialen Vergangenheit brachen - und sich wechselseitig in die Quere kamen. Die enormen Friktionen konnte ich anhand einiger Fallbeispiele aus dem Osten des Landes belegen, wobei die Forschungsbedingungen nicht sonderlich günstig waren; die Datenlage war lückenhaft, die Statistiken waren ungenau oder veraltet, meine Gegenüber in den Ministerien und Staatsunternehmen schweigsam und misstrauisch. Mein Blick richtete sich auf die Leidtragenden dieser Turbo- und Schwerindustrialisierung, die Menschen auch im Agrarsektor zu einer Revolution verdonnerten.

Pater Sanson stellte den Kontakt zu der staatlichen Stahlgesellschaft S.N.S. (Société National de Sidérurgie) her. Dort eröffnete sich die andere, inoffizielle Fährte. Einige Kader waren Franzosen und hatten wie Sanson auf der „richtigen Seite“ gestanden, darunter ein gewisser Jean-Marie Boeglin. Dieser, ehedem Schauspieler in Grenoble, konnte mir nicht nur einen Fiat (ohne Rückspiegel) besorgen, so dass ich nicht länger auf Überlandbusse angewiesen war; er kam auch in einem Buch der französischer Journalisten Hervé Hamon und Patrick Rotman vor, das sich mit französischen „porteurs des valises“ befasste. Solche „Kofferträger“ hatten den FLN innerhalb und außerhalb Frankreichs mit Geld, Waffen und Logistik unterstützt. Außerhalb, das wussten Boeglin und einige andere noch sehr gut, war das vor allem der Stützpunkt im Rheinland um einen jungen SPD-Abgeordneten namens Hans-Jürgen Wischnewski alias „Ben Wisch“. Hier spätestens öffnete sich das französisch-algerische Paar zur Deutschland einschließenden Dreiecksbeziehung.

Algerier tauen im Familien- und Freundeskreis rasch auf und pflegen dann eine enorme Gastfreundschaft. Einmal (und zwar ausgerechnet im August, wenn das Fasten fast 14 Stunden dauert) war ich während des Ramadan in Algier. Die meisten befolgten das Gebot, auch für Fremde war es schwer, etwas Essbares und Trinkbares zu finden. Um nicht nur von den Leiden des hungrigen Feldforschers zu erzählen: Nach dem Sonnenuntergang bogen sich die Tische unter den aufgetragenen Köstlichkeiten, es wurde gescherzt und gefeiert, wobei die Konversation oft ins dialektale Arabisch wechselte - und ich wieder draußen war. Im gleißenden Sonnenlicht kam Algerien dem Bild am nächsten, wie es Albert Camus gezeichnet hat. Gestärkt und heiter bewegte ich mich am Strand von Tipasa, einer antiken römischen Ruinenstadt, wo der von mir seit Jugendzeiten verehrte Schriftsteller des Absurden die „Hochzeit des Lichts" gefeiert hatte. Der nächste Besuch fand wieder im Februar statt, es war nasskalt und die Zimmer in Ben-Smen nicht heizbar. Überhaupt begann es ungemütlich zu werden. Französisch, die Sprache der Kolonialherren, herrschte in Schulen und Universitäten und als Amtssprache weiter vor. Um die rasante Modernisierung abzufedern, betrieb die Führung die Rückwendung zu den islamischen und arabischen Wurzeln. Die „Arabisierung" von der Volksschule bis zur Universität mussten mangels Verbreitung des Hocharabischen in Algerien ägyptische und syrische Sprachlehrer leisten. Damit begann auch die Reislamisierung, denn viel Arabischunterricht war eher Koranschule und viele Koranlehrer waren Moslembrüder. Sie importierten eine fundamentalistische Sicht der Welt, die dem algerischen und berberischen Volksislam fremd war. Dass den Ulema, konservativen Rechtsgelehrten, nach 1965 die Familien- und Kulturpolitik überlassen blieb, stärkte eine Sozialmoral, die klar auf Kosten der Frauen und Jungen ging. Die Industrialisierung brachte wenig Arbeit und auch sonst keine Beschäftigung – keine Parties, keine Orte, in denen man ungestört mit einer Freundin oder Clique sein konnte, kein Kino, rein gar nichts. Weil das Nummernschild meines Fiat mich scheinbar als Kader der staatlichen Stahlgesellschaft auswies,

wurde ich bisweilen gefragt, ob ich nicht einen Job zu vergeben hätte.
So wurde ich Zeuge, wie sich der bis dahin latente Interessenkonflikt zwischen den frankophonen Eliten und den arabophonen Massen zuspitzte. Letzteren wurde von der Vorschule an das Arabische verordnet, währende die Kader aus Armee, FLN-Partei und Unternehmen ihre Kinder weiter auf französischsprachige Internate ins Ausland schickten. (Was sie bis heute so halten, genau wie die etablierte islamistische Gegenelite übrigens auch.) Klar, dass sie bei ihrer Rückkehr den gut bezahlten Job bekämen... Privilegien wie diese riefen in Erinnerung, dass schon der antikoloniale Kampf *auch* ein Bruderkampf und Bürgerkrieg gewesen war. Das Wissen darüber vertuschte das Regime, eine unabhängige Geschichtsschreibung gab und gibt es höchstens im französischen Exil.
Von Algerien wollte ich mehr sehen, die Wüste vor allem. Einmal reiste ich mit dem Bus nach Ghardaia, in die Kernstadt des M'zab und die Metropole der Mozabiten, eine durch Karawanenhandel und Dattelplantagen reich gewordene islamische Sekte, die jetzt von der Erdgaswirtschaft und dem Wüstentourismus lebte. Wenn die Algerier die „Preußen des Maghreb“ sind, wie es bisweilen heißt, dann sind die frommen Mozabiten die Calvinisten des Islams. Reich zu werden, deutete auf die Vorbestimmtheit fürs Paradies hin. Als ich mit klammen Beinen aus dem Überlandbus stieg, haute mich ein Halbwüchsiger an, woher ich käme. „Deutschland“. „Ost oder West?“ Dass er zu seiner freudigen Überraschung einem West-Deutschen gegenüberstand, quittierte er mit einem markigen „Hitler gut!“

Mir fiel wieder ein: Algerien war Frontstaat gegen Israel. In den Buchläden liegen noch heute die „Protokolle der Weisen von Zion" und – Hitlers „Mein Kampf", beides unkommentiert in arabischer Übersetzung.

In Beni-Isguen, dem „heiligen" Teil von Ghardaia, wurden abends die Tore dichtgemacht und die Leitern hochgezogen. Die religiöse Zeremonie einer *Haddra*, angestimmt mit dem typischen *youyou*, dem Jubelruf, den Frauen und Mädchen mit einer unnachahmlichen Zungenbewegung erzeugen, kannte ich nur von einer in Paris erstandenen Schallplatte. Zu Anlässen wie Hochzeit, Geburt und Beschneidung bezeugen sie Allahs Anwesenheit und gehen in Trance oft an die Grenzen des Deliriums. Das 1970 von Francois Pouillon fertiggestellte Hotel M'zab, in dem ich übernachten sollte, war voll belegt mit durstigen Technikern aus den nahegelegenen Gas- und Ölbohrfeldern. Sie kamen mir vor wie eine transnationale Söldnertruppe, die einen guten Teil ihres beachtlichen Salärs, für das in der Einöde keine Verwendung war, an der Bar ließ, wohl dem einzigen Platz weit und breit, an dem es Alkohol gab. Sie kamen aus Schottland, Frankreich, den USA und zeigten sich Fotos von ihren Bräuten und Kindern, „harte Burschen", wie man sie aus Filmen kennt, die Goldgräberstimmung verbreiteten. Da alle Zimmer belegt waren und es dunkel wurde, ging ich zu dem Kloster der „Weißen Väter" am Rand der Stadt, das mir Sanson empfohlen hatte, deren Nonnen und Priester noch toleriert und ob ihrer Sozialdienste gern in Anspruch genommen wurden. Da niemand öffnete, ging ich zu einer Pension am Busbahnhof. Auch die war komplett belegt, da die Ölarbeiter ein verlängertes Wochenende hatten. Der Hotelier

bot mir sein ungemachtes Bett an und schlief selbst auf dem Stuhl der Rezeption.
Die längste Reise führte 1978 nach Tindouf, in den äußersten Winkel der westlichen Sahara, wo Algerien an Marokko und Mauretanien „grenzt". Dort suchte ich mit Michel, der mit Frau und Kind in Ben-Smen wohnte, ein Flüchtlingslager der *Frente Polisario* auf, mit der sich das Regime in Algier in einem neuen antikolonialen Kampf seelenverwandt fühlte. Die fast sechshundert Kilometer lange Wellblechpiste der Nationalstraße 50 bewahrte uns zwar vor dem Versinken in einem Sandloch, schüttelte uns aber kräftig und enervierend durch. Einen großen Teil der Strecke fuhren wir nachts, die Scheinwerfer leuchteten die Piste nicht wirklich gut aus. Ich war froh, dass ich meinen Kompagnon davon abgebracht hatte, seinen Renault 4 zu nehmen, der schon an den Schlaglöchern der Hauptstadt versagte. Wie gerädert wir aus dem geliehenen Jeep ausstiegen, vergaßen wir sogleich angesichts der primitiven Zelte und Hütten, die sich im Morgengrauen wie ein Meer vor uns ausbreiteten. Vier Jahreszeiten seien die Bewohner dieser unwirtlichen Steinwüste ausgesetzt, sagt eine saharische Spruchweisheit: der Saison extremer Tageshitze, der Saison der eiskalten Nächte, der Saison der Sandstürme und der Saison der Fliegen.
Stets begleitete mich in Algerien die Musik, auch sie deutete auf soziale und politische Konflikte hin. Das galt ganz besonders für *A vava inou va* (etwa: Mein lieber Papa), eine 1976 von dem kabylischen Sänger Idir eingespielte Platte, die damals nur unterm Ladentisch zu erwerben war – für

stolze 75 algerische Dinar, ein Wochenlohn. Pierre Bourdieus Erstwerk „Sociologie de l'Algérie" von 1957, während seines Militärdienstes verfasst und von mir 1968 in der berühmten *Que sais je*-Ausgabe erworben, hatte mich mit den berberischen Kabylen ein wenig vertraut gemacht. Zwanzig Jahre später war für ethnische Minderheiten in der nationalen Selbsterfindung Algeriens kein Platz mehr. Die Kabylen, die die Hauptlast des Befreiungskrieges getragen hatten und sich nach der Unabhängigkeit von der arabischen Zentrale vernachlässigt fühlten, verschafften sich Gehör bei Fußballspielen der *Jeunesse Électronique* in Tizi-Ouzou ebenso wie mit Folkmusik, deren Texte in Tamazight verfasst waren, das damals im Einheitsstaat Algerien offiziell ebenso wenig geduldet wurde wie das Kurdische in der türkischen Türkei.

Algerien hat mir viel bedeutet und mich verändert. Da war zunächst der Arbeitsauftrag: In einem passablen Forschungsbericht konnte ich die mangelnde Abstimmung zwischen der industriellen Vorwärtsstrategie und der sozialen und kulturellen Entwicklung belegen; die Agrarrevolution war kein wirklicher Bruch mit dem Kolonialismus, sie trieb mehr Menschen in die Städte, in wilde Siedlungen (bidonvilles) in Algier und Oran und in die Vorstädte von Paris und Lyon. Der Aufenthalt an den Schauplätzen der Kolonialzeit in der kargen Kabylei, in der fruchtbaren Mitidja-Ebene und in der schwer zu begreifenden Kasbah von Algier vermittelte mir ein Gefühl für den Gegenstand meiner Dissertation, die ich 1972 in der Pariser Bibliothèque Nationale begonnen hatte und 1978 fertig stellte. Dabei nahm ich die

Fährte des Themas auf, in dem Algerien, Deutschland und Frankreich ein geheimes Dreieck bildeten: Algerien war die erste Station des *tiersmondisme*, den man bei uns büromäßiger Internationalismus nannte. Davon erzählen die „Kofferträger“, Unterstützer der algerischen Befreiungsbewegung in Frankreich und Deutschland, ein zeithistorisch wie schriftstellerisch aufregendes Thema. Drei Jahre recherchierte ich im Schneeballsystem: Aus dem Referenzwerk von Hervé Hamon und Patrick Rotman (der Titel „Les Porteurs des valises“ ging auf Jean-Paul Sartre zurück) ging ich die Namen der deutschen Unterstützer-Szene durch und ließ mir weitere Kofferträger nennen. Ganz oben auf der Liste stand wie gesagt der damalige Staatsminister im Bundeskanzleramt, Hans-Jürgen Wischnewski. Ich bat ihn um ein Gespräch, das immer wieder aufgeschoben wurde und erst stattfand, als das Buch fast fertig und die Regierung Schmidt am Ende war.

Wischnewskis Spitzname und seine guten Kontakte in die arabische Welt datieren aus den späten 50er Jahren. 1977 war er Staatsminister im Kanzleramt unter Helmut Schmidt und dessen überall einsatzfähiger Krisenmanager. Einmal, meine ich rekonstruieren zu können, schwebte die Regierungsmaschine der deutschen Luftwaffe in die Bucht von Algier ein, als ich gerade mit Boeglin in einem Fischrestaurant in Bordj el Bahri speiste, von dem aus „Algier, die Weiße“ fast beschaulich wirkte. Algerien, Frontstaat im Kampf gegen Israel, unterstützte die Palästinenser und war ein potenzielles Ziel für die von der RAF entführte Maschine. Wischnewskis Mission war damals, die Landung der entführten „Landshut"-Maschine in Algier zu verhindern oder mit der algerischen Führung (darunter eben viele alte Bekannte aus den 1950er) notfalls eine für die Bundesregierung passable Lösung auszuhandeln. Von diesen Fernwirkungen des Deutschen Herbstes ahnte ich beim Verzehr meiner Bouillabaisse natürlich nichts. Außer ein wenig Bundesliga und ADN-Meldungen drang überhaupt wenig aus Deutschland in dieses gegen ausländische Beobachter abgeschirmte Land.

Die „Kofferträger" kamen 1984 bei Rotbuch heraus, damals einem der renommiertesten linken Verlage im Lande. Der Obertitel war prägnant, wenn auch nicht selbstredend, der Untertitel eher abschreckend: „Das Algerien-Projekt der Linken im Adenauer-Deutschland". Man erkennt daran den von mir lebenslang versuchten Spagat zwischen freier Publizistik und akademischer Konvention. Meine Lektorin Marieluise Knott, die heute als Übersetzerin, Hannah Arendt-Herausgeberin und Autorin tätig ist, half mir, Bandwurmsätze, Manierismen und Flüchtigkeitsfehler auszumerzen. Mein erstes „richtiges" Buch für den allgemeinen Markt verkaufte sich trotz der entlegenen Story mit 5.000 Exemplaren gut; zur Buchmesse kam es als ein Haupttitel neben Herta Müllers „Niederungen", dem „Vogelsberg"-Roman der Agentur Standard Text und dem „Staatskünstler" des ungarischen Dissidenten Miklós Haraszti heraus. Jüngst haben Zeithistorikerinnen die Kofferträgerei noch einmal ermittelt und das Gesamtbild nuanciert, aber nicht grundsätzlich umgestoßen. Erfreut war ich zu hören, dass mein Buch nach 30 Jahren in arabischer Übersetzung erscheinen sollte. Was dann nie geschah...

Jahre später bekam ich den Tipp, Ahmed Ben Bella werde im Kölner Dom-Hotel absteigen und sei für ein ZEIT-Interview zu haben. Der algerische Staatspräsident i.R., der nach seiner Absetzung 1965 lange Jahre unter Hausarrest gestanden und sich dabei zum gläubigen Moslem und Islamisten entwickelt hatte, agierte damals aus dem Schweizer Exil auf undurchsichtige Weise für die Islamische Republik Iran. Das Treffen mit dem großen, immer noch erstaunlich jugendlich wirkenden Mann fand in einer geräumigen Hotelsuite im Schatten des Kölner Doms statt. Ich war beeindruckt: hier hatte ich es mit einem Giganten der Zeitgeschichte zu tun, der in die Historie der Entkolonisierung gehört wie Nehru und Nasser, Fidel Castro und Ho Chi Minh. Schon in den 1980er Jahren lagen deren Widersprüche und Probleme offen zutage. Der Rotbuch Verlag war so frei, 1983 die selbstkritische Polemik des „neuen Philosophen" Pascal Bruckner unter dem Titel „Das Schluchzen des weißen Mannes" zur Diskussion zu stellen. Bruckner erblickte im Antikolonialismus (in der Traditionslinie Sartes und Fanons) eher Schuldgefühle und Selbsthass westlicher Intellektueller, welche die repressiven und ausbeuterischen Praktiken postkolonialer Staatsklassen der Kritik enthoben. Leute wie Zimbabwes Diktator Robert Mugabe profitierten lange von der Zurückhaltung Europas, die Dinge beim Namen zu nennen. Die kolonisierte Welt war *keine* zweigeteilte, wie es eine manichäische vereinfachte Lektüre Fanons und viele Verfechter postkolonialer Lehren mit der Dichotomie von authentischer Gemeinschaft und aufgezwungener Verwestlichung unterstellen.

Heute würde ich meine Beschäftigung mit Algerien stärker mit Israel verbinden, im Sinne von Claude Lanzmann, der seine antikoloniale Sympathie rückblickend so kommentiert: „Ich hatte geglaubt, man könnte gleichzeitig für die Unabhängigkeit Algeriens und die Existenz des Staates Israel sein. Ich hatte mich getäuscht.“ Die Kehrseiten des antikolonialen Kampfes sind offensichtlich: der Mythos der bewaffneten Gewalt, der unschuldige Opfer in Kauf nahm, die Dämonisierung des kolonialen Westens zum absoluten Feind, der besinnungslose Antiamerikanismus. Was heute auch nicht mehr fehlen dürfte, ist die kritische Durchleuchtung der Sympathie der deutschen extremen Rechten für die Befreiung Algeriens, das sie als Feind Israels und Hort des Antisemitismus einstuften. Meine Gesprächspartner würde ich heute stärker mit der Haltung von Albert Camus konfrontieren, der in dem posthum erschienenen Roman *Le Premier Homme* seine Abneigung gegen das Kolonialsystem deutlich macht, aber zugleich seine Anhänglichkeit zum elterlichen Milieu der *pieds noirs* nicht verleugnet.

1983 – ich hatte mich mehr zur journalistischen Seite geschlagen – schickte mich die Redaktion der ZEIT für ein Dossier über den Barbie-Prozess nach Frankreich. Was mich daran vornehmlich interessierte, war der Keil, den Klaus Barbie in die *französische* Gesellschaft treiben würde, die sich mit ihrer Kollaboration mit den Besatzern von 1940 bis 1944/5 wenig auseinandergesetzt hatte. Gleichsam als Hebel ansetzen wollte diesen Keil Barbies Verteidiger, Maître Jacques Vergès, um auch die andere unbewältigte Vergangenheit Frankreichs zum Thema zu machen: die Folter im Algerienkrieg. Also wieder das Dreieck der Erinnerung! Sein Kalkül: Wenn Frankreich Klaus Barbie wegen unverjährbarer rassistischer Verbrechen an jüdischen Kindern 1942-44 anklagte, dann gehörte es wegen analoger Verbrechen gegen arabische Zivilisten zwischen 1954 und 1962 in Algerien selbst auf die Anklagebank. Und Vergès wohnte, wie ich feststellte, in Paris gleich um die Ecke. Meine Wohnung war eine kleine *chambre de bonne* unterm Dach eines vornehmen Hauses in der Rue Huysmans, der „Anwalt des Teufels", wie ihn Boulevardblätter getauft hatten, residierte in einer großen, stets abgedunkelten Parterrewohnung in der Rue Notre-Dame-des-Champs.

Das letzte Mal habe ich Algerien vor nunmehr fast dreißig Jahren besucht, mit dem Fotografen Michael von Graffenried. Wir waren vom ZEIT-Magazin beauftragt, deutschen Lesern das algerische Drama zu erklären. Da Graffenried eine spezielle Panorama-Kamera bedient, die er sich nicht vor die Augen halten muss, während sie auf Bauchhöhe eine perfekte 180-Grad-Perspektive einfängt, sind wir nicht groß aufgefallen. Mein Kompagnon ignorierte sämtliche Vorschläge von Motiven, mit denen ich meinen Bericht gerne „illustriert" hätte, und ich begriff ein für allemal, dass Fotografieren eine eigene Kunst ist. Graffenried misstraut Schreibern, die Bilder mit Überschriften und Erklärungen einrahmen wollen, ebenso wie der Selbstinszenierung von Leuten, die sich ins Bild setzen wollen. Mit der Panorama-Aufnahme konnte er am ehesten zeigen, wie Algerien damals war, das Schwarz-Weiß der Fotos steigert noch ihren dokumentarischen Wert.

Und ich begriff auch, dass ich für den Beruf des Reporters, jedenfalls in Bürgerkriegen, nicht geeignet war - ich hatte nämlich oft verdammte Angst. Um eine Moschee, in der „die Bärtigen“ zum Gebet gerufen hatten, war eine Hundertschaft Polizisten aufmarschiert, in vergitterten Mercedes-Bussen hockte die alarmbereite Verstärkung. Ein dichter Strom von Gläubigen zog mit versteinerter Miene an Gewehrläufen und Bajonettspitzen vorbei in die Sunna-Moschee. Sie war unfertig und „inoffiziell“, stand also nicht unter der Kontrolle des Staates. Ihr Imam war angeblich in der Sahara interniert; das Konterfei des Vollbärtigen prangte noch auf den Wahlplakaten des Front Islamique du Salut (FIS), der Islamischen Heilsfront. Diesen Wahlkreis hätte sie bei den Parlamentswahlen mühelos gewonnen, doch die hatte das Militär angesichts des sicheren Sieges der Islamisten abgesagt und den schon vom FIS geführten Gemeinderat gleich mit aufgelöst. Nur noch staatlich diplomierte Theologen sollten künftig predigen, aber hier wurde spürbar, wie schwer es dem angeschlagenen Staat fallen würde, sein Gewaltmonopol durchzusetzen. Den Führern der Heilsfront drohte die Todesstrafe, aber auch wenn man dem FIS die Köpfe abschlagen würde, lebte hier der Körper der Heilsfront.

Der Gebetsruf erfüllte über wattstarke Lautsprecher das gesamte Viertel. Den Gebeten folgte eine aggressive Predigt, die mit den *Moutakallat*, den Lagern im Süden begann und endete: „Dass unsere gefangenen Brüder leiden, wird sie noch stärker machen!“ Der Imam leitete die Gemeinde auf dialektischem Pfad vom ewiggültigen Koran zur Antithese der verderbten Gegenwart und zur Synthese der lichten Zukunft des Gottesstaates. Unterdessen hatten sich junge Männer mit Gebetsteppichen unterm Arm lässig an Hauswände und parkende Autos gelehnt. Stumm fixierten die *akh* (Bärtigen) die bewaffneten Kräfte vor dem Eingang der Moschee, bereit für das übliche Kräftemessen: Würden sie jetzt wieder, gegen das offizielle Verbot, den Teppich auf dem Boden gen Mekka ausrollen?

Die Provokation wurde zum Glück für uns auf den nächsten Tag verschoben, zum *Aid-el-Fitr*, dem Abschluss des Ramadan-Fastens. Da schoss die Polizei in die Menge: Zwei Schwerverletzte blieben auf der Straße liegen, für den FIS ein weiterer Beweis, dass das Regime *kafr* (ungläubig) war - erlaubt der Koran nicht ausdrücklich das Gebet im Freien?

„Die Geschichte wiederholt sich", kommentierte *Minbar El-Djoumana*, die „Freitagstribüne" des FIS, eine verbotene, mit hochmodernem Lasergerät gedruckte Wandzeitung. Auch für *L'Éveil*, ein Wochenblatt gemäßigter Islamisten, glich das Verbot des Freitagsgebets vor der Moschee „wie zwei Wassertropfen" der gleichen Anordnung französischer Besatzer in den 1950er Jahren. Sollte sich die Schlacht um Algier wiederholen – wieder eine Jagd auf „Terroristen" in der Kasbah, wieder steckbrieflich gesuchte Attentäter?

Dieses Odium wollten die Bärtigen notabene einer Armee anheften, die im Guerillakampf gegen die Kolonialherren geboren worden war und aus diesem historischen Akt der Befreiung ihre ganze Legitimation bezog. Fast dreißig Jahre nach der Unabhängigkeit im Juli 1962 hielt sie nun das rebellische Volk in Schach und musste sich dafür mit Fallschirmjägern, Fremdenlegionären und Folterknechten gleichsetzen lassen! So sah es jedenfalls Jamil Fahassi, ein damals 38jähriger Journalist und Mitglied des FIS. Ich kann mich nicht mehr genau erinnern, wie wir auf ihn gestoßen waren und würde mich nicht wundern, wenn ihn uns der Geheimdienst durchgesteckt hätte. Er erzählte jedenfalls sehr freimütig von seinem Aufenthalt im Gefangenenlager bei In Salah, das er unumwunden als „KZ“ bezeichnete, und aus dem er mit 400 weiteren Insassen zum Ende des Fastenmonats entlassen worden war. Den Bart hatten sie ihm abrasiert, aber „die Moral ist sehr, sehr gut!“ versicherte er uns bei sich zuhause. Das Lager war 1250 Kilometer Luftlinie von Algier entfernt, im „algerischen Süden“, wo Hitzeweltrekorde gemessen werden. Nach offiziellen Quellen gab es fünf Internierungslager mit rund 1000 Oppositionellen, neun Mann pro Zelt. Der FIS sprach hingegen von 30.000 Gefangenen, die der extremen Hitze und Kälte ausgesetzt waren.

Fahassi, der an der Sorbonne studiert hatte, war wegen eines kritischen Artikels im *Forkane*, dem Zentralorgan der Heilsfront, inhaftiert worden und freigekommen dank einer Kampagne algerischer Journalisten für ihren Kollegen von der *Chaine 3*, dem französischsprachigen Hörfunksender. Fahassi erklärte uns, warum er für den wahren Islam sei. Dieser bedeute für ihn erneuerte Tradition, wiedergefundene Gemeinschaft und endlich Gerechtigkeit. Seit den 60er Jahren seien die Familien auseinandergebrochen – wir sollten uns nur die Live-Sendung Téléthon im Fernsehen anschauen, in der Geld gesammelt wurde für alleinstehende Alte und vernachlässigte Kinder, absolute Skandale in islamischen Gesellschaften. Echte, gelebte Solidarität wollte

Fahassi im Süden wiedergefunden haben – in der verschworenen Lagergemeinde der Gleichen, unter denen sich auch Bürgermeister, Informatiker und leitende Angestellte der *Air Algérie* befunden hätten. Auf viele Algerier übt „der Süden“ immer schon diese mythische Faszination aus, als ein Ort der Askese und eine Quelle moralischer Regeneration. Aus dem Gespräch, wie immer es hinter den Kulissen arrangiert war, wurde klar, was sich nicht wenige von der islamischen Republik erhofften: Sie sollte einfach alles ändern, das tägliche Leben, die Mentalitäten, die Regierungsform. Endlich würden ausreichend Wohnungen gebaut, es gäbe kein Bakschisch und keine Privilegien mehr, es herrschte vollkommene Konvivialität (ein Wort, das wohl nur einem Studenten der Soziologie einfallen konnte). Nur noch einer integristischen Bewegung, die zwischen Politik, Kultur und Religion keinen Unterschied mehr machen würde, traute dieser Mann zu, 30 Jahre Vettern- und Kommandowirtschaft abzulösen, in einer Art Reinigungskur. Und wenn sich dann auch unter göttlichem Beistand eine neue korrupte Elite entwickeln würde, fragten wir. Die würde auch weggefegt, war die Antwort. Hier war der revolutionäre Tiersmondismus eins zu eins in die islamische Revolution übergegangen.

Die Eigenschaft von Bürgerkriegen ist, dass die Fronten unübersichtlich sind, und dies galt, wie man heute genauer weiß, gerade für die algerische Konstellation von Islamisten und Militärs, die sich einerseits hassten und andererseits auch gegen ausgleichende Kräfte der schmalen Zivilgesellschaft zusammengewirkt haben. Diejenigen, die Algerien vor den Bärtigen schützen sollten, musste man also ebenso fürchten. Das gelbgrüne Peugeot 404-Taxi von Djamila, die uns Samuel Schirmbeck, der damalige Korrespondent der ARD in Algier, für Fahrten „ausgeliehen“ hatte, wurde ständig angehalten. Auf dem Weg herunter vom El-Jjazair (ex-Saint-George), einem Luxushotel über dem Zentrum von Algier, das jetzt ziemlich heruntergekommen war, wurden wir mehrfach von den Ninjas, vermummten Spezialeinheiten, angehalten und kontrolliert. So hießen die mit blauen Wollmasken vermummten, nervös mit ihren MPs herumfuchtelnden Eliteeinheiten, vor denen wir uns breitbeinig und Hände über dem Kopf zur Leibesvisitation aufbauen mussten. Auch wir waren nervös, denn wir wussten, dass Polizei- und Kontrollposten häufig aus dem Hinterhalt attackiert wurden. Ich verfluchte insgeheim den Auftrag der ZEIT und war zugleich angetan von dieser Reportergefahr. Abends kurz nach sieben zu Sonnenuntergang, leerten sich die Straßen schlagartig, alle wollten an die Suppentöpfe. Denn jetzt wurde die Chorba, eine Hammel-Gemüse-Suppe, ausgeteilt, die nach stundenlangem Fasten den Magen öffnet. Unser Mahl bei dem Journalistenpaar Kouthar und Amina war bescheiden, die fetten Jahre, als Algerien im Ölgeld schwamm und sich auch die Mittelschicht rauschende Ramadannächte leisten konnte, waren vorbei. „Islamische Märkte“, auf denen die Heilsfront im Jahr zuvor noch Hammel, Tomaten und Grundnahrungsmittel zum halben Preis angeboten hatte, waren nicht länger erlaubt. Die Regierung von Premier Ghozali, dem mondänen Kettenraucher mit der Samtfliege, hatte sogar die Preise freigegeben, um den Auflagen des Internationalen Währungsfonds nachzukommen und wieder kreditwürdig zu werden. Kouthar war fasziniert von der Glaubenskraft und Bildung seiner Freunde, die zur Heilsfront tendierten. Einer hatte ihm gerade ohne Entgelt die Wohnung geweißt und dabei vom weltumspannenden Einfluss mächtiger Juden berichtet. Für den beim Parteiorgan *El Moudjahid* – dem Neuen Deutschland Algeriens – tätigen Journalisten war die Religion nicht nur die algerische Art, dauernden Mangel zu ertragen, sondern ein Weg, ein bewusstes Leben im Einklang mit Gott und der Natur zu führen. Diese Hoffnung teilte seine Frau Amina nicht, die sich bei einem Parisbesuch eine modische Frisur zugelegt hatte und mit ihrem kurzen Rock auf den Straßen von Algier zwar auffiel, aber noch nicht behelligt worden war. „Auch die Islamisten bereichern sich auf Kosten der einfachen Leute", war ihre Meinung, das Gros der Bärtigen hielt sie für Opportunisten und Heuchler. Ihre Zeitung, der „Soir", war eine der vielen neuen Blätter, die man nach Einführung weitgehender Pressefreiheit nun täglich am Kiosk fand. Dessen Schlagzeile brachte die algerische Misere auf eine drastische Formel: Koffer oder Sarg. Dass sie einmal als die Sarghändler angesehen würden, lasen die Kofferträger von einst sicher nicht gern...

An den nächsten Tagen suchte ich Maître Ali Haroun auf, der nach langen Jahren im Pariser Exil nun dem fünfköpfigen Staatsrat angehörte. Er hatte nicht vergessen, dass wir uns bei den Recherchen zu meinem Buch über die „Kofferträger" begegnet waren. Haroun gehörte zu den Kadern des „siebten Widerstandsbezirks" in Europa, die zwischen 1958 und 1961 von Bad Godesberg aus Geheimaktionen des FLN gegen Frankreich dirigierten und aus dem deutschen Winkel heraus erfolgreich Geheimdiplomatie trieben. „Wer hätte gedacht, dass ich in Algier nochmal Karriere mache!" war seine sarkastische Begrüßung, und er betonte gleich, kein Mann des Regimes, sondern weiterhin Dissident zu sein. Als erster Minister für Menschenrechte eines arabischen Landes hatte er sich nach seiner Rückkehr Respekt erworben. Wahrscheinlich hatte er Blut an den Händen, sicherlich von Terrorakten des FLN gewusst und sie gebilligt, womöglich jetzt im Kampf gegen den islamistischen Terror erneut „harte Entscheidungen" mitzutragen. Er saß da im blauen Anzug mit Krawatte, gealtert, weißhaarig, mit müden Augen und doch versprtühte er immer noch den Charme, der mich damals für ihn eingenommen hatte.

Haroun saß auf dem Schleudersitz. Der Staatsrat hatte nach seiner Einsetzung im Januar 1992 versprochen, Demokratisierung und wirtschaftlichen Sanierung fortzusetzen, doch er blieb ohne Fortüne und Legitimation im Volk. Ich konnte nicht wissen, ob ich hier dem Junta-Machthaber gegenübersaß oder einer Marionette der Armee – oder doch dem honorigen Mann, als den ich ihn weiterhin sehen wollte. Indirekt jedenfalls war er mitverantwortlich für die unbestreitbare Menschenrechtsverletzung, dass Tausende von Islamisten ohne Gerichtsurteil und gesetzliche Grundlage über Wochen bei bisweilen fünfzig Grad und frostigen Nächten, bei Sandstürmen und salzigem Wasser in Wüstenlagern festgehalten wurden. Wären solche Lager irgendwo auf der Welt von radikalen Muslimen für christliche oder prowestliche Oppositionelle eingerichtet worden, hätte das gewiss mehr öffentliche Entrüstung und offizielle Proteste bewirkt.

Doch die westliche Öffentlichkeit und Politik blieb ungerührt. Ali Haroun wusste, dass er in Europa mit Verständnis für ein Bollwerk gegen den islamischen Fundamentalismus rechnen durfte. Er richtete sogar ein „Observatorium für Menschenrechte", also eine Art Beschwerdestelle über Menschenrechtsverletzungen ein, die sein Anwaltskollege Alia Yahia Abdenour, der internierte Angehörige der „Islamischen Heilsfront" vertrat, allerdings für pure Augenwischerei erklärte: Ein staatliches Menschenrechtsorgan war für ihn die Vermählung von Feuer und Wasser, ein Ding der Unmöglichkeit. Haroun wollte ich gerne abnehmen, dass er einen historischen Kompromiss unterhalb der Parteienebene anstrebte und die friedliebende, schweigende Mehrheit für sich gewinnen wollte. Er verkörperte das Dilemma aller Regime (bis hin nach Ägypten 2013), die das demokratische Leben zum Zwecke seiner Rettung vor einer demokratisch legitimierten islamistischen Majorität retten wollen – und sich am Ende am liebsten ein neues Volk wählen möchten.

„Gemäßigte" Islamisten gab es für Haroun nicht: „Der einzige Unterschied zu den Radikalen ist, dass sie die Macht erst morgen übernehmen und die Demokratie einen Tag später abschaffen werden!" Den Ausnahmezustand würde er aufheben, sobald die öffentliche Ordnung vollständig respektiert würde. Darauf hat Algerien noch fast ein Jahrzehnt warten müssen. Der Kleinkrieg von Ninjas und Bärtigen sollte sich noch verschärfen, sogenannte Afghanen, die im „Heiligen Krieg" gegen Gottlose am Hindukusch praktisch erfahrenen Kämpfer, würden ein Terrorregime aufrichten, und die algerische Armee würde ebenso gnadenlos zurückschlagen. Haroun hat zwei Jahre später demissioniert und sich wieder auf anwaltliche Tätigkeiten zurückgezogen. In einem Interview mit *Le Soir de l'Algérie* sollte er zehn Jahre später Bilanz ziehen: „Das größte Übel Algeriens ist seine Führung".

Zum feierlichen Abschluss des Fastenmonats setzte sich in der Zentralmoschee der islamische Staat alten Typs in Szene. Der Hohe Staatsrat, mit dem aus dem marokkanischen Exil heimgekehrten Mohamed Boudiaf an der Spitze, versammelte sich dort zum Gebet, das Staatsfernsehen übertrug das Ritual. Vor der Moschee wimmelte es von Scharfschützen und Geheimpolizisten, jede Kamera war hier verdächtig. Zur alten Furcht der Staatsmacht vor Spionen und zur neuen Angst vor Anschlägen kam das strikte Bilderverbot dieser Gesellschaft, nicht nur die Frauen betreffend: Algerien macht sich kein Bild von sich. Graffenried konnte das mit seiner ingeniösen Kamera überwinden, es entstanden großartige Fotos, die in vielen Ausstellungen und Katalogen zu sehen waren und sind. Nach kurzer Zeremonie raste die Autokolonne des Staatsratsvorsitzenden in Höchstgeschwindigkeit ins abgeschirmte Regierungsviertel zurück; wenig später sollte Boudiaf, unterdessen zum Hoffnungsträger eines historischen Kompromisses gereift, durch ein Attentat dahingerafft werden, dessen genaue Hintergründe bis heute nicht geklärt sind. Ali Haroun macht sich bis heute Vorwürfe, ihn aus dem marokkanischen Exil geholt zu haben.

Wir schlenderten anschließend durch das nun ganz friedlich wirkende Algier, wo die traditionellen Familienbesuche und

Festtags-Promenaden begonnen hatten. Sorgfältig geschnürte Kartons mit selbstgebackenen Zuckerplätzchen wurden kreuz und quer durch die Stadt getragen, Verwandte und Freunde wünschten sich *Saha Aidkoum* und luden sich die leeren Schachteln wieder mit Backwerk voll. Die Älteren besuchten die Friedhöfe, die Kinder, manche in blütenweißem Traditionsgewand, manche in nachgemachten Jeans, gaben das Geld von Onkel und Großmama für Süßigkeiten, Luftballons und andere bescheidene Vergnügen aus.

Abends saßen Graffenried, Schirmbeck und ich (bei Wasser und Salzgebäck) auf der Hotelterrasse und schauten über eine Stadt, die in der Abendsonne verführerisch liebenswert aussah und doch zu einem der gefährlichsten Plätze der Erde werden sollte. Wenn ich Telefonnummern von früheren Kollegen und Bekannten in Algerien aus meinem alten Notizbuch wählte, nahm niemand ab, die Wohnungen waren verwaist, die Universität fast menschenleer. Später erfuhr ich, wie viele ins Exil gegangen und vom Regime verschleppt worden waren, anderen hatten die Bärtigen die Kehle durchgeschnitten. Das einzige Mal, wo wir uns aus Algier heraustrauten in Richtung Süden (vermutlich hatte Haroun uns die Möglichkeit dazu verschafft), wurde die Reise jäh unterbrochen, als wir schon fast in Sichtweite der Lager waren. Polizisten wiesen uns an, sofort zurückzukehren.

Wir traten am nächsten Tag den Rückflug nach Frankfurt beziehungsweise Genf an. Der Artikel im ZEIT-Magazin erschien erst nach langem Redigieren, Reaktionen gab es keine. Niemand wollte von mir wissen, wie es in Algier war, übrigens auch später nicht. Der Bürgerkrieg in Algerien ging dabei erst richtig los, mit irrwitzigen Schlächtereien zwischen der Armee und den Bärtigen der „Groupe Islamique Armé“ (GIA), bei denen man keinen genauen Frontverlauf erkennen konnte. Die dritte Auflage von *Fielding's the World's Most Dangerous Places* von 1998, eine Art Gebrauchsanleitung für Kriegsreporter, listete Algier und die Mitidja-Ebene kaum übertrieben als „Triangle of Death“ und „the most deadly real estate since Cambodia's Killing Fields“, in dem Sänger, Künstler, Journalisten, Soldaten und Polizisten sowie Ausländer nicht mehr sicher waren. Bis zu 200 Personen täglich sollen Sicherheitskräfte, Todesschwadronen oder radikale Islamisten umgebracht haben, darunter junge Mädchen, die sich nicht korrekt verschleiert hatten. Auf der anderen Seite wurden Islamisten und deren vermeintliche Komplizen systematisch interniert und gefoltert, viele Tausende sind für immer verschwunden.

2014, zum sechzigsten Jahrestag der algerischen Revolution am 1. November 1954, erreichte mich eine Einladung aus Algier, an den offiziellen Feierlichkeiten teilzunehmen. Ali Haroun und andere alte Kämpfer würden dabei sein, ich sollte mein Kofferträger-Buch präsentieren, dessen Übersetzung angeblich bevorstand. Ich fühlte mich geehrt von dieser Einladung und war drauf und dran zuzusagen. Mein Zwiespalt: Zwar wäre es mir schäbig vorgekommen, hätte ich meine mittlerweile kritischere Position zum Befreiungskampf ausgerechnet am Jahrestag kundgetan, doch der Geschichtsklitterung Vorschub leisten, die in Algerien weiter anhält, wollte ich auch nicht. Die Entscheidung wurde mir dann abgenommen: kurz nachdem ich die Einladungsmail gelesen hatte, kam die Nachricht von der Hinrichtung des französischen Bergführers Hervé in einem Bergpark am Djurdjura-Massiv in der Kabylei. Die Nachricht schockte mich: Wieder hatten die Anhänger des Islamischen Kalifats einen Unschuldigen brutal enthauptet. Mehr noch berührte mich, dass Islamisten in Algerien unter diesem schwarzen Banner wieder aktiv wurden, und am meisten, als ich meine Fotos und Landkarten hervorkramte und feststellte, dass ich eben diese Gegend der Kabylei, bevor sie wegen der seltenen Tierarten zum Nationalpark gekürt wurde, mit ihren grandiosen Schluchten und einem Blick bis zur Mittelmeerküste durchstreift hatte. Sofort war die Angst von 1992 wieder da. Den Besuch zu den Feierlichkeiten sagte ich ab und seither war ich nie in Algerien, habe aber immer wieder in Reportagen und Reiseführer geschaut und innerlich die nächste Reise geplant. Michael von Graffenried zog es hingegen noch mehrfach nach Algerien, er hat seine Panoramafotos in dem Band „Algerien. Der unheimliche Krieg“ 1998 versammelt und dem mörderischen Jahrzehnt ein schauriges Denkmal gesetzt. Dieses Risiko wäre ich nie eingegangen, aber seiner persönlichen Bilanz zu diesem gefährlichen, einsamen, unglücklichen Land darf ich trotz allem zustimmen: „Es klingt absurd, aber in Algerien habe ich mehr Moral und Herzlichkeit erlebt als bei uns. Trotz Armut, Tod und Terror halten die algerischen Familien zusammen und kämpfen gemeinsam um ein Leben in Würde und Frieden.“ Wir wünschten uns, ein Generationswechsel werde Algerien von den alten Kämpfern befreien und keine neuen heranzüchten.

Der Generationswechsel schien jetzt eingetreten zu sein. 2011, als allerorts zwischen Rabat und Damaskus der „Arabische Frühling" ausbrach und in Tunesien und Ägypten die Autokraten Ben Ali und Mubarak von ihren Pharaonenthronen stürzten, verhielt sich Algerien ruhig - zu gegenwärtig waren noch die Toten und Traumata des grauenhaften Bürgerkriegs, der erst einmal nur in einem erschöpften Waffenstillstand zwischen Armee und Islamisten geendet hatte. Das Schicksal der Aufständischen von Rabat bis Damaskus, vor allem dort, konnte auch kein Ansporn für die eigentliche Avantgarde dieses Frühlings schon von 1988 an sein, um nun als Nachzügler an der Autokratendämmerung mitzuwirken. Doch dann, im Februar 2019, geschah das kaum noch Erwartete: Der *Hirak* (Aufstand) der algerischen Jugend, massenhaft, friedlich, entschlossen. Die Pandemie hat auch ihm ein jähes Ende bereitet, ohne dass man schon alle Hoffnungen auf eine demokratische Reformentwicklung aufgeben müsste.

Das ist, immer zwischen Bangen und Hoffen, „mein Algerien". Ich habe meine älteren und neueren Texte durchgeschaut und aktualisiert, und dabei ist mir die Dreiecksbeziehung zwischen den Gesellschaften und ihre an vielen Stellen verbundene Erinnerung noch klarer geworden. In Deutschland ist das Bewusstsein für algerische Fragen immer noch schwach, ein reißerischer Thriller wie „Algiers Confidential – Ein paar Tage Licht" (arte 2022) wird daran wenig ändern. Kaum ein Wissenschaftler, selten auch außen- und sicherheitspolitische Denkfabriken befassen sich intensiver mit diesem schrecklich-schönen Land, über das es auch kaum noch eine direkte Berichterstattung gibt. Geboten wäre eine Partnerschaft auf Augenhöhe, doch das Interesse an der Eindämmung der Migration und der Kampf gegen den Terror in der Sahara überschattet alles. Das in die Defensive geratene Regime macht seine Schutzfunktion geltend und versucht, dem Ausland seine relative Stabilität zu demonstrieren. Die Stimme der erstarkten Zivilgesellschaft darf dabei nicht länger überhört werden. Gemeinsam ist allen drei Nationen die koloniale Vergangenheit und die Notwendigkeit, Geschichte aufzuarbeiten, darunter einen immer noch virulenten Antisemitismus. Gemeinsam ist auch die Geschichte der algerischen Emigration nach Europa und die irreversible Präsenz des Islam im Westen. Gemeinsam könnte schließlich eine Zukunft sein, wenn die auf Erdöl- und Erdgasexporte fixierte Rentenökonomie sich in eine nachhaltige, auf alternativen Energiequellen aufbauende und beide Seiten des Mittelmeers verbindende Wirtschaftsgemeinschaft transformiert. Die Unterstützung der algerischen Befreiung war in den 1960er Jahren kein Hinderungsgrund für die deutsch-französische Freundschaft, umso mehr muss das für eine neue Befreiungsbewegung gelten, für die sich Frankreich und Deutschland mehr interessieren sollten als bisher. Beides fehlt: die aufrichtige und tatkräftige Entschuldigung für die Kolonialverbrechen und die entschiedene und wirksame Unterstützung der Demokratie in Afrika.

I

Kolonial: Die Unterwerfung

Das Tocqueville-Paradox: Landnahme und Arabophilie

Überall im Westen fallen derzeit gerade Statuen großer weißer Männer, von Columbus über Kant bis Churchill. Noch nicht bekannt wurde ein Denkmalssturz von Alexis de Tocqueville. Dessen berühmtes Demokratie-Buch von 1835/40 erklärt Amerikanern bis heute ihr eigenes Land und enthielt ein dezidiertes Votum gegen die Sklaverei. Weniger bekannt ist, was der in allen politischen Lagern gern zitierte Adelige von 1837 bis 1847 über Algerien geschrieben hat, das sich Frankreich damals mit großer militärischer Gewalt aneignete.[9] Dazu gab der Reisende und Rapporteur

[9] Alexis de Tocqueville, Discussion de la proposition Henri Didier de préparer des lois applicables à l'Algérie (12. Januar 1850). In: Tocqueville: Écrits et discours politiques, OEuvres completes Bd. I, Paris 1962, S. 236–440; ders. Quelques idées sur les raisons qui s'opposent a ce que les Français aient de bonnes colonies (1833). In: ebda., S. 35–40; ders., Rapport fait au nom de la commission chargée d'examiner la proposition de Tracy relative aux esclaves des colonies (23 Juli 1839). In: ebda., S. 41–78; ders., Rapports sur L 'Algérie (1847). In: Tocqueville, Écrits et discours politiques, Paris 1962, 308–418; ders., Seconde lettre sur L 'Algérie (22. August 1837). In: ebda., S. 139–153; ders. Travail sur L 'Algérie (1841). In: ebda., S. 213–282. Dazu Philippe Lucas/Jean Claude Vatin, L'Algérie des Anthropologues. Textes a l'appui, Paris 1975

zeittypische Urteile ab, die ihn als einen Urvater des Liberalismus dauerhaft hätten kompromittieren können, jedenfalls alles andere als „woke" sind: Tocqueville befürwortete die Kolonisierung Algeriens mit Schwert und Pflug.

Was gibt es da noch von ihm zu lernen? Tocqueville mäßigte seine Ansichten später und skizzierte dabei eine Dialektik der imperialen Durchdringung, die seine kolonialistischen und bellizistischen Äußerungen relativieren. Diese Selbstkorrekturen enthalten zwei zu Beginn des 21. Jahrhunderts noch diskussionswürdige Botschaften: Koloniale Gewalt und Terror fallen auf die Kolonialmächte zurück, und die Massen in nicht-westlichen Gesellschaften sind weder durch Eroberung noch durch verordnete Demokratie zu gewinnen, sondern einzig durch den Handel mit und die Liebe zu Konsumgütern und das Vorbild eines individualistischen Lebensstils. Die Pointe ist freilich, dass genau dieser Individualismus, hier wie dort, Demokratien in Despotien verwandeln kann, wenn das materielle Eigeninteresse die Beteiligung der Bürger am demokratischen Prozess und ihre Ausrichtung auf ein *bonum commune* erlahmen lässt. Insofern ist die Demokratie in Tocquevilles Sicht eine ebenso gefährliche wie gefährdete Herrschafts- und Lebensform, die jederzeit in Konformismus und Tyrannei umschlagen kann.

Die heutige Lektüre eines bekennenden Kolonialisten muss die Zeitbezogenheit seiner Aussagen zur Kenntnis nehmen. Kritikwürdig ist vor allem Tocquevilles unverblümte Rechtfertigung des sechs Jahre währenden Vernichtungsfeldzugs unter dem Kommando des Generals Thomas-Robert Bugeaud, der Gegenwehr mit wirklich aller Gewalt niederschlug. Was er schon 1834 bei Unruhen in den Straßen von Paris gegen Aufständische vorexerziert hatte, ordnete er in Algerien mit noch größerer Brutalität gegen den von Emir Abdelkader geführten Widerstand an. Tocqueville unterstützte diese „einzige in Afrika mögliche Art von Krieg". Da Bugeaud ganz im Sinne von Tocquevilles Prophezeiung den gnadenlosen Straßen- und Häuserkampf der Revolution von 1848 ins Mutterland reimportieren wollte, geriet der zuständige Algerien-Berichterstatter der Deputiertenkammer in einen unauflöslichen Widerspruch zu seinen ansonsten liberalen Ansichten und ethischen Positionen.

In den journalistischen und offiziellen Algerien-Schriften erkennen Tocqueville-Experten[10] drei Etappen: Anfangs unterstützte er das unpopuläre Kolonialprojekt in Algerien, weil es die prekäre Stellung Frankreichs im Konzert der europäischen Mächte stärken, die (auch von Gustave Flaubert treffend beschriebene) Lethargie des Juste Milieu aufbrechen und das mediokre und verweichlichte Bürgertum in einer Art existenziellem Abenteuer politisieren sollte. Dabei stellte sich Tocqueville einen Lernprozess vor, der Okzident und Orient annähern und letztlich verschmelzen sollte. Dieser Traum platzte dann mit Bugeauds Politik der verbrannten Erde, die mit Razzien, Menschenjagden, Folter, Vergewaltigung, Plünderung, Enteignung und Vertreibung vorging, was Tocqueville aber als Überlebenskampf mit „ärgerlichen Notwendigkeiten" rechtfertigte - eine Besiedlung

[10] Übersicht bei Skadi Siiri Krause, Schriften über Algerien, in: N. Campagna u.a. (Hg.), Tocqueville-Handbuch. Leben – Werk – Wirkung, Stuttgart 2021, S. 55-57

komme nun einmal nicht ohne vorherige totale Unterwerfung der Eingeborenen aus. Hier verstieg sich der liberale Nationalist zu einem exterministischen Rassismus: Das arabische Element sollte verschwinden. Bevor nun aber die Büste vom Sockel gestoßen wird, sei die dritte Etappe gewürdigt, die Ernüchterung des aus dem politischen Alltagsgeschäft zurückgezogenen Mannes und seine immer noch halbherzige, in sich widersprüchliche Ratlosigkeit. Er sieht genau, was der Krieg materiell und moralisch angerichtet hat, unterstützt aber das Apartheidregime der Siedlergesellschaft. Andererseits fürchtet er, die brutalisierten Afrika-Offiziere könnten auf das zivile Leben in der Metropole zurückschlagen und eine cäsaristische Militärdiktatur errichten – das ganze algerische Drama wird hier luzide vorgezeichnet. (Übrigens: Bugeaud-Denkmäler sind in vielen französischen Städten noch unversehrt.)
Tocqueville lehnte den biologistischen Rassismus ebenso ab wie den republikanischen Fortschrittsglauben, auch in seiner kritischen Würdigung der britischen Indien-Politik, die sich als zivilisatorische Mission verkleidete. Zu Algerien gestand Tocqueville ein, was man, sprachlich korrigiert, über die gescheiterte NATO-Mission in Afghanistan sagen könnte: „Wir hatten keine klare Vorstellung, weder über die verschiedenen Rassen, die das Land bewohnten, noch ihre Sitten; wir verstanden nicht ein Wort der Sprachen, die diese Völker sprachen; das Land selbst, seine Quellen, Flüsse, Städte und sein Klima waren uns unbekannt. Es war so, also ob das ganze Ausmaß des Globus zwischen Algerien und uns läge."

Eine weitere Aktualisierung dieses historischen Kapitels hat der französische Schriftsteller Marc Weitzmann versucht, indem er die Ursprünge des in Frankreich wieder mächtig aufflammenden Judenhasses *und* der multikulturellen Identitätspolitik in Konstellationen der Mitte des 19. Jahrhunderts in Algerien verortet. Ausgangspunkt war 1791 die Emanzipation der Juden zu gleichberechtigten Staatsbürgern, ein Akt, der die Ghettos dann auch im restlichen Europa öffnete und 1870 mit dem „Crémieux-Dekret" 35.000 algerische Juden zu *Citoyens* erklärte. Damit freilich war das Gros der weißen Siedler, die sich im Schutz der Armee weite Teile des fruchtbaren Landes ohne Rücksicht auf die indigene Bevölkerung angeeignet hatten, ganz und gar nicht einverstanden. Nicht zufällig war schon in der Ära des Bürgerkönigs Louis Philippe, der die Parole hemmungsloser Selbstbereicherung ausgegeben hatte, die Figur des Juden zum Symbol einer bedrohlichen Modernisierung und eines vaterlandslosen Kosmopolitismus geworden - für derartige „Missgeburten" habe man die Kolonie erobert, klagte ein Hinterbänkler in der Nationalversammlung. Solche Bösartigkeit führte später in die Dreyfus-Affäre, zum integralen Nationalismus der *Action française* und am Ende zur Aufhebung des Crémieux-Dekrets durch das Vichy-Regime, das Tausende Juden an die Betreiber der Gaskammern auslieferte. (Und im Jahr 2022 nahm Eric Zemmour, ausgerechnet ein in Algerien geborener Jude, diese Tradition in Anspruch für seine Präsidentschaftskandidatur in Frankreich!)
Die andere historische Denkschule ist komplexer und beginnt mit einer schwärmerischen Verehrung der Araber und des Islam bei den meinungsbildenden Saint-Simonisten, den

Anhängern des Grafen Henri de Saint-Simon, der einen utopischen Sozialismus propagierte. Sie malten sich den Orient als „authentischen" Gegenentwurf zur kalten, utilitären und gewaltsamen Moderne aus, wo sich Vernunft und Religion neu vermählen sollten. „Père" Barthélemy Prosper Enfantin, ein wie der Messias verehrte saint-simonistische Philosoph, und sein Schüler Thomas Urbain, ein farbiger Abkömmling einer Sklavenfamilie in Guyana, bereisten den damals noch unter osmanischer Herrschaft stehenden Nahen Osten, konvertierten zum Islam und ehelichten minderjährige Muslima. Enfantin propagierte den Bau des Suez-Kanals, Urbain diente General Bugeaud als Dolmetscher. Als „Arabophile" widersprachen sie dabei der rabiaten Eroberungs- und Assimilationspolitik der weißen Siedler in Algerien, Urbain wollte als Gotterwählter die „muselmanischen Rassen" führen. Das ging einher mit einer üblen Schmähung der Juden, in denen er Verfechter eines nihilistischen Materialismus sah und befürchtete, diese „Parias" könnten Frankreich von der angestrebten Liaison mit der arabisch-islamischen Welt abhalten.

Urbain, der sich in seiner Orient-Begeisterung den zweiten Vornamen Ismaÿl zulegte, aber den Sklavenhandel in Nordafrika tolerierte, avancierte zum Berater des ebenso arabophilen Napoleon III., der sich 1852 an die Macht geputscht hatte und das Imperium seines Onkels Bonaparte nun als ein „arabisches Königtum" fortträumte – und dabei die Muslime in den goldenen Käfig der Apartheid einschloss. Das war das paradoxe Resultat des „Personalstatuts" von 1865, das die religiöse und kulturelle Eigenart der Indigenen anerkannte, sie aber rechtlich und faktisch zu Bürgern zweiter Klasse degradierte. Hier kann man in der Tat Quellen der Identitätspolitik im 20. Jahrhundert sehen, die ja eine Rassenhierarchie ablehnt, aber die Völker horizontal (und im Effekt kaum weniger rassistisch) unmittelbar zu (ihrem) Gott anordnen will, auf dass sie sich nicht assimilieren und vermischen. Von republikanischer Égalité war da ebenso wenig die Rede wie von universaler Brüderlichkeit und Solidarität. Konservative Muslime nahmen das hin, weil die Alternative, die Unterwerfung unter den Code Civil, ihnen Privilegien wie Polygamie, die unkomplizierte Scheidung durch das verbale Verstoßen der Gattin, das patriarchale Erbrecht und den Sklavenhandel genommen hätte. Erst 1947 hob Charles de Gaulle das diskriminierende Statut auf, Frauen bekamen aber weiterhin keine gleichen Rechte, weil das als unislamisch galt (wobei die Vierte Republik auch erst 1944 den Französinnen das Wahlrecht verlieh). Mit der Abdankung Napoleons III. 1870 ging die arabophile Episode ohnehin zu Ende, der man immerhin zugutehalten kann, dass die französische Armee „Eingeborene" vor dem rabiaten Zugriff der Siedler zu schützen suchte. Die 1833 eingeführten „Bureaux arabes" bildeten als Instrument indirekter Herrschaft einen Kontrapunkt zum ausbeuterischen Kolonialismus der Siedler, unter denen es auch durchaus echte Freunde von Juden und Arabern gab.

Wie Alexis de Tocqueville befasste sich auch Karl Marx mit Algerien, wohin er sich 1882 zu „Gesundheits-Wiederherstellungsmanövern" (Paul Lafargue) begeben hatte. „Den Kopf voller Afrika und Araber", studierte er, wie Stammesgesellschaften mit Gemeineigentum pulverisiert werden,

aber den Sprung in den entwickelten Kapitalismus verpassen. Der ebenso araber- wie judenfeindliche Siedlungskolonialismus raubte den arabischen „Sujets" dann weiteres Land und errichtete die weiße Parallelgesellschaft der *Pieds-noirs* am anderen Ufer des Mittelmeers. Im Marxismus war das eine interessante Weggabelung: Sollte der Sozialismus die „Verdampfung" und Überwindung aller vorkapitalistischen Verhältnisse zur Voraussetzung haben, oder konnte man ihn aus „urkommunistischen" Gemeinschaften direkt aufbauen?
Das Nachspiel der algerischen Kolonialtragödie währt bis heute: Der antikoloniale Befreiungskrieg, der stets auch ein innerarabischer Bruderkampf war, führte 1962 zur Enteignung und Vertreibung der Pieds-noirs und zur Gründung einer arabisch-islamischen Republik, die sich schroff gegen den westlichen Liberalismus und gegen Israel stellte. Auch die in Algerien lebenden Juden wurden fast vollständig vertrieben – „drittes Exil" nannte der aus einer jüdisch-algerischen Familie stammende Historiker Benjamin Stora diesen dritten Akt nach dem Judenhass der Siedlergesellschaft und der Judenverfolgung durch das Vichy-Regime. Diese Kollusion von Antisemitismus und Identitätspolitik setzt sich bis heute fort. Weitzmann zeigt die Verbohrtheit des von (nicht wenigen) Kindern und Enkeln algerischer Migranten radikalisierten Judenhasses. „Jüdischer Kosmopolitismus" war ein Angriffsziel beim Anschlag auf „Charlie Hebdo" und einen koscheren Supermarkt, bei Morden an Holocaust-Überlebenden und zuletzt bei der Schmähung der jüdischen Politikerin Simone Weil durch Anhänger der Gelbwesten.

Dazu passt die Haltung „arabophiler" Intellektueller, die sogar den Dschihadismus, der Algerien in den 1990er Jahren ein traumatisches Jahrzehnt bereitet hat, kulturalistisch verharmlosen und übersehen, dass dieser im Kern nur eine Spielart der identitären Rechten ist: antiegalitär, freiheitsfeindlich und im Bunde mit orientalischen Despoten, die mit Öl- und Gasexporten Milliarden verdienen und Terroristen sponsern.

Dass Juden nicht zu Frankreich passen, ist gängige Münze auch im Front National (heute Rassemblement National), den der Algerienkämpfer Jean-Marie Le Pen 1965 im Milieu radikaler Siedler gegründet hatte. Im identitären Antisemitismus bestätigt sich die nur scheinbar paradoxe Familienähnlichkeit von Islamophobie und Islamismus. Und auch dabei berühren sich die drei Gesellschaften: Der im Algerienkrieg virulente Antiislamismus der extremen Rechten in Frankreich verband sich mit dem Antisemitismus der Konservativen Revolution in der frühen Bundesrepublik. Die Strömungen flossen nach 1968 in der neu-rechten Identitären Bewegung zusammen und beflügeln heute erneut Antisemitismus und Islamophobie.

Von Boufarik in die Welt: Orangina

Orangina, heißt es auf der poppigen Webseite der Marke, „gehört zu den ältesten und beliebtesten Premium-Limonaden-Marken der Welt. Mit der Geburt der französischen Ikone im Jahr 1935 blieben Rezeptur und Name unverändert. Bis heute ist das Ergebnis ein fruchtig, angenehm süßes Geschmackserlebnis mit 12 % Fruchtsaftgehalt, das die Herzen der Limonadenfans auf der ganzen Welt höherschlagen lässt." Über Geschmack lässt sich streiten, aber die ‚französische Ikone' wurde unzweifelhaft in Algerien gebraut, genauer: in Boufarik, 35 Kilometer südwestlich von Algier. Als ich 1977 dort war, um die Reste der Selbstverwaltungsexperimente auf herrenlos gewordenen Gütern der pieds-noirs zu studieren, war von Orangina schon nichts mehr zu sehen. Man bekam den Saft, dessen Geschmacksnote sich 1935 ein spanischer Apotheker ausgedacht hatte, in Algerien auch nicht zu kaufen, doch mir war die bauchige, einer Wespe nachempfundenen Flasche, seit 1951 unverändert, aus Sommerurlauben und Frankreichaufenthalten wohlbekannt.

Folgen wir also noch ein wenig der „Firmenhistorie" auf der Webseite, der den Weg von einem algerischen Kaff in die vorderste Linie der Lebensmittelbranche referiert: Der Ladenbesitzer Leon Beton hatte das Rezept gekauft, den Prototyp des bauchigen Glasbehälters kreieren und in Boufarik die Produktion anlaufen lassen. Sein Sohn Jean-Claude übernahm 1947 das Geschäft und exportierte das Getränk ins kriegszerstörte Frankreich, das sich nach Sonne, Süße und Strand sehnte und diesen „Champagner der Softdrinks" gerne schlürfte. 1962 verlegte sich die Firma nach Marseille, 1984 wurde sie in die Pernod-Ricard-Gruppe einverleibt, es folgte Cadbury-Schweppes und in Deutschland die Krombacher Brauerei. Unter dem Dach dieses Markenadels kann auch ein obskures Zitronensoda, diese Un-Cola, die Übernahmedrohungen aus Atlanta widerstand und vor Gebrauch zu schütteln ist, aus der tiefsten Provinz überleben. Zum 50. Geburtstag wurde eine 25 Meer hohe Flasche an der Porte Maillot in Paris errichtet - jedes Kind kennt Orangina. Die sexy Werbefilme gehören zum Weltkinoerbe.

1977 war Boufarik noch ein kleines Kaff, heute leben dort 80.000 Menschen. Es ist ein historisch umkämpfter Ort. Schon 1832 fand dort eine Schlacht mit den Janitscharen statt, die Nordafrika beherrscht hatten. Die siegreiche französische Armee richtete gleich vor Ort ein Militärcamp ein, das den Zustrom der Siedler in die sumpfige, erst später so fruchtbare Mitidja-Ebene gegen ständige Attacken absicherte. Mitte des Jahrhunderts entstanden Entwässerungskanäle, eine Kirche, eine Schule, ein Theater, ein Bahnhof, eine Platanenallee, ein Lyzeum, ein Club omnisports - Abbilder Frankreichs. Es strömten Siedler nach Boufarik – zur Jahrhundertwende lebten dort knapp zehntausend Menschen, bis 1954 wuchs die Zahl auf 23.000. Der große Star der 1880er Jahre war „Bob Walter", eine geborene Baptistine Dupré. Sie trat als Serpentinen-Tänzerin und Burlesk-Sängerin im Pariser Moulin-Rouge, in den Folies-Bergères und im Olympia auf und verkehrte während der Dreyfus-Affäre im antisemitischen Milieu der Kolonie. Nach Abschluss ihrer künstlerischen Karriere eröffnete der Paradiesvogel einen Autosalon in Paris und lieh Pkws für sogenannte *elopements* aus, wie fingierte Entführungen von Bräuten hießen.

Boufarik wurde in seiner Blütezeit zur „Königin der Mitidja" ausgerufen. Das war auch die große Zeit von Amadée Froger. Der ehemalige Armeepilot hatte 1915 einen Absturz seiner Maschine schwerverletzt überstanden. Frogers Familie war schon 1836 aus der Bretagne nach Algerien übersiedelt, er selbst trieb die Entwicklung Boufariks als Abgeordneter und Bürgermeister voran und stieg zu einem Symbol der Algérie française auf. Der FLN, der bekannte Vertreter der Siedlungskolonie ins Visier genommen hatte, verübte am 28. Dezember 1956 am helllichten Tag ein Pistolenattentat auf ihn; der Täter (es war nicht der berüchtigte Ali la Pointe) konnte knapp entkommen. Der zivile Gegenspieler Frogers war Kessi Chérif, der 1962 nach dem Exodus der Siedler sein Nachfolger werden sollte. Chérif war ein Mitgründer des Comité d'Action révolutionnaire nord-africain (CARNA), das die algerische Unabhängigkeit anfangs mit einer Annäherung an die Nazis erreichen wollte. Und er gründete einen heute noch in der zweiten algerischen Liga aktiven Fußballclub. Unter Chérifs Ägide fanden in Boufarik nach der Unabhängigkeit spontane Experimente mit Arbeiterselbstverwaltung auf den verlassenen Domänen der Siedler statt, die allerdings rasch versandeten.

Boufarik, immer noch ein eher randständiger Ort auf der algerischen Landkarte[11], vereint die algerische Geschichte seit 1830 wie in einer Nussschale: als Vitrine der Siedlerprovinz auf sumpfigen Boden, als Kampfplatz der Besatzungsarmee mit algerischen Nationalisten, als Experimentierfeld des algerischen Sozialismus, zuletzt als „Todeszone" im Krieg zwischen Militärs und Dschihadisten in den 1990er Jahren. Und heute als der verschlafene Geburtsort einer Weltmarke.

---

[11] aber immerhin Schauplatz eines historischen Romans von Olivier Chartier, Les Ombres de Boufarik, Paris 2010

Papa, was hast du im Krieg gemacht?

Ob sich Väter und Großväter im Zweiten Weltkrieg schuldig gemacht und welche traumatischen Erlebnisse sie mit nach Hause gebracht hatten, blieb eine Frage deutscher Kinder und Enkel, auf die es meist lückenhafte und wortkarge Antworten gab. Gestellt wurde sie auch in Frankreich, dort freilich weniger an die Kombattanten des Krieges 1930/40, sondern an die „Appelés", an Berufssoldaten und Wehrpflichtige, die zwischen 1954 und 1962 am Algerienkrieg teilgenommen hatten. Von deren Erlebnissen erfuhren Ehefrauen und Kinder meist wenig, oft kam das Gespräch erst mit dem Ableben eines Einberufenen in Gang. Generell deckte eine kollektive Amnesie „die Ereignisse" zu, die offiziell nie als ein Krieg deklariert waren, vom Gros der Franzosen wenig beachtet und von den meisten als legitime Bekämpfung eines bewaffneten Aufstands bewertet wurden. Anders als retrospektiv bei der deutschen Wehrmacht waren in Algerien nach allgemeiner Überzeugung keine aggressiven Eroberer weitab zu Gange gewesen, sondern Ordnungskräfte auf dem Gebiet der französischen Republik, „une et indivisible", die nach den Worten von François Mitterrand und Charles de Gaulle „von Dünkirchen bis Tamanrasset", vom Ärmelkanal bis in die südliche Sahara reichte. Die an der Universität Paris-Nanterre lehrende Zeithistorikerin Raphaëlle Branche hat vor 20 Jahren die maßgebliche Bilanz der Folter und Kriegsverbrechen im Algerienkrieg vorgelegt und sich nun der mündlichen Geschichtsschreibung des „familiären Schweigens" gewidmet.[12] Von 1954 an wurden wehrfähige Franzosen der Jahrgänge 1938ff. für 18 Monate einberufen, in der Summe rund 1,5 Millionen „conscrits" (Wehrpflichtige), viele nicht einmal volljährig, bei damals 45 Millionen Einwohnern. Eingezogen zu werden, war seinerzeit nichts, wogegen man sich wehren konnte oder sollte, man „machte" Algerien so selbstverständlich wie die Großväter „14/18" und die Väter „39/45". Alles andere als normal war hingegen, dass jenseits des Mittelmeers ein Krieg ohne formellen Gegner, ohne Schlachten, ohne Regeln geführt wurde, kaschiert als Polizeiaktion zur Wiederherstellung von Recht und Ordnung. Völlig unvorbereitet waren die jungen Männer mit abscheulichen Gewaltakten konfrontiert respektive daran beteiligt; der aus dem Hinterhalt operierenden algerischen Guerilla, trat die Armee mit Folter, Razzien, Vergeltungsmaßnahmen und der Internierung von Millionen in Gefangenenlagern, sog camps de regroupement, in der Wüste entgegen.[13]

Der 18-monatige, in vielen Fällen aber auch längere Wehrdienst war ein *rite de passage* junger, meist unverheirateter Arbeiter oder Studenten, die in der Regel noch bei ihren Eltern wohnten; nach der Demobilisierung würden sie „ins

[12] Raphaëlle Branche, La torture et l'armée pendant la guerre d'Algérie 1954-1962, Paris: Gallimard 2001, dies. Papa, qu'as-tu fait en Algérie ? Enquête sur un silence familial, Paris: La Découverte 2020

[13] Nach Michelle Zancarini-Fournel/ Christian Delacroix, Histoire de France. La France du Temps présent, Paris 2010, sollen zwischen 1,6 und 2,5 Millionen Algerier „regruppiert" worden sein, also um 15% der gesamten Bevölkerung.

Leben treten", eine Arbeit oder Studium aufnehmen und Familien gründen. So auch hier, doch diese von Scham und Ekel besetzte Passage in Algerien verschlug den Heimgekehrten die Sprache - es wollte auch kaum jemand davon hören, und da am Ende jeder einzeln entlassen wurde, konnte sich auch keine „Algerien-Generation" bilden und Gehör verschaffen. Vor allem die letzten Jahrgänge hatten in einem „Nicht-Krieg" gedient, den de Gaulle bereits seit 1960 zu beenden suchte, womit der Kampf fürs Vaterland vollends sinnlos wurde. Die Appelés verkörperten die Niederlage, nach dem Fiasko von Dien Bien Phu 1954 war in Nordafrika 1962 der Rest des Kolonialimperiums verloren gegangen. Die französische Gesellschaft kümmerte sich weder um Schuld noch Trauma und ging rasch zur Tagesordnung über. Sie wollte absolut modern werden, und, begünstigt durch die von de Gaulle verfügte Generalamnestie, sank das algerische Drama ins kollektive Vergessen. Nicht alle Jungen, die mehr als die unterdessen angesagten Chansons und Tänze verpasst hatten, waren traumatisiert, auch sie genossen wieder daheim die *trente glorieuses*, das französische Wirtschaftswunder. Doch nicht wenige blieben arbeitsunfähig, wurden gewalttätig gegen Frauen und Kinder oder versanken in Depression und Trunksucht. „Bewältigungsarbeit" hatten die Familien zu leisten. Zaghafte Rückfragen der Kinder und Enkel hoben den Deckel des Schweigens, Anlässe waren Souvenirstücke im Bücherregal, Fotoalben, importierte kulinarische Extravaganzen, auch die exotischen Namen mancher Kinder.

Manche der Einberufenen hatten aber auch rebelliert, bis hin zur Fahnenflucht. Den einen widerstrebte es, die Ernte nicht einfahren zu können, den gerade begonnenen Job aufgeben zu müssen, Freunde und Freudinnen verlassen zu sollen; andere standen der Kommunistischen Partei (PCF) und der Friedensbewegung nahe oder verweigerten sich aus religiösen Gründen diesem „Krieg ohne Namen".[14] *La Guerre sans nom* war also keine *Guerre sans Non*: Je länger er dauerte und je absurder und grausamer er wurde, desto mehr Franzosen befürworteten einen raschen Waffenstillstand. Als die von den Unterhändlern am 18. März 1962 in Évian ausgehandelte Unabhängigkeit Algeriens am 5. Juli 1962 endlich in Kraft getreten war, war der Kolonialkrieg längst zum innerfranzösischen Bürgerkrieg geworden. Von Algier aus zettelten Militärs, wie es Tocqueville einst befürchtet hatte, den Coup d'État an; die „Organisation armée secrète" (OAS), eine von radikalen Algerienfranzosen gegründete und von abtrünnigen Generälen geführte Terrorgruppe, überzog Kolonie und Metropole mit Attentaten, denen de Gaulle zweimal nur knapp entkam. Aus diesen Todesschwadronen sammelte sich 1972 die radikale Rechte im Front National, deren Gründer Jean-Marie Le Pen als junger Soldat ein mutmaßlicher Folterer war.

Die OAS, die den Mythos der *Armée secrète* aus der Résistance-Zeit entwendete, nahm vor allem „Verräter" wie die sogenannten „Porteurs de valises" ins Visier: Sympathisanten, Logistiker und Bridagisten, die den FLN unterstützten, am auffälligsten das *Réseau Francis Jeanson*, das im Namen seines Gründers ebenfalls den Mythos der

[14] Vgl. Patrick Rotman/Bernard Tavernier, La guerre sans nom. Les appelés d'Algérie 1954-1962, Paris: Seuil 1992

Résistance aufgriff, womit beide Seiten die Bürgerkriegskonstellation der 1940er Jahre reproduzierten. Unterstützer rekrutierten sich aus linken, gewerkschaftlichen, kirchlichen, studentischen und intellektuellen Milieus (mit der Verlegung des europäischen FLN-Hauptquartiers nach Bonn-Bad Godesberg entstand eine klandestine Unterstützer-Szene in Deutschland, auf die ich noch kommen werde). In Frankreich mehrte sich die kritische Berichterstattung in Tageszeitungen und Wochenmagazinen, Menschenrechtsgruppen und Anwaltskollektive verteidigten Oppositionelle, das „Manifest der 121" proklamierte das Recht auf Desertion und zivilen Ungehorsam.
Das alles erreichte die breite Masse und auch das Gros der Anhänger der linken Parteien KPF und SFIO nicht, die sich im Algerienkrieg ohnehin kompromittiert hatten. Die Ableger der Linksparteien in der Kolonie verstanden sich als Interessenvertreter der weißen Unter- und Mittelschichten und sie blieben der seit der Revolution von 1789 dominierenden Ideologie der *mission civilisatrice* verhaftet, Autonomie-Forderungen der Araber und Berber berührten sie wenig; die KP stufte nationalistische Befreiungskämpfe von Bauern als reaktionär ein, was noch den Affekt gegen die vom Maoismus beeinflusste Studentenrevolte zehn Jahre später erklären kann. Diese Borniertheit, nicht nur in der Kolonialfrage, stärkte Strömungen der neuen Linken wie den *Parti socialiste autonome* (PSA), nach Italien oder China blickende KP-Dissidenten und trotzkistische Sekten, ebenso die linkschristliche CFTC-Gewerkschaft und christliche

„tiers-mondistes". Doch das praktische Geschäft der Entkolonialisierung betrieb de Gaulle, der 1958 mit dem Versprechen der *Algérie Française* an die Macht gekommen war.[15] Zur Ehrenrettung der algerischen Jahre seien zwei bekannte Appelés hervorgehoben: Pierre Bourdieu und Michel Rocard. Bourdieus epochales soziologisches Werk wurzelt in seinen Erfahrungen als Soldat und dann als Forscher in Algerien Ende der 1950er Jahre. Inhaltlich analysierte er die Pauperisierung und Proletarisierung einer ländlichen Gesellschaft, methodisch arbeitete er seine ethnografischen Studien zu einer „Theorie der Praxis" aus.[16] Hierzulande weniger bekannt ist, dass Michel Rocard, der spätere Premierminister Frankreichs, 1958 als Finanzbeamter nach Algerien abgeordnet war und einen kritischen Bericht über die dortigen „Camps de regroupement" verfasste.[17] Zwei Millionen aus ihren Dörfern deportierte Algerier, fast die Hälfte der algerischen Landbevölkerung waren unter Zurücklassung ihrer Habe, Tiere und Vorräte vertrieben und eingesperrt worden, um sie dem Einfluss des FLN zu entziehen und die verlassenen Landstriche freizumachen für Luftangriffe, auch mit Napalm-Bomben. 200.000 Menschen, darunter viele Kleinkinder, sollen den Ermittlungen Rocards

---

[15] Pierre Vidal-Naquet, Une fidélité têtue. La Résistance française à la guerre d'Algérie, in: Vingtième Siècle 10/1986,

[16] Pierre Bourdieu, Algerische Skizzen, Berlin 2010 und ders., Images de l'Algérie. Une affinité élective, Arles 2003, kritisch Kamel Chachoua, Pierre Bourdieu et l'Algérie: Le savant et la politique, https://journals.openedition.org/remmm/7522

[17] Michel Rocard, Rapport sur les camps de regroupement, Paris: 1001 Nuits 2003.

zufolge regelrecht verhungert sein. Presseveröffentlichungen führten nicht zur Auflösung der Lager, verbesserten aber die Lage der Internierten und verstärkten die Kriegsmüdigkeit. Rocard zählte zu den „dreyfusards“, deren Algerien-Engagement sich vor allem um die Menschen- und Bürgerrechte in Frankreich sorgten. Nach der Fusion des PSA mit linkskatholischen Kriegsgegnern und Exkommunisten zum *Parti socialiste unifié* (PSU) wurde er deren wichtigster Repräsentant neben Pierre Mendès-France (Premierminister in der IV. Republik, hat Frankreichs Indochina-Krieg beendet). Und genau wie dieser ein Verfechter des „parler vrai“, stach der 2016 verstorbene Rocard stets aus der Pariser *classe politique* hervor.

Nach buchstäblich Tausenden von Büchern und Aufsätzen über „die algerischen Jahre“ und nach eindrücklichen TV-Dokumentationen kann man nicht länger behaupten, das Drama sei unbekannt und werde mit Schweigen bedacht.[18] Doch auch wenn die kollektive Erinnerung aus der Familien- und Privatsphäre in die öffentliche Debatte übergegangen ist, hat Benjamin Stora an der französischen (ebenso wie an der algerischen) „Aufarbeitung der Vergangenheit“ zu Recht deren antagonistische Versäulung kritisiert[19].

Opfer wie Täter bestehen auf ihren Positionen und führen ihre Kämpfe gleichsam in den Köpfen weiter, streben keinen Konsens und keine wirklich plurale Erinnerung an, obwohl

---

[18] Mohammed Harbi/Benjamin Stora (Hg.), La Guerre d'Algérie. La fin de l'amnésie, Paris: Laffont 2004

[19] Benjamin Stora, La guerre d'Algérie quarante ans après. Connaissances et reconnaissance, Modern & Contemporary France, H. 2/1994

doch klar ist, dass es in der „algerischen Tragödie" keine Eindeutigkeit zwischen „Guten" und „Bösen" gegeben hatte (was weder die Berechtigung des Kolonialaufstandes leugnen noch den individuellen Mut der Protagonisten schmälern soll). Albert Camus hat diesen politischen Manichäismus seinerzeit mit kaum zu übertreffenden Klarheit immer wieder artikuliert und kritisiert hat und ist damit ziemlich einsam zwischen die Fronten geraten.[20] In Sartres „Les Temps modernes" wurde er als Feind des algerischen Volkes und Büttel kolonialen Terrors denunziert.

Für die umfassende Aufarbeitung muss man Parallelgruppen würdigen, denen nach 1962 ebenso wenig Gerechtigkeit und Genugtuung widerfahren ist wie den Appelés. Schlüsselakteure waren die *Harki*, die aus Algerien vertriebenen Juden und *cum grano salis* die Nachfahren der *Pieds-noirs*, die aus Angst vor Racheakten das unabhängige Algerien Hals über Kopf verlassen mussten.

Der etymologisch unklare, seit Mitte der 1950er Jahren gebräuchliche Sammelbegriff pieds-noirs, „Schwarzfüße", bezeichnet die heterogene Gruppe in Nordafrika lebender Siedler, von denen viele aus Elsass-Lothringen, Korsika und anderen Mittelmeerregionen stammten. Nur im Verhältnis zur arabischen und berberischen Mehrheit waren sie privilegiert, gemessen am Wohlstandsniveau im „Mutterland" lebten sie meist in bescheidenen Verhältnissen und relativer Armut. Diese kulturelle und ethnisch-soziale Distinktion stärkte den Beharrungswillen der *Algérie française* und nährte die spätere Nostalgie. Die rund 800.000 *Pieds-noirs*,

[20] vgl. Olivier Todd, Albert Camus. Ein Leben, 660-824

die Algerien in einer wahren Massenflucht verließen, wurden als „rapatriés" registriert, obwohl die große Mehrheit nicht aus Kern-Frankreich stammte oder seit Generationen in Nordafrika gelebt hatte. Frankeich bot den Flüchtlingen weder Heimat noch Vaterland und kümmerte sich wenig um die materiellen und emotionalen Verluste der Pieds-noirs, eher fungierten sie, darin den deutschen Heimatvertriebenen ähnlich, summarisch als Sündenböcke. Da in dieser franko-algerischen Parallelgesellschaft das übliche Rechts-Links-Spektrum ausgebildet war, gab es auch sogenannte *pieds-rouges*, die zu Tausenden in Algerien blieben. Dort fehlten aber auf einen Schlag rund zehn Prozent der Bevölkerung in den fruchtbaren und urbanisierten Küstenstreifen, auch klafften große Lücken im Wirtschaftssystem des unabhängigen Landes. Erst Jahre und Jahrzehnte später ist auf beiden Seiten des Mittelmeers ins Bewusstsein gedrungen, wie divers die algerische Siedlergesellschaft war, welchen kulturellen Reichtum sie aufwies und wie beide Nationen von einer postkolonialen Kooperation hätten profitieren können.

Noch mehr zwischen allen Fronten und Stühlen gerieten die *Harkis*, arabische und berberische Hilfskräfte der französischen Armee in verschiedenen Rangstufen. Solche Hilfskräfte gehören zu allen Kolonialsystemen. Ihre Beweggründe zur Kollaboration reichten von der Loyalität mit der französischen Nation über das beachtliche Salär bis zu Gewalterfahrungen durch den FLN. In zivil-administrativen und militärisch-polizeilichen Funktionen waren Anfang der 1960er Jahre rund eine halbe Million überwiegend männlicher Algerier beschäftigt, ungefähr so viele wie Kombattanten des FLN. Dies demonstriert die Dimension des *inneralgerischen* Bürgerkriegs. In dem chaotischen Sommer des Jahres 1962 dienten die Harkis als Kontrastfolie zum FLN-Mythos: hier die Revolutionäre, die glorreichen *moudjahedin* und *shahid*, dort die Kollaborateure, die verachtenswerten *harkis*. Weil sie sich an Folter und Razzien beteiligt hatten, waren sie nun wilden Säuberungen und Racheakten ausgesetzt; manche wurden durch Volkstribunale verurteilt und standrechtlich hingerichtet oder verbrachten viele Jahre hinter Gittern, andere setzte die Armee bei riskanten Minenräumoperationen an den Grenzen zu Marokko und Tunesien ein. Noch 1999 entzog ein algerisches Veteranen-Gesetz rückwirkend „Personen, deren Positionen während der Revolution zur nationalen Befreiung gegen die Interessen des Vaterlands verstießen und deren Verhalten würdelos war, ihre zivilen und politischen Rechte". Diese Unversöhnlichkeit trifft auch die nächsten Generationen: Das Stigma, Sohn oder Tochter eines Harki zu sein, kommt in einem Land, in dem Posten über persönliche Beziehungen verteilt werden, oftmals dem sozialen Tod nahe.[21] Rund 25.000 Harkis waren nach Frankreich geflohen, wo sie in der Regel ähnlich wie schon in Algerien schlecht gelitten waren und zumeist in Notunterkünften hausen mussten; die Staatsbürgerrechte entzog ihnen Frankreich per Dekret. Sie galten in

[21] Pierre Daum, Le Dernier Tabou. Les ‚harkis' restés an Algérie après l'indépendance, *Actes Sud*: Arles 2015, Lydia Ait Saadi-Bouras, "Les harkis dans les manuels scolaires algériens" in: Claude Lanzmann (Hg.) "Harkis 1962-2012: Les mythes et les faits", Sonderheft *Les Temps Modernes* 666, 2011

Frankeich als Algerier und vielen dort lebenden Algeriern als „collabos" - Verräter. Anerkennung und Entschädigung ließen lange auf sich warten und in das entsprechende Gesetz von 2005 war ein Artikel eingeschleust worden, der die Anerkennung der „guten Seiten" der französischen Kolonialherrschaft postulierte, die im Schulunterricht durchgenommen werden sollten. [22] Die mittlerweile besser organisierten Harkis blieben Projektionen eines kolonialen Revisionismus und mussten sich etwa von Marine Le Pen als "patriotische Muslime" loben lassen. Dieses koloniale Erbe trägt erheblich dazu bei, gesellschaftliche Probleme der Immigration zusätzlich zu verschärfen. Die zweite und dritte Generation sucht nun aber den Konsens mit Migranten im gemeinsamen Kampf gegen den Rassismus, der beide Gruppen unterschiedslos trifft.

Wie im Brennglas führt schließlich das Schicksal der algerischen Juden die Lücken in der Erinnerung an den Algerienkrieg vor Augen. Seit der Antike in Nordafrika ansässig, komplettiert durch die vor der Reconquista geflohenen Sepharden und im Osmanischen Reich als *Dhimmi* (schutzbefohlene Untertanen) geduldet, erlangten die in der Kolonie lebenden Juden mit dem wegweisenden Crémieux-Dekret von 1870 die rechtliche Gleichstellung, was sie allerdings nicht vor Pogromen und dem Entzug ihrer Rechte durch das Vichy-Regime bewahrte. Traditioneller Antijudaismus

[22] Stefan Brändle, "Wir haben den Status von Aussätzigen", *Frankfurter Rundschau* 21.9.2018; Anna Laiß, ‚Verräter' oder ‚Opfer', Die Diskussion über algerische Hilfssoldaten an der Seite des kolonialen Frankreich, in: *iz3w* 336/2013, 10-14.

und moderner Antisemitismus hielten Juden in einem prekären Status, wobei sie häufig in freien Berufen vertreten waren und in Teilen zur Siedler-Elite zählten. Säkulare arabische Nationalisten luden die Juden ein, sich dem antikolonialen Aufstand anzuschließen, doch die meisten blieben an der Seite Frankreichs oder in einer abwartenden Neutralität. Während des Kriegs wurden Friedhöfe zerstört und Synagogen in Moscheen umgewandelt, es schwand der Einfluss jüdischer Menschen im Alltagsleben, in Bildungsstätten und in der populären Kultur. 1962 übersiedelten die meisten mit den Pieds-noirs nach Frankreich, nur wenige gingen nach Israel; in der Metropole wurden sie von aschkenasischen Gemeinden aufgenommen, die dadurch ihren Charakter veränderten. Algerien erklärte sich in der Verfassung von 1976 zur „islamischen Nation", in der nur noch wenige Hundert Juden leben; Synagogen und Friedhöfe sind verlassen und zerstört. Eine Goodwill-Tour von Enrico Macias, einem beliebten algerisch-jüdischen Chansonnier, dessen Schwiegervater vom FLN ermordet worden war, wurde zweimal auf Druck von Islamisten abgesagt.

Die Studie von Raphaëlle Branche hat gezeigt, wie die „Aufarbeitung der Vergangenheit" mit einer Selbstviktimisierung in dic Privatsphäre abgedrängt war. Die transgenerationelle Weitergabe der Lügen, Traumata und des Schweigens belastet auch die Nachgeborenen. Das gilt auch für Algerien. Spiegelbildlich pflegt das FLN-Regime zu seiner Selbstheroisierung das Schwarz-Weiß-Bild eines rein franko-algerischen Antagonismus, kaum korrigiert durch eine freie Debattenöffentlichkeit und eine selbstbewusst gewordende Zeitgeschichts-schreibung.[23] Annäherungsversuche zwischen den Präsidenten beider Länder werden konterkariert durch die fehlende Legitimität des algerischen Amtsinhabers Abdelmadjid Tebboune und die deutlich antifranzösische, gegen Emmanuel Macron persönlich gerichtete Note des seit 2019 laufenden Volksaufstandes. Und die französische Rechte erteilt gern von den Kolonialverbrechen exkulpierende Belehrungen: „Die algerischen Führer fordern Pardon für die Vergangenheit, um von der Gegenwart abzulenken: eine Volkswirtschaft in Trümmern, eine vernachlässigte Jugend, ein Land im Niedergang. Es wird Zeit, dass sie sich dem Ergebnis von sechzig Jahren Unabhängigkeit stellen."[24] Hier identitärer Nationalismus, dort islamistischer Fanatismus: das Erbe des Algerienkriegs bleibt toxisch und überschattet ganz Europa.

---

[23] Benjamin Stora, La gangrène et l'oubli. La mémoire de la guerre d'Algérie, Paris: La Découverte 1992, Sylvie Thenault, „France-Algérie. Pour un traitement commun du passé de la guerre d'indépendance », in: *Vingtième Siècle. Revue d'histoire*, n° 85/ 2005.

[24] Marine LePen, zit. n. *Le Monde* 10. Juli 2020

James Baldwin in Paris – Arbeitsmigration von 1880 bis heute

Streamingdienste brachten 2021 ein Fundstück von 1970 zur Ansicht, das es in sich hat. „Meeting the Man. James Baldwin in Paris“ ist der Titel des 27minütigen Dokumentarfilms, der 2020 für das New York Film Festival ausgegraben worden war, ein missglücktes und gerade in diesem Scheitern lehrreiches Porträt des New Yorker Schriftstellers, damals im erneuten Pariser Exil. Baldwin ist 1987 gestorben, seine Romane, Theaterstücke und Essays hatten zuletzt Hochkonjunktur, lesen sie sich doch wie aktuelle Kommentare zu rassistischen Ausschreitungen und Diskriminierungen in den USA und weltweit. Baldwins Wiederentdeckung durch den Dokumentarfilm von Raoul Peck *I Am Not Your Negro* (2017) wird durch das Filmdokument von 1970 *ex negativo* bestätigt.

Der Plot: Ein britisches Filmteam ist angereist, um in Paris eine literarische *celebrity* zu verhören. Nur als Verhör nämlich kann man die Impertinenz des Regisseurs Terence Dixon und seines Kameramanns Jack Hazan bezeichnen; in den drastischen Worten des Kritikers Nathaniel Brimmer-Beller agieren sie „als Musterexempel des hoffnungslos schlecht vorbereiteten, selbstgerechten Filmemachers, der auf schwarzes Gebiet stolpert, als würde er ein exotisches Tier jagen, um es einzufangen, auszuweiden und der weißen Gesellschaft als schmackhafte Kuriosität zu kredenzen“. Dixon beklagt sich sogar über die mangelnde Kooperationsbereitschaft Baldwins und attackiert ihn vor laufender Kamera, dass er sich nicht als *Schriftsteller* porträtieren lassen

möchte, sondern als politischer Weltbürger zu sprechen gedenkt. Und nicht als Exot, sondern als Überlebender eines Kampfes, von dem seine Interviewer keine Ahnung haben.
Die Szene spielt an der Bastille. Baldwin, konsterniert zwischen Zorn, Verzweiflung und Flucht schwankend, kontert bewundernswert geduldig. Erst unter algerischen Migranten, die den Amerikaner einst angenommen haben, dann in der schwarzen Freundesgruppe, findet Baldwin sein Lachen zurück und bekräftigt seine Überzeugung, der damals kompromissloser gewordene Aufstand der Schwarzen in den USA werde nur Erfolg haben, wenn die Weißen sich nicht in Sicherheit bringen, sondern sich endlich *selbst* retten wollen. „Ich kann keinen Truck lenken und keine Bank leiten, aber ich weiß etwas über euch, das ihr nicht wisst", bescheidet er das *all-white filmteam.*
Die Episode deutet Baldwins frühere Aufenthalte in Paris an. Sein erster Besuch, als noch gänzlich unbekannter, seiner homosexuellen Identität unsicherer Autor mit 40 $ in der Tasche, lag zwischen 1948 und 1952. In dieser Zeit, wo er kaum Freunde und keine Bewunderer in Paris hatte, suchte er die Nähe der algerischen Migranten im Belleville-Viertel, damals von Armut und miserablen Wohnbedingungen gezeichnet. Er vergleicht die Lage dieser Algerier mit dem Ghetto in Harlem. 1953 kehrte der unterdessen mit dem Debütroman *Go Tell it to the Mountain* bekannt gewordene Autor nach einem kurzen Intermezzo in New York für weitere vier Jahre zurück an die Seine. Der Algerienkrieg begann, und Baldwin beobachtete die Vogelfreiheit und brutale Verfolgung der Algerier, die pauschal als Terroristen verdächtigt wurden. Für Baldwin waren sie die neuen

misérables - rassistischen Vorurteilen ausgesetzt, aber in seinen Augen in einem kommunitären Selbstbewusstsein verbunden, das den Afro-Amerikanern in den USA fehlte.

Zurück zu dem missglückten Film. An der Bastille macht Baldwin den Engländern klar, *sie* seien seine Gefängnisaufseher. Der Sturm einer Handvoll Weißer auf die Bastille wird als Befreiungstat der Französischen Revolution gefeiert, wenn nunmehr Schwarze Gefängnisse stürmten, gelte das jedoch als ein Akt wilder Barbarei. Baldwin nennt die politischen Gefangenen in den USA beim Namen und identifiziert sich mit Angela Davis, Bobby Seale und Medgar Evers, dem 1963 in Mississippi getöteten Bürgerrechtsaktivisten, dessen Mörder frei herumlaufen. Und immer noch könne jeder Afro-Amerikaner morgen tot sein, weil er dunkle Haut hat. Das wird erst enden, wenn die Weißen das Gefängnis niederreißen, ist Baldwins Botschaft. Man muss dem Filmteam dankbar sein, dass sie diesen Wortwechsel nicht herausgeschnitten haben.

Baldwin wollte „Zeugnis ablegen" von der großen Lüge, in der sich sein Land verfangen hatte, das er in Richtung Frankreich verlassen hat, und die auch die schwarze Gemeinschaft nicht unberührt gelassen hat. Fünfzig Jahre später, angesichts des brutalen, von einem weißen Präsidenten angestachelten Hasses, ist bei vielen die Geduld zu Ende, und wieder führen weiße Amerikaner den rhetorischen Eiertanz auf zwischen naiver Überidentifikation und bösartiger Ignoranz. Dixons Dokumentar-Film spiegelt die weiter prekäre Kommunikation, und die entmutigend wenig veränderte Lage. „Sie schreiben für Weiße?" wird Baldwin gefragt. „Ich schreibe für Menschen, Baby“, lautet seine Antwort. „Ich glaube nicht an weiße Menschen und auch nicht an schwarze. Aber glaub mir, ich kenne den Unterschied nur zu gut.“ Die ihm angebotene Pose des verzweifelten Existenzialisten im Pariser Exil verweigert er: „Ein Verzweifelter schreibt nicht. Wenn du unter dem Schatten des Todes lebst, gibt es dir eine gewisse Freiheit. Deshalb bin ich vollkommen glücklich und relativ frei." Es ist diese so entschiedene wie menschenfreundliche Haltung, die der aktuellen postkolonialen Attacke so zuträglich wäre.

Baldwins Begegnung mit der algerischen Community war letztlich nicht sehr intensiv. Doch er legte den Finger in die offene Wunde einer Nation, die universale Menschenrechte proklamiert hatte und sie nun in Algerien und auch daheim so massiv verletzte. Mir war diese Situation während meiner „Feldforschung“ (nicht in Belleville, sondern im Barbès-Viertel und in den „bidonvilles“ der Vorstädte) gut nachvollziehbar. Eine dieser Wellblech-Siedlungen in Nanterre, „La Folie“ genannt, war gerade aufgelöst worden, die Bewohner zogen in riesige Wohnsilos um, die Urbanisten damals schon als vertikale Slums antizipierten. 800.000 algerische Gastarbeiter wurden um 1950 geschätzt, viele in der zweiten, dritten und vierten Generation. Erste Entwurzelte waren ja schon Ende des 19. Jahrhunderts in die Metropole gewandert, in zwei Weltkriegen kamen die „travailleurs coloniaux“ hinzu. Sie stammten großenteils aus der Kabylei, die von Pauperisierung und Entwurzelung besonders hart betroffen war, in der Alphabetisierung (das hieß: „Französisierung“) aber bevorzugt wurde. Ganze Berber-Dorfge-

meinschaften verpflanzten sich in die französischen Großstädte, viele wurden Ladenbesitzer oder führten die Cafés, in denen sich die Landsleute trafen. Im Exil organisierte sich auch der Kampf um die Anerkennung der Berberbevölkerung in Algerien selbst.
Nach 1945 bildete die Arbeitsmigration ein Rückgrat der französischen Volkswirtschaft, deren einheimische Bevölkerung stagnierte, deren Wirtschaft aber kräftig wuchs. Vor allem Italiener und Portugiesen, dann Algerier stopften Lücken, die die soziale Aufwärtsmobilität der „dreißig glorreichen Jahre" (1945-1975) entstehen ließ. Und diese „Pull-Faktoren" wurden durch die Push-Faktoren des Drucks der landlosen und entwurzelten Landarbeiter und Kleinbauern in Algerien und die Aussicht auf ein besseres Leben in der Metropole verstärkt. Das Lohnniveau lag, da die Algerier in der Regel wenig qualifiziert waren, weit unter dem französischen Durchschnitt, ebenso die Wohnverhältnisse (oft in primitiven „foyers"), während die Zahl der Arbeitsunfälle überproportional hoch war. Die Arbeitsemigration war männlich – auf 40 Migranten kam nur eine Migrantin. Die Rücküberweisungen der Gastarbeiter hielten ganze Dörfer und Stadtviertel in Algerien am Leben, während ihnen in Frankreich Restaurants und Cafés versperrt blieben und Strandverbote plakatiert wurden: „Zutritt verboten für Hunde und Araber". Im Ansehen der Durchschnittsfranzosen rangierten Algerier, als „Sidis" oder „Bicots" geschmäht, ganz unten. Nahm man Afrikaner aus Ländern südlich der Sahara noch als „bons enfants" hin, so galten Maghrebiner als verschlagen und aggressiv und der Islam, damals noch kein herausstechendes Merkmal arabischer Migranten, als

inkompatibel mit dem laizistischen, im Hintergrund weiter tiefkatholischen Frankreich. Im Gedächtnis blieben Bilder von Anschlägen des FLN in Paris, weniger von den Menschenjagden auf friedlich demonstrierende Algerier und von willkürlichen Razzien und Misshandlungen.

Auch nach dem Friedensschluss von 1962 blieben Algerier unversöhnlichen Franzosen verhasst, zumal als französische Erdölfirmen in Algerien nationalisiert wurden. Der Aufstieg von Jean-Marie Le Pen und des Front National nach 1965, unter anderem hervorgegangen aus der terroristischen „Organisation de l' armée secrète" (OAS), speist sich wesentlich aus dieser Arabophobie. Die rechtsradikale *Minute* titelte: „Ils nous chassent, chassons-les" – wenn sie uns jagen, jagen wir sie auch. Das war eine weitverbreitete Stimmung. Ein späterer FN-Abgeordneter hetzte in der Zeitung *Meridional* im Stakkato: „Wir haben genug von den algerischen Dieben, den algerischen Schlägern, den algerischen Zuhältern. Es reicht uns mit diesem Abschaum vom anderen Ufer des Mittelmeers". Aus Worten wurden Taten: 1971 fielen einer Welle rassistischer Anschläge acht Algerier zum Opfer, 1973 wurden Wohnheime angegriffen. Im Dezember 1973 explodierte eine Bombe im algerischen Konsulat in Marseille, wo vier Tote und 12 Schwerverletzte zu beklagen waren. Zu dem Attentat bekannte sich eine OAS-Nachfolgeorganisation, der Club Charles-Martel, der den antiarabischen Kreuzzugsgedanken im Namen führte. Auch in „meinem" Viertel Goutte d'Or waren die Spannungen unübersehbar. So traf das Drama „Mohamed, prend ta valise!" von Kateb Yacine, das ich 1973 in einem Arbeitertheater sah, die Situation fast noch so wie in dem frühen 1950er Jahren zu Baldwins Zeiten.

1973/4 war dann ein Wendepunkt: Es stiegen die Arbeitslosigkeit in Frankreich und zugleich der Arbeitskräftebedarf in Algerien. Die Folge war der Migrationsstopp: Valéry Giscard d'Estaing sagte *Les Francais d'abord*, Houari Boumedienne wollte das gen Mekka gerichtete arabisch-muslimische Nationalgefühl stärken, womit „gawri", die Ausreise nach Westen, eigentlich ausgeschlossen war. Doch viele Männer holten damals, ähnlich wie die Türken in Deutschland, ihre Familien nach, aus Angst, bei einer Ausreise nicht wieder zurückkehren zu dürfen. Zu eng war die Hassliebe geworden. Im Ergebnis hat heute ein beachtlicher, durch die Annahme der französischen Staatsangehörigkeit nicht genau zählbarer Anteil der französischen Gesellschaft eine algerischen Migrationsgeschichte. Dabei kam es zu einer semantischen Verschiebung in ganz Europa: Aus „travailleurs immigrés" und Gastarbeitern wurden „musulmans" und Moslems, der Islam stieg zur zweitgrößten Religion mit sichtbaren Moscheen und nicht immer transparenten Vereinen auf. Die Netzwerke über das Mittelmeer sind dicht gespannt, kaum jemand hat keine Verwandten in der Metropole. Gegen die Diskriminierung engagierten sich Christen, Intellektuelle und Menschenrechtsorganisationen, Nichtregierungsorganisationen wie SOS Racisme mit dem Slogan „Touche pas mon pote" propagierten und praktizierten ethnisch- und religiös übergreifende Solidarität.

In den 1990er Jahren wurde Frankreich (und der Rest Europas) zum Fluchtpunkt säkularer und gebildete Algerier,

die um ihr Leben fürchten mussten und sich vor dem islamistischen Furor in Sicherheit brachten. Von 100.000 Asylanträgen zwischen 1993 und 2003 wurden nur knapp 20.000 anerkannt (in Deutschland: 40.000). Die algerische „communauté" hat sich ausdifferenziert. Man verzeichnet bemerkenswerte Schulerfolge und Hochschulabschlüsse, gerade auch bei jungen Algerierinnen; 10.000 in Algerien geborene Ärzte und Ärztinnen sollen in Frankreich praktizieren. Rollenmodelle des Aufstiegs und für viele Jugendliche Vorbilder waren Fußballer wie Zinedine Zidane und Kylian Mbappé, Pop-Stars wie Amel Bent Bachir und DJ Snake, Filmstars wie Leila Bekhti und Isabelle Adjani; auch rechtsstehende Politikerinnen wie Rachida Dati stehen für den Aufstieg einiger weniger aus den Vorstädten.
Für das gemeine Volk sperrte Europa die Emigration über das Mittelmeer ab. Visa gibt es nur noch für wohlhabende und privilegierte Personen, so dass illegale Einreisen der „harraga" („die ihre Papiere verbrennen") zunahmen, meist junge Männer und junge Familien, die sich geldgierigen Schleppern und untauglichen Booten anvertrauen und, wenn sie das rettende Ufer in Spanien oder Verwandte in Frankreich erreichen, vielfach als „sans-papiers" in prekären Verhältnissen überleben müssen – fast wieder wie zu Beginn der 1950er Jahre in Baldwins Paris. Tausende hängen in Haftanstalten und Internierungslagern an der Mittelmeerküste fest. Nicht nur das aufgeklärte Europa schämt sich, auch das ressourcenreiche und devisenstarke Algerien – warum müssen diese Bootsflüchtlinge sein? Warum ist die Hälfte der U30 ohne Arbeit und das Land im dauernden

Ausnahmezustand? Warum werden so viele Moscheen gebaut und so viele Kinos, Bibliotheken, Sportclubs und Diskotheken geschlossen? Die Wut, die sich auf Frankreich und die Franzosen gerichtet hatte, zielt nun vor allem auf das einheimische Regime. Aber die Frustration entlädt sich auch in Terrorakten radikalisierter Muslime aus den Vorstädten in Frankreich.

Kann man einen Strich unter die Kolonialzeit ziehen? Wie Alexis de Tocqueville trotz eigener Verstrickung und partieller Verblendung vorhersagte, war der Siedlungskolonialismus in Algerien zum Scheitern verurteilt; gegen das ungerechte Apartheid-System konnten arabophile und islamfreundliche Assimilationsangebote wenig ausrichten. Die *Algérie francaise* verselbständigte sich, im Alltag der Exklusion konnten durchaus vorhandene wechselseitige Sympathien nicht gedeihen, eher eine Hassliebe zu Land und Leuten. Und die strukturelle Gewalt des Kolonialverhältnisses lud sich in der nicht minder gewaltsamen Gegenwehr der nationalistischen Befreiungsbewegung auf; er schlug zurück auf die Metropole, bis hin zu einem versuchten Staatsstreich der Armee gegen die demokratische Republik, mit einer dramatischen urbanen Segregation und der Erbschaft eines tiefsitzenden antiarabischen und islamophoben Ressentiments. Das sichtbarste Relikt ist die (illegale) Massenmigration über das Mittelmeer; aus eingespielten Routinen wurden häufig wahre Verzweiflungsakte, die allzu oft tödlich enden. Auch das hält Vorstellungen am Leben, die den kolonialen Antagonismus zwischen Frankreich und Algerien überzeichnen, kaum Zwischentöne zulassen wie das

Verständnis für doppelt marginalisierte Gruppen wie die *Harkis*, für die zwischen die Fronten geratenen Wehrpflichtigen und auch die durchaus heterogene Siedlergesellschaft der *Pieds-Noirs*. Kein Schlussstrich also.

II.

Antikolonial: Die Befreiung

Der andere 8. Mai oder: Kein arabischer Frühling 1945

Wer in der ostalgerischen Stadt Sétif dem Flugzeug entsteigt, erblickt über der Ankunftshalle das Datum des 8. Mai 1945, nach dem der Flughafen benannt ist. Man könnte überrascht sein – feiert Algerien doch den 1. November 1954, an dem der Unabhängigkeitskrieg gegen die französische Kolonialmacht begann, und den 5. Juli 1962, als die Unabhängigkeit erreicht war. Das Vorspiel fand aber in Sétif vor schneebedeckten Atlasbergen statt – und es wurde der „andere 8. Mai". Hier steht der Jahrestag nicht für das Ende des Weltkriegs mit der in Reims und Karlshorst besiegelten Kapitulation des Deutschen Reiches, sondern für den Beginn eines neuen Waffengangs an der südlichen Peripherie Europas. Nicht der nationalen Befreiung wird hier gedacht, sondern eines grausamen Massakers, dem eine nie genau festgestellte Zahl von Algeriern zum Opfer fiel. Schätzungen belaufen sich auf bis zu 30.000 Tote.[25]

---

[25] Eine Chronolgie der Ereignisse bei Boucif Mekhaled, Chroniques d'un massacre. 8 mai 1945. Sétif, Guelma, Kherrata, Paris 1995; Jean-Louis Planche: Sétif 1945. Histoire d'un massacre annoncé. Paris 2006; Mehana Amrani, Le 8 Mai 1945 en Algérie. Paris 2010

Der Gedenkstein für Saâl Bouzid, das erste algerische Opfer in Sétif, macht die globalgeschichtliche Bedeutung des Mai 1945 sinnfällig. Damals bekamen die Kolonialvölker von Rabat bis Hanoi demonstriert, dass ihre Mitwirkung an der Niederringung Hitlers (und Japans) keinen Lohn finden würde. Im Gegenteil: Wer an diersem Tag des Sieges wie der 26jährige Hilfsarbeiter Bouzid unter der grün-weißen Flagge mit dem roten Halbmond die nationale Unabhängigkeit für Algerien reklamierte, wurde durch eine Polizeikugel niedergestreckt. Lange blieben die Geschehnisse in Sétif, Guelma und weiteren Städten im Dunkeln. Zeitungen und Wochenschauen hüllten sich in Schweigen, eine apologetische Schrift von 1947 setzte die zählebige Legende in die Welt, mordlustige Araber hätten unschuldige europäische Siedler gelyncht. Gewiss, über Hundert europäische Tote und viele Verletzte wurden gezählt, darunter einige „arabisants“, die von Kultur und Eigenart der Araber und Berber fasziniert waren und ein friedliches Miteinander anstrebten. An den Tatorten boten sich entsetzliche Bilder von erdolchten Leichen mit abgeschnittenen Brüsten und Genitalien. Woher kam diese Mordlust?

Hintergrund war, nach der Schwächung des Kollaborationsregimes von Vichy[26], das auch über Algerien herrschte, die energischere Agitation der Gefolgschaft von Messali Hadj, dem charismatischen Anführer der Partei des Algerischen Volkes (PPA). Die 1937 gegründete Partei erhielt Zulauf aufgrund des verbreiteten Hungers und der Trauer

---

[26] Jacques Cantier, L'Algérie sous le Régime de Vichy, Paris 2002

über Ehemänner, Väter und Brüder, die als arabische Hilfstruppen auf den Schlachtfeldern in Europa gefallen waren, auch durch immer wieder gebrochene Versprechen, das Kolonialstatut zu reformieren. Als die deutschen Besatzer niedergerungen waren, wollte die Siedlergesellschaft das unter sich feiern und nebenbei Tapferkeitsmedaillen an *tirailleurs algériens* verteilen, aber nicht an die unter Marschall Pétain praktizierte Kollaboration erinnert werden oder gar über ein unabhängiges Algerien nachdenken. Für die von den Franzosen einberufenen Kampfgenossen gegen Adolf Hitler in der Dritten Welt jedoch war die Befreiung vom Kolonialismus die einzige folgerichtige politische Konsequenz.

Am Morgen des 8. Mai 1945 versammelten sich gut 2000 Algerier, darunter viele Frauen und Kinder, vor der Moschee in Sétif. Das Mitführen der inoffiziellen, grün-weißen Nationalflagge mit rotem Halbmond und Stern, war strengstens untersagt, und wo sie doch zu sehen ist, wie schon beim Defilee zum 1. Mai in Algier und Oran, schossen Gendarmen in die Menge. Es folgten die erwähnten Racheakte, doch zeitgleich eröffneten zivile Siedler, viele mit Maschinengewehren, von Balkonen und Dächern das Feuer. Sie steigerten sich in einen wahren Blutrausch, ein endemischer Rassismus tobte sich ungehemmt aus. Einen Monat lang veranstaltete die Armee, darunter frisch repatriierte *tirailleurs*, Razzien, sekundiert von Bürgermilizen und Fremdenlegionären. Marine, Luftwaffe und Panzerverbände feuerten aus allen Rohren auf die Unbotmäßigen. Die Kolonialmacht zwang die „Eingeborenen" zum Unterwerfungsritual (*aman*) buchstäblich auf die Knie. Um Vergebung sollten sie flehen und „Vive la France" ausrufen. Der Mob höhnte, in

gewollter Projektion: „Hunde seid ihr, schlimmer noch – Juden".
Ahmed Ben Bella, zurück von der europäischen Front, verweigerte jede Dekoration (1962 wurde er der erste Staatspräsident Algeriens). Der dreizehnjährige Augenzeuge Houari Boumedienne (er folgte auf Ben Bella 1965), erinnerte sich, an diesem Tag sei für ihn die Jugend vorüber gewesen. Für beide kam nur der bewaffnete Aufstand in Frage, moderate Nationalisten wie der in Sétif ansässige Ferhat Abbas, aber auch Messali Hadj mussten sich militanten Strömungen in der entstehenden Befreiungsfront FLN beugen. Wer islamistischen Terror und die Entfremdung zwischen dem Westen und der arabischen Welt beklagt, bedenke diesen abrupt gestoppten Arabischen Frühling.
Das Massaker des 8. Mai vertiefte den Graben zwischen Europäern und Algeriern, das dritte „Lager des Kontaktes" (Annie Rey-Goldzeiguer) schrumpfte, Zwischentöne wie von Albert Camus gingen unter. Sétifs sozialistischer Bürgermeister, ein Freund Ferhat Abbas', starb an einem Bauchschuss. Ausgerechnet der eher liberale Generalgouverneur Yves „Mohamed" Chataigneau hatte die verschärfte Repression zu verantworten. Die im Widerstand gegen die deutsche Okkupation gestählten Sozialisten und Kommunisten konnten den Kolonialismus nicht überwinden, auch für sie reichte Frankreich von Dünkirchen bis nach Tamanrasset, tief in der Sahara. Im Hochgefühl der Résistance denunzierten sie algerische Nationalisten als Hitler-Agenten, und diese revanchierten sich, indem sie die Kampfmethoden des Maquis, des französischen Widerstands gegen die Nazis, übernahmen.

Frankreichs Schande wurde lange vertuscht. Zur Amnesie kam eine formelle Amnestie, die Urheber des Blutbads und der vielen Staatsverbrechen danach kamen ungestraft davon, darunter auch die Verantwortlichen einer regelrechten Wiederholungstat, des Massakers an algerischen Demonstranten am 17. Oktober 1961 in Paris. Die Amnestie behinderte auch die Geschichtsschreibung. In Erinnerung ist mir, welch ungläubige Bestürzung 1985 die erstmalige Verlesung eindeutiger Zitate aus Akten bei einem Historiker-Treffen zum 8. Mai in Reims hervorrief. Brisante Dokumente lagern weiter im Giftschrank, erst im vergangenen Jahrzehnt wurden Ereignisse und Hintergründe aufgearbeitet und auch mündliche Quellen in Algerien zur Sprache gebracht.

Frankreichs Regierungen haben Jahrzehnte benötigt, um sich ihrer Verantwortung für die brutale Repression des Verlangens nach Unabhängigkeit zu stellen, systematische Folter, Enteignungen und summarische Erschießungen inbegriffen. Spät griff Präsident François Hollande eine Formulierung auf, die Camus zum 8. Mai 1945 notiert hatte: Frankreich habe nicht die Menschenrechte vor dem Faschismus retten und sie zugleich den „Eingeborenen“ verweigern können. Erstmals im April 2015 fand sich ein Regierungsmitglied, der für Veteranen zuständige Staatssekretär, zu einer offiziellen Visite in Sétif ein.

Die Anerkennung der genozidalen Dimension des Kolonialkriegs vermeidet Paris, das sich 2015 ausgerechnet vom türkischen Präsidenten Recep Tayyip Erdoğan ermahnen lassen musste, der sich so für die in Frankreich prominentere Thematisierung des armenischen Genozids revanchiert. Die falsche Rücksicht gilt den „pieds-noirs“, den 1962 ins Mutterland geflüchteten Siedlern und ihren Nachkommen, die in Südfrankreich einen guten Teil der Wähler des Front National ausmachen. Geopfert wurde ihnen 2014 auch ein bereits durchgeplantes Museum zur franko-algerischen Entzweiung in Montpellier.

Auf algerischer Seite ist es um die Erinnerungskultur nicht besser bestellt. Sie war lange in der Hand der *moudjahedins*, einer Gerontokratie alter Kämpfer, die einen militanten Islamismus in Schach halten, dessen Ursachen auch in den seit 1945 aufgestauten Spannungen in der „arabisch-islamischen Nation“ liegen. In Sétif war 2015 lange unklar, ob es dort eine Erinnerungszeremonie geben würde. Die Zeitung *El Watan* argwöhnte, die Heldenstadt solle mit einem „Gedenkrabatt“ abgespeist werden, und fragte nach, warum der geplante Mehrzweckkomplex mit Ausstellungsraum und Mediathek nach der Grundsteinlegung durch den damals amtierenden Präsidenten Bouteflika keinen Schritt vorangekommen war. Ebenso das Stadion für den vielfachen algerischen Fußballmeister ES Sétif, die Verlängerung der Landebahn und die Anbindung des Flughafens an die Stadt, die heute auf knapp 300.000 Einwohner angewachsen ist. Der 8. Mai 1945 ist also die geringere Sorge der herrschenden Gerontokratie. Um den quadratischen Stadtkern mit seinen Haussmann-Boulevards *en miniature* wuchern überfüllte Sozialwohnungskomplexe und improvisierte Blechhütten. Momente nationaler Einheit wie die 70-Jahr-Feier heben Volkes Stimmung kaum.

Deutsche haben von diesem Aspekt der algerischen Tragödie kaum etwas mitbekommen. 1945 waren sie aufs Überleben im Zusammenbruch konzentriert, erst heute steht der 8. Mai nolens volens unter dem Signum der Befreiung, auch wenn sie im Osten Europas unter dem sowjetischen Regime in neue Unterdrückung mündete. Verbunden mit der ost-westlichen Ikone des Gedenkens an den 8. Mai ist die Erinnerung an den Holocaust, der in Algerien umgekehrt so gut wie nie als weltbewegendes Ereignis registriert wird. Der „antizionistische Frontstaat", in dem kaum noch Juden leben, ignoriert die Befreiung der Vernichtungslager 1945 und ordnet die fabrikmäßig organisierte Ermordung der europäischen Juden dem kolonialen Völkermord unter. Auch vielen jungen Muslimen in Europa fehlt das Unterscheidungsvermögen zwischen beiden Akten der Barbarei. Umso wichtiger ist heute eine Parallelerzählung, die nichts verschweigt und nivelliert.

Untiefen des antikolonialen Kampfes. Das Manifest der 121

5444 Zeichen lang ist eines der bedeutendsten Dokumente intellektuellen Widerstands gegen den Kolonialismus: die *Déclaration sur le droit à l' insoumission dans la guerre d'Algérie.* Zur Veröffentlichung vorgesehen war sie in Heft 4 der Zeitschrift *Vérité-Liberté* (September/Oktober 1960) und in *Les Temps modernes* (Oktober 1960), doch die Zensur verhinderte das. *Verité-Liberté* wurde wegen des Aufrufs zur Wehrdienstverweigerung verklagt, im vorgesehenen Heft der *Temps Modernes* klafften zwei sprechende Leerseiten. Der Text erschien dann zuerst in ausländischen Zeitschriften: in der *Neuen Rundschau* (S. Fischer Verlag, Frankfurt am Main) und in *Tempo presente*, dem italienischen Pendent des *Monat. Le Monde* machte die Existenz des Manifestes am 6. September 1960 publik und veröffentlichte die komplette Liste der zunächst 121 *Signataires* am 30. September. Als Manifest der 121 erregte die Deklaration Aufsehen, die Dreyfusards schienen zurück, aber auch die Anti-Dreyfusards meldeten sich.
Zunächst seien Inhalt, Kontext und Streitwert des Manifests in Erinnerung gerufen, dann möchte ich an dieser und ähnlichen Erklärungen die Rolle von Intellektuellen im Kampf für die Unabhängigkeit Algeriens darlegen und Topoi des Antikolonialismus zeigen. Eingehen möchte ich auch darauf, welche praktische Konsequenzen einige der Unterzeichner gezogen haben, um die algerische Befreiungsbewegung FLN in Frankreich und im Ausland zu unterstützen.

Sodann möchte ich Blindstellen des antikolonialen Engagements und dessen Untiefen beleuchten. Schließlich werde ich das Manifest der 121 mit späteren Formen des Engagements von Intellektuellen vergleichen.

Die *Déclaration sur le droit à l' insoumission dans la guerre d'Algérie* alias Manifest der 121 kündigt an, dass sich eine „sehr wichtige Bewegung in Frankreich entwickelt" und fordert mit einigem Pathos dazu auf, „die Tiefe der Krise, die sich vor sechs Jahren aufgetan hat, zu sehen und nicht zu verdrängen. Immer zahlreicher werden Franzosen verfolgt, eingesperrt oder verurteilt, weil sie sich geweigert haben, an diesem Krieg teilzunehmen, oder weil sie den algerischen Kombattanten zu Hilfe gekommen sind. Von ihren Gegnern verleumdet, aber auch verharmlost von denen, die die Pflicht hätten, sie zu verteidigen, bleiben ihre Motive in der Regel unverstanden." Es gehe um mehr als um Respekt für zivilen Ungehorsam, nämlich darum zu verstehen, was die angebliche Polizeiaktion in Algerien in Wirklichkeit war: ein imperialistischer Krieg mit rassistischen Zügen. „Muss man daran erinnern, dass der französische Militarismus infolge der Anforderungen eines derartigen Krieges zehn Jahre, nachdem Hitlers Regime zerstört wurde, wieder zur Folter gegriffen hat und diese aufs neue in Europa institutionalisiert?"[27]

Daraus folgt zwangsläufig der Aufruf, den Dienst mit der Waffe für diesen „verbrecherischen und absurden" Krieg zu verweigern. Wenn die französische Armee den Prinzipien

[27] Pablo Picasso porträtierte 1960 die gefolterte Djamila Boupacha; das Bild wurde als Cover des Buches *Djamila Boupacha im Verlag* Gallimard von Gisèle Halimi und Simone de Beauvoir ausgewählt.

der demokratischen Republik zuwiderhandelt, war dann Revolte nicht Pflicht – und mehr? „Die Gewissensfrage hat sich seit Beginn dieses Krieges gestellt. Und da dieser sich hinzieht, ist es normal, dass die Gewissensfrage auf konkrete Weise zu immer zahlreicheren Akten von Ungehorsam, Desertion sowie Unterstützung und Hilfe für die algerischen Kämpfer führt." Und es wachse der Raum für außerparlamentarische Opposition: „Freie Bewegungen haben sich am Rand aller offiziellen Parteien entwickelt, ohne deren Hilfe und zuletzt entgegen ihrer Missbilligung. Einmal mehr ist ausserhalb ihrer Kader und vorgegebener Losungen ein Widerstand (Résistance) entstanden durch spontane Parteinahme, der seine Aktionsformen und Kampfmittel in der neuen Situation sucht, deren Sinn und wirkliche Erfordernisse die politischen Gruppierungen und die Meinungsblätter sich weigern anzuerkennen, sei es aus Trägheit oder ideologischer Scheu oder sei es aufgrund nationalistischer oder moralischer Vorurteile." Zwei Schlusssätze fassen die Intentionen des Manifests zusammen: „Wir respektieren und halten die Weigerung für gerechtfertigt, die Waffen gegen das algerische Volk zu erheben. Wir respektieren und halten das Verhalten derjenigen Franzosen für gerechtfertigt, die es für ihre Pflicht halten, im Namen des französischen Volkes den unterdrückten Algeriern Hilfe und Schutz entgegenzubringen. Die Sache des algerischen Volkes, das auf entscheidende Weise dazu beiträgt, das Kolonialsystem zu Grunde zu richten, ist die Sache aller freien Menschen."
Auf dieses Manifest antwortete in *Le Monde* am 7. Oktober ein Gegen-„Manifest französischer Intellektueller", die den

„Professoren und Apologeten des Verrats“ vehement entgegentraten; im *Figaro* erschien eine weitere Verurteilung, die von 185 Personen unterzeichnet war. Es entspann sich ein regelrechter „Krieg der Petitionen“ (Jean-Francois Sirinelli)[28]. Gegner und Befürworter der *Algérie algérienne*, auf die es 1962 mit der Unabhängigkeit der nordafrikanischen Kolonie nach 132 Jahren hinauslief, lieferten sich ein diskursives Gefecht, wobei die „Lager“ der Antikolonialisten und der *Algérie française* keineswegs homogen waren. So stand zum Beispiel Raymond Aron in diesem Fall seinem ewigen Antipoden Jean-Paul Sartre in mancher Hinsicht näher als der gaullistischen und radikalen Rechten.[29] Eine grobe Einteilung hat Pierre Vidal-Naquet, damals selbst ein Unterzeichner, von Hause aus Althistoriker und weltweit gegen Folter engagiert, vorgenommen. Er unterscheidet drei Idealtypen: „Dreyfusards“, die im Wesentlichen die Ehre der französischen Nation retten wollten und, wie Jérôme Lindon, Leiter der *Éditions Minui*t, in denen die wesentlichen Dokumente und Anklagen gegen die Folter erschienen, gesagt hat: „Ce que j'ai pu faire, je l'ai fait pour la France, non pour l'Algérie“. Für dessen Unabhängigkeit als sozialistische Nation traten hingegen die „Bolschewiken“ ein, also KP-Angehörige und mehr noch dissidente und heimatlose Linke wie Surrealisten, Trotzkisten und Anarchisten sowie

---

[28] Dazu Jean-Pierre Rioux und Jean-Francois Sirinelli und das Ausstellungsprojekt von Catherine Brun und Olivier Penot-Lacassagne „Engagements et déchirements“ (2012)

[29] Vgl. Raymond Aron: Mémoires, Paris 1983, S. 355-391; und ders.: Der engagierte Beobachter. Gespräche mit Jean-Louis Missika und Dominique Wolton, Stuttgart 1983, S. 169ff.

ein Anwaltskollektiv unter Führung von Jacques Vergès. Schließlich waren da die „Tiersmondisten", die im linkskatholischen Milieu wie im Umkreis der *Temps Modernes* anzutreffen waren, eine „alliance de la Mission de France et de Saint-Germain-des-Près" (Gilles Martinet). Darum herum agierten Verlage wie *Minuit* und *Maspero*, Zeitungen (wie *France Observateur*, *L'Express*, *Témoignage Chrétien*, *Le Canard Enchaîné*, *Reforme*, auch *Le Monde*) und eine große Zahl von Zeitschriften. Der mediale Einfluss beschränkte sich auf das gedruckte Wort, Radio und Fernsehen waren damals für die Linke kaum zugänglich.

Das Manifest der 121 war eine Stunde der vielstimmigen linken Opposition, die Unterzeichner summieren sich zu einer Art „Gotha" der linken Intelligenz. Es sticht aus vielen analogen Petitionen erst nachträglich hervor, und sein Erscheinen im Herbst 1960 muss eingeordnet werden in die *longue durée* von 1945 bis 1968, in der sich die Wahrnehmung der Welt nicht nur in Frankreich radikal wandelte: Aus der deutschen Frage wurde die algerische, der bis 1960 dominante Ost-West-Konflikt, in den auch das Debakel in Indochina[30] einbezogen wurde, wechselte mit der Entkolonisierung in einen Nord-Süd-Konflikt, die alte und neue Rechte differenzierten sich in eine jeweils Neue Rechte und

---

[30] Die Niederlage der französischen Kolonialmacht, damals der zweitgrößten der Welt, in Dien- Bien Phu und der Abzug vom südostasiatischen Schauplatz bildet den zeithistorischen Hintergrund, der hier nicht weiter ausgeführt werden kann, dazu jetzt Christopher E. Goscha, The Road to Dien Bien Phu: A History of the First War for Vietnam, Princeton 2022

Linke. Eine politische Algerien-Generation löste die politische Elite der *République des professeurs* ab, auf die vierte Republik, in der Parlament und Honoratioren den Ton angegeben hatten, darunter aus der sozialdemokratischen SFIO, folgte die fünfte, geprägt von der charismatischen Figur Charles de Gaulles, während Namen wie Guy Mollet, François Mitterrand und auch Pierre Mendès-France eng mit der „pacification“, der angeblich befriedenden Polizeiaktion in der Kolonie verbunden waren. Auch die Kommunistische Partei, die ihre Basis unter proletarischen Siedlern hatte, bezog lange Stellung gegen die aufständischen Algerier und votierte ebenfalls für die Pouvoirs spéciaux der Regierung.[31] Das alles geschah vor dem Hintergrund einer in den 1960er Jahren manifest werdenden sozio-ökonomischen und demografischen Aufwärts-Entwicklung, die „Opas Frankreich“ hinter sich ließ. Der Kulturhistoriker Julien Hage deutet diesen Einschnitt so: „Ebenso wie die ökonomischen und gesellschaftlichen Strukturen hat die Entkolonialisierung mit dazu beigetragen, die patriarchalen Strukturen der französischen Gesellschaften zu unterminieren durch den Zusammenbruch der traditionellen Autoritäten und das Auftauchen gewerkschaftlicher und politischer Organisationen, die in mancher Hinsicht den studentischen Mai 68 ankündigten.“[32]

---

[31] Zu diesem „Sündenfall“ Jakob Moneta, Die Kolonialpolitik der französischen KP, Hannover 1968 und Emmanuel Sivan, Communisme et nationalisme en Algérie 1920-1962, Paris 1976

[32] Julien Hage, Voix et échos de l'opposition à la guerre, in: Catherine Brun (dir.), Guerre d'Algérie. Les mots pour la dire, Paris, CNRS éditions, 2014, S. 69f.

Das Manifest und verwandte Petitionen (zu erwähnen ist vor allem die Aktivität des 1955 von Robert Antelme und Edgar Morin gegründeten *Comité d'action des intellectuels contre la poursuite de la guerre en Afrique du Nord*, aber auch der Studentengewerkschaft UNEF) bildeten einen letzten Höhepunkt und zugleich eine Zäsur in der Geschichte des klassischen Intellektuellen, deren Geburtsstunde meist mit dem flammenden *J'accuse* Emile Zolas in der Dreyfus-Affäre angesetzt wird. Wo immer sich staatliches Unrecht oder massive Verletzungen der Bürger- und Menschenrechte zeigten, fühlten sie sich als Angehörige der schreibenden Zünfte oft im Bündnis mit Journalisten und weiteren Kunstschaffenden, als Anwälte einer universellen Moral berufen, öffentlich Stellung zu nehmen, zu unterzeichnen und zu debattieren. Damit wirkten sie als gewichtige moralische Instanz, gleichsam eine vierte, außerinstitutionelle politische Gewalt. In diesem Sinne kann das antikoloniale Engagement nicht hoch genug geschätzt werden, und sein Erfolg bestand genau darin, sich der Willkür und Gewalt einer außer Kontrolle geratenen Kolonialmacht entgegengestemmt zu haben. In diesem Sinne sind auch die damals geläufigen Verweise auf den Widerstand gegen die Nazis und die Kollaborateure gerechtfertigt. „Voltaire verhaftet man nicht", soll de Gaulle zu dem Ansinnen der Sicherheitsbehörden geäußert haben, den Philosophen Jean-Paul Sartre, der öffentlich für die algerische Sache eintrat, festzusetzen. Andere Unterzeichner gingen indes sehr wohl das Risiko ein, in Haft genommen zu werden oder ihre Posten zu verlieren.

Catherine Brun hat die Genese des Manifests rekonstruiert und mindestens fünfzehn Entwurfsversionen identifiziert.

Initiatoren waren der Schriftsteller und kritische Kommunist Dionys Mascolo und Jean Schuster, Surrealist und Mitgründer der kurzlebigen antigaullistischen Zeitschrift *14 Juillet.* Wichtige Text-Bausteine lieferten der Surrealist Gérard Legrand und Maurice Blanchot, dessen Einfluss auf französische Intellektuelle bis heute kaum zu überschätzen ist. Beim Redigieren wurden allzu marxistisch und internationalistisch klingende Passagen entschärft, die das algerische Volk in die Rolle des neuen Proletariats rücken und auch ihm von der Idee des Nationalstaates abraten wollten. Desgleichen wurden schroffe Attacken auf die Linksparteien abgemildert und man vermied auch, die Armee als Ganze verbal zu attackieren. Terminologisch wechselte man von der „Pflicht" zur Wehrdienst- und Gehorsamsverweigerung zum „Recht" darauf. Umstritten war nicht zuletzt, wie weit die Solidarität mit dem FLN gehen sollte, einige Unterzeichner wollten sich auf humanitäre Aspekte beschränken und keinesfalls „Terroristen" (gemeint der FLN) unterstützen. Die Redaktion des Manifestes folgte, dem Genre angemessen, der Suche nach dem kleinsten gemeinsamen Nenner zwischen Sympathisanten des PCF und den die Partei links überholenden Ultrabolschewisten, anti-totalitären Anarchisten, internationalistischen Surrealisten, humanitären Poeten und enragierten Theatermachern. Sie alle spannten mit ihrer „bataille d'écrit" ein fragiles, durchaus auch von Misstrauen und Eifersucht gekennzeichnetes Netzwerk des antikolonialen Engagements.
Gleichwohl kann dieses Amalgam als ein Beispiel für den „communisme de pensée" gelten, in dem sich markante und konträre Weltanschauungen verschliffen, weil es vor allem

darauf ankam auszusprechen, dass Frankreich in Nordafrika einen ungerechten und verbrecherischen Krieg führte und dieser nun auch als solcher bezeichnet werden sollte - genau wie die Folter, deren Anwendung frühere Anklagen und Zeugnisse bereits ans Licht gebracht hatten. Nils Andersson, ein Schweizer Verleger und Unterstützer des FLN, deutete die Kollektivierung einer bis dahin vereinzelten Verweigerung und die Benennung des bisher Namenslosen als mutigen Akt: „Wenn man die Mittel in Erinnerung ruft, über die die koloniale Lobby verfügte, die vom Staat und von der Armee verbreitet wurden, um sich die Kontrolle der öffentlichen Meinung zu sichern, und wenn man dann noch den latenten Rassismus gegenüber den nordafrikanischen Bevölkerungen berücksichtigt, dann begreift man, wie subversiv es war, gegen diesen Krieg Stellung zu beziehen und mehr noch, solidarisch mit den Algeriern zu sein."[33] Daraus folgte gewissermaßen logisch, dass Algerien nicht Kolonie bleiben durfte. Zusammengeschweißt wurden die Unterzeichner durch die zum Teil heftige polizeiliche und staatliche Repression gegen einige von ihnen, später durch die mörderischen Anschläge der OAS, der berüchtigten Freischärler der im Untergrund agierenden *Organisation armée secrète*, die Paris 1960/61 mit Terror überzogen und dabei auch Unterstützter des FLN ins Visier nahmen. Neben der Residenz von André Malraux (seit 1958 de Gaulles Minister für kulturelle Angelegenheiten) wurden auf das Hauptquartier des PCF, die Wohnung Jean-Paul Sartres in den Rue

[33] Ressentis d'une guerre non déclarée, in Brun a.a.O, S. 39ff., hier S. 41

Bonaparte und die Redaktion des *France Observateur* Anschläge mit Plastikbomben verübt.

Während Sartre und *Temps Modernes*, die stets in enge Verbindung mit dem Manifest gebracht werden, in Wirklichkeit eine eher randständige Rolle spielten, muss man auf die gewichtigen Beiträge aus anderen geistigen Strömungen hinweisen, namentlich auf die schon erwähnte Rolle der Katholiken, die man auf allen Seiten, von glühend-reaktionären Unterstützern der *Algérie française* bis zu den aktivsten Kofferträgern finden konnte. Einer der Initiatoren des Manifests war Robert Barrat, Redakteur der linkskatholischen *Témoignage chrétien* und Generalsekretär des *Centre catholique des intellectuels français*, ein langjähriger Kenner Algeriens und in Kontakt mit dem algerischen Untergrund. Für einen Bericht im *France Observateur* wurde er inhaftiert. Mit anderen gründete er das *Comité d'action des intellectuels contre la guerre d'Algérie* und arrangierte 1956 Gespräche zwischen Repräsentanten des FLN und dem ehemaligen Premierminister Pierre Mendès-France (der eine maßgebliche Rolle bei der Entkolonialisierung Indochinas und in Tunesien und Marokko gespielt hatte). 1960 gründete Barrat das semiklandestine Journal *Verité-Liberté* mit Pierre Vidal-Naquet, Paul Thibaud und Jacques Panijel. Er wurde als Anstifter des Manifestes der 121 verdächtigt und wurde dafür 16 Tage im Gefängnis von Fresnes eingesperrt.

Hinzuweisen ist auch auf die anarchistischen und libertären Zirkel, die aus pazifistischer Motivation den Kampf gegen die französische Kolonialintervention unterstützten, aber früh die Gefahr eines algerischen Ultranationalismus mit der Unterdrückung messalistischer und syndikalistischer

Strömungen durch die FLN-Einheitspartei erkannten.[34] Und wie gesagt kamen die Initiatoren und viele Unterzeichner auch aus dem surrealistischen Milieu, manche von ihnen argwöhnten, Sartre habe das Manifest „gekapert“.[35] Auch bei ihnen war das Engagement für die Freiheit des algerischen Volkes von erheblichen Bedenken gegen die aufziehende Parteiherrschaft des FLN überschattet, gleichsam eine Art Nebenschauplatz ihrer kritischen Auseinandersetzung mit dem stalinistischen PCF nach der Niederschlagung des Ungarnaufstand durch die Sowjetunion 1956.
Die klassische Attitüde eines Manifestes ist der Aufruf an andere zu handeln, womit sich stets eine Kluft zwischen Theorie und Praxis auftut. Das Manifest der 121 forderte zur kollektiven Wehrdienstverweigerung auf, vermochte aber keine massenhafte *insoumission* auszulösen: Das Wort schien Fleisch geworden zu sein werden, erinnert sich Vidal-Naquet, aber man habe eher Romane über die Unterstützung gehabt als Unterstützung - ein Manifest über das Recht auf Ungehorsam, aber wenig Ungehorsame. Repräsentation geht in derlei Manifesten oft über Aktion. Zurückhaltender noch war die Unterstützung des FLN, also der „anderen Seite“.

Einige Franzosen und Französinnen begannen jedoch konkretere Unterstützung für die algerische Befreiungsfront zu

---

[34] Sylvain Boulouque, Les anarchistes et les soulèvements coloniaux. De la guerre d'Indochine à la guerre d'Algérie. In: L'homme et la société, 123-124, 1997, S. 105-117

[35] Henri Béhar, Le droit à l'insoumission. Le surréalisme et la guerre an Algérie, in: Surréalisme et politique. Politique du surréalisme, Amsterdam 2007, 197-214

leisten, in der Regel als Kuriere für Druckschriften, Personendokumente, Valuta und illegale Personen, ganz selten auch von Waffen. Im Umfeld der *Temps Modernes* war das *Réseau Jeanson* entstanden, dem der ehemalige Redaktionssekretär Francis Jeanson den Namen verliehen hatte. Der 1922 geborene Philosoph war ein Intimus von Jean-Paul Sartre, der ihm die Zeitschrift zwischen 1951 und 1956 anvertraut und die kritische Kampagne gegen Albert Camus' *L'Homme révolté* überlassen hatte. Jeanson war in der Résistance aktiv und 1945 Reporter des *Alger Républicain* gewesen; 1957, auf einem Höhepunkt der kriegerischen Auseinandersetzungen und einer heftigen intellektuellen Reaktion auf die Kriegsführung und Folter in Algerien, bildete er ein klandestines Unterstützernetzwerk, deren Aktivisten vornehmlich in Frankreich, im „siebten Wilaya" (Widerstandsbezirk) tätig geworden sind und unter dem Namen „porteurs de valises" (Kofferträger) in die Geschichte eingegangen sind. Parallel zum Erscheinen des Manifestes der 121 wurde der zuvor untergetauchte Jeanson zusammen mit weiteren 18 Landsleuten und sechs Algeriern wegen Hochverrats angeklagt und im Oktober 1960 in Abwesenheit zu zehn Jahren Gefängnis verurteilt. Das Manifest erwähnt diesen Prozess nicht, konnte aber als indirekte Unterstützung des Widerstandsnetzes gelesen werden, wogegen sich einige Unterstützer ausdrücklich aussprachen und weswegen potenzielle Interessenten das Manifest nicht unterzeichneten, darunter Edgar Morin oder René Char.

Für die meisten Unterstützer galt, dass sie gewisse Untiefen des antikolonialen Engagements nicht gesehen haben oder nicht sehen wollten. Viele französische Unterzeichner distanzierten sich damals bereits von einer Parteinahme, die das Vorwort von Jean-Paul Sartre zu Frantz Fanons Kampfschrift *Les Damnés de la terre* (1961) noch überholen sollte.[36] Das Bekenntnis zur katalytischen Funktion der Gewalt unterschlägt die Komplexität des Konflikts, verklärt den antikolonialen Befreiungskampf und übergeht den Terror, mit dem der FLN offenkundig unschuldige Opfer einkalkulierte. Das Pamphlet des schwerkranken Fanon wurde zu einem Kultbuch der neuen Linken, seine weiter simplifizierte Lektüre leitete ein gegenrassistisches Schwarz-Weiß-Denken ein, das zwar Selbstkritik der Weißen vorangetrieben, den Aufstieg diktatorialer und korrupter Staatsklassen in der Dritten Welt aber verkannte - Fanon sprach unverhohlen von deren „Schmalspurfaschismus". Man muss also nicht zum xten Male wiederholen (oder doch?), dass Zweifler wie Albert Camus, Germaine Tillion oder Jacques Derrida gegenüber Sartres verbaler Radikalität Recht behalten haben. Das betrifft nicht nur die Terrorstrategie des FLN, sondern auch die Ignoranz gegenüber den darin eingeschlossenen und in Europa kaum verstandenen islamischen Strömungen und den ganz unübersehbaren Antisemitismus. Der Exodus der algerischen Juden folgte der Unabhängigkeit auf dem

[36] »Gibt es eine Heilung?«, fragt Sartre und antwortet selbst: »Ja. Die Gewalt kann, wie die Lanze des Achill, die Wunden vernarben lassen, die sie geschlagen hat.« (S. 25 der deutschen Ausgabe). Kritisch zu Fanon Kwame Anthony Appiah, Liberation Psychology, in: New York Review of Books, LXIX, H. 3, 2022,43-46

Fuße, Algerien positionierte sich dezidiert gegen den Zionismus und für die radikalen Palästinenser, die das Existenzrecht des Staates Israel pauschal bestritten.
Omar Kamil klärt in seiner Diskursgeschichte zum Holocaust in der arabischen Geschichte eine Szene im Februar 1967 in Kairo auf, in der Claude Lanzmann zum Störenfried des Treffens zwischen dem ägyptischen Staatspräsidenten Nasser und Jean-Paul Sartre wurde: „...arabische Berichte klagten über ‚den Juden', der Sartres Aufenthalt in Ägypten schweigsam und lustlos begleitet habe. Diese Haltung wurde in Kreisen ägyptischer Intellektueller als ‚ein jüdischer Versuch zur Sabotage' bewertet. Tatsächlich kam Lanzmann lustlos und bedrückt nach Kairo, der Grund war jedoch rein privater Natur. Seine Schwester Évelyne hatte eine Liebesbeziehung zu einem Angehörigen der algerischen Nationalbewegung FLN gehabt. Als der in ein höheres Amt nach Algerien berufen wurde, konnte sie ihn aufgrund ihrer jüdischen Abstammung nicht begleiten. Die Beziehung war zu Ende gegangen und Lanzmanns Schwester hatte sich in Verzweiflung das Leben genommen."[37]
So wenig wie Sartre sich nicht eindeutig gegen Israel stellen wollte, so sympathetisch befasste sich Lanzmann seither mit dem Staat der dem Holocaust entronnenen Juden (Warum Israel, 1973) und ihrer Armee (Tsahal, 2009). Der Film über diese entstand während der ersten Intifada, und seine Perspektive begründete Lanzmann so: »Die Nationen der Welt sind heute schnell bei der Hand, Israel zu verurteilen, und

---

[37] Omart Kamil, Der Holocaust im arabischen Gedächtnis: Eine Diskursgeschichte 1945–1967, Göttingen 2012, S. 113

vergessen dabei das Überlebensproblem, das sich diesem Land unentwegt stellt. Sie nehmen die militärische Macht Israels als gegeben hin und sind nicht einmal erstaunt darüber. Dieses mangelnde Erstaunen halte ich für eine große Gefahr. Mein Film soll dieses Erstaunen wieder wecken und die Realität in einem neuen Blickwinkel darstellen.«[38]

Das Manifest war eine der Initialzündungen für eine *Nouvelle Gauche* und ihren Paradigmenwechsel vom metropolitanen Gegensatz zwischen Kapital und Arbeit und vom in den Kalten Krieg hineinverlängerten Antifaschismus hin zur Spaltungslinie zwischen Norden und Süden und einem Gewalt nicht ausschließenden Antiimperialismus. Die Identifikation mit dem antikolonialen Kampf schloss alsbald die Dämonisierung des kolonialen Westens zum absoluten Feind ein und der Antiimperialismus einen besinnungslosen Antiamerikanismus. Auch für die französische Linke war Algerien ein Vorspiel zum Protest gegen den Vietnamkrieg und eine in den Maoismus führende Unterstützung der „Dörfer" gegen die „Städte". Als Fußnote der Geschichte kann man hinzufügen, dass in einer interessanten Quellenstudie Anne-Marie Duranton-Crabal auch die Entstehung der Intellektuellengruppe GRECE und damit einer ethnopluralistischen Nouvelle Droite im Umkreis von Alain de Benoist im Petitionskrieg um das Manifest der 121 herum datiert.[39] Der Hauptstrom der extremen Rechten, allen voran die *Fédération des étudiants nationalistes* (FEN) und im

---

[38] Interview Lanzmann, zit. nach https://jungle.world/artikel/2009/27/die-waffen-reden-lassen

[39] Anne-Marie Duranton-Craba, Visages de la Nouvelle Droite. GRECE et son histoire, Paris 1988

Geheimen die seit 1958 verbotene Untergrund-Gruppe *Jeune Nation*, verfocht mit Verve und Gewalt die Aufrechterhaltung der *Algérie française*. Sie stand der OAS nahe, die mit Anschlägen gegen die gaullistische Rechte ebenso wie die Partei- und Gewerkschafts-Linke focht. Doch einige jüngere Akademiker, die zum Teil in Algerien gedient hatten, wollten als Anhänger der Konservativen Revolution den klassischen Nationalismus überwinden. Alain de Benoist und andere „grécistes" wie Jean-Claude Valla und Pierre Vial verließen das Hexagon virtuell zugunsten eines weißen Europa. Sie propagierten eine Variante des Tiersmondismus, der auch den Völkern des kolonisierten Südens das Recht auf Eigenart und Differenz zusprach, aber nicht aus Solidarität mit der antikolonialen Emanzipation, sondern motiviert von ihrer assimilationskritischen Sorge um die nationale Identität.

Spätestens 1968 war nach einer neueren Lesart der Geschichte der Intellektuellen der Höhepunkt ihres überkommenen Engagements schon überschritten, man schrieb ihnen neue Rollen zu. In der Tat bestand eine Paradoxie des Manifests darin, dass so viele exquisite und markante Autoren daran teilnahmen, ihre Autorenschaft jedoch in einem Kollektiv aufging und sich „la cause du peuple" unterordnete. Die neue Generation, deren Referenzrahmen die algerische Erfahrung war - als Lebens- und Berufserfahrung ebenso wie als zeitgeschichtlicher Einschnitt -, relativierte die Eminenzen, aus Manifesten wurden Manifs. Dennoch blieb, namentlich in Frankreich, die Rolle des Intellektuellen als Mahner, Warner, Aufklärer auch nach dem Tod

Jean-Paul Sartres bestehen, zunehmend außerhalb des Koordinatensystems von Links und Rechts oder von Nord und Süd und unter Bezug auf die universellen Menschenrechte, als Parteinahme für die Unterdrückten und Parias. Im Dezember 2011 wandte sich das Themen-Heft 666 der *Temps Modernes* unter der Überschrift „1962-2012, les mythes et les faits“ den einstigen arabischen Hilfstruppen zu; einleitend räumte Claude Lanzmann ein, es sei nicht nur dem FLN, sondern auch der einseitigen Sichtweise der *Temps Modernes* anzulasten, dass die Wahrheit über die Harkis nie richtig erforscht und publik gemacht worden sei. Der algerische Staatspräsident Bouteflika, damals der letzte FLN-Moudjahedin an der Macht, drohte 2007 seinem französischen Amtskollegen Sarkozy, der staatlicherseits ein Zeichen setzen wollte, unverhohlen damit, Gaskontrakte mit Frankreich auszusetzen, wenn die Harkis rehabilitiert und entschädigt würden. Lanzmann dazu: „Es ist nicht hinzunehmen, dass diese Gemeinschaft auf immer mit dem Stigma der Scham gekennzeichnet bleibt und dass ihre tragische Geschichte verschüttet, von der Mehrheit der Franzosen ignoriert wird.“

Das Manifest der 121 und ähnliche Petitionen haben den wahren Charakter des Algerien-Kriegs beim Namen genannt und seine Beendigung beschleunigt. Das belegt die gewichtige Rolle von Intellektuellen im öffentlichen Diskurs und Disput. Zugleich bestärkte es Mythen des Antikolonialismus und Tiersmondismus, die einer selbstkritischen Reflexion lange entzogen waren und in Wissenschaft und Publizistik eine überzogene Kritik der westlich-liberalen Gesellschaften freisetzten. Entmystifiziert werden müssen diese Haltungen wiederum von Intellektuellen, die nicht länger (nur) als partisan intellectuals, als Advokaten einer guten Sache, einseitig Partei ergreifen, sondern als public intellectuals und Hüter universaler Menschenrechte die ganze Wahrheit zu sagen bemüht sind.

Kofferträger Revisited[40]

---

[40] Der Text ist eine korrigierte und ergänzte Version der in der Politischen Vierteljahresschrift (Bd. 25, H. 2, S. 169-187, Juni 1984) erschienenen Zusammenfassung meines ebenfalls 1984 erschienenen Buches „Kofferträger. Das Algerien-Projekt der Linken in Adenauerdeutschland". Die Darstellung von Hamon und Rotman (Les porteurs de valises. La résistance française à la guerre d'Algérie, Paris 1979) enthielt vereinzelte Hinweise auf deutsche Unterstützerkreise. In diesen habe ich zwischen 1979 und 1983 Interviews mit folgenden Gesprächspartnern geführt: Reimar Lenz (4.3.83), Johannes und Gertrud Gorlas (23.8.82), Werner Plum (1.3.83), Ali Haroun (mehrere im Jahr 1983), Walmot Moeller-Falkenberg (19.8.82, 2.9.83), Klaus Vack (23.4.82), Leni Jungclas, Helmut Peiffer, Helmut Wendler (18.10.82), Kurt Henker (29.9.82), Michel Raptis (29.9.82), Dieter Posser (16.5.83), Hans Jürgen Wischnewski (15.11.83), Fritz Henker (23.12.82), Weitere Informationen erhielt ich von Martin Baethge, W. F. Haug, Gerd von Paczensky, Jacques Vignes, Cecile Regagnon, Heiner Halberstadt, Helmut Schauer, Oskar Negt, Volker Schlöndorff, Peter Schuh, Adolf Brock, Manfred Wilke, Franz Josef Humpert, Jean-Marie Boeglin, Helmut Quast, Helmut Kalbitzer, Paul Frank, Werner Thönissen, Bernt Engelmann, Heinz Wolf, Eis Seidenschnur und besonders Jakob Moneta und Winfried „Si Mustapha" Müller. Zugang hatte ich zu den Privatarchiven von Ali Haroun, Werner Plum (Depositum im „Archiv der sozialen Demokratie", Bonn), Fritz Henker, Walmot Möller-Falkenberg, Leni Jungclas, sowie zu den Nachlässen von Erich Wollenberg (Kreisvolkshochschule Huhstedt), Konrad Frielinghaus (Adolf Brock, Universität Bremen) und zur Prozessakte Albertus Oeldrich (bei Dieter Posser, Düsseldorf).
Nach knapp vierzig Jahren hält diese 1984 publizierte Geschichte der Kofferträger dem Fortschritt der zeitgeschichtlichen Forschung einigermaßen stand, vgl. Klaus-Jürgen Müller, Die Bundesrepublik Deutschland und der Algerienkrieg, In: Vierteljahrshefte für Zeitgeschichte, 38 (1990) 4, S. 609-641; Dorothee Weitbrecht, Aufbruch in die Dritte Welt. Der Internationalismus der Studentenbewegung von 1968 in der Bundesrepublik Deutschland, Göttingen 2012; Fritz Keller Gelebter Internationalismus – Österreichische Linke und der algerische Widerstand (1958–1963), Wien 2010; Lucas Hardt, Zwei

1962 ging nach 132-jähriger französischer Kolonialherrschaft der algerische Befreiungskrieg mit der politischen Unabhängigkeit des Landes zu Ende. Vorausgegangen war ein mit großer Härte geführter, opferreicher Krieg zwischen französischen Armeeeinheiten und der algerischen Befreiungsarmee (Armée de Libération Nationale, ALN); trotz der massiven militärischen Überlegenheit und zuletzt erfolgreicher „antisubversiver" Kriegsführung gelang es Frankreich nicht, den Kolonialstatus Algeriens aufrechtzuerhalten. Entscheidend für den Sieg der ALN bzw. ihres politischen Arms Front de Libération Nationale (FLN) war nicht zuletzt die zweite, diplomatische Front, die mit der „Internationalisierung" des Konflikts eröffnet wurde. Ein Nebenaspekt davon war die internationale Opposition gegen die französische Kolonialmacht und die Unterstützung von FLN bzw. ALN durch kleine, separat voneinander agierende, häufig konspirativ organisierte Gruppen nichtalgerischer Zivilisten, die hauptsächlich in Frankreich aktiv waren, aber auch in anderen westeuropäischen Ländern für die algerische Unabhängigkeit eintraten.

Derartige Gruppen, die es in der zweiten Phase des Algerienkrieges (ab 1957/58) auch auf bundesrepublikanischem Boden gab, waren den Zeitgenossen wenig präsent und sind heute kaum noch im Gedächtnis Im Blick auf die außerpar-

---

Algerienkriege im Saarland? Innenansichten aus einem Rückzugsgebiet des FLN, BIOS - Zeitschrift für Biographieforschung, Oral History und Lebensverlaufsanalysen, 1-2/2017, S. 166 - 180. https://doi.org/10.3224/bios.v30i1-2.12

lamentarische Opposition gegen die US-amerikanische Vietnampolitik in den 1960er Jahren ist beschrieben worden, welche bedeutsame Rolle die Kritik der Intervention kapitalistischer Länder in der „Dritten Welt" für die Herausbildung linksoppositioneller Strömungen und Organisationen in der Bundesrepublik spielte. Mit einigem Recht kann man sagen, dass es in der Politisierungsgeschichte der Bundesrepublik vor der „Vietnam-Generation" eine „Algerien-Generation" gegeben hat. Zwischen beiden bestehen inhaltliche und personelle Verbindungen und Kontinuitäten, freilich auch einige Differenzen in Quantität und Qualität. Die Algerien-Solidarität war sozusagen die ur- und frühgeschichtliche Schicht des Internationalismus der westdeutschen Linken und ein Medium der „Entprovinzialisierung" der Republik, die sich weltpolitisch zwangsläufig abstinent verhielt und in einer Ära intensiver Entkolonialisierungskämpfe und -debatten in einem Zustand dubioser „südpolitischer" Unschuld verharrte; und sie war auch ein Medium der „Entprivatisierung“ der Nachkriegszeit. Denn das Engagement zumeist junger Deutscher gegen den schmutzigen Krieg in Nordafrika stand meist nicht für sich, es war Ausdruck des Unbehagens an und des Protestes gegen restaurative Tendenzen im „CDU-Staat“, gegen die Anpassungsstrategie der Sozialdemokratie und eine anfangs in Gestalt der damals betriebenen deutsch-französischen Aussöhnung von oben nur oberflächlich verwirklichte „Europa-Idee.“

Die „Milieus" der westdeutschen Algerien-Solidarität

Eine direkte Betroffenheit von kolonialpolitischen Fragen oder vom Algerienkrieg gab es hierzulande nicht. Trotzdem bereitete die unvoreingenommene Wahrnehmung dieses Krieges Probleme, denn die westdeutsche Öffentlichkeit in den 50er Jahren war auf doppelte Weise profranzösisch bzw. anti-algerisch programmiert. Nord-Süd-Probleme wurden damals noch vorrangig als abhängige Variablen des alles dominierenden Ost-West-Konflikts gedeutet, weshalb die Bestrebungen kolonisierter Völker nach Unabhängigkeit zumeist als Folge und Ausdruck kommunistischer Subversion wahrgenommen wurden. Überdies war Frankreich eine von vier alliierten Besatzungsmächten, womit die sich zeitlich parallel zum Kolonialkonflikt in Nordafrika herauskristallisierende „Aussöhnungspolitik" offiziellen Stellen jedwedes pro-algerisches Engagement verbot. Es steht heute fest, dass die Aussöhnung der einstigen „Erbfeinde“ und die französische Berlin-Garantie explizit mit einem außenpolitischen Junktim an das deutsche Wohlverhalten in kolonialen Fragen gekoppelt waren, wie sich aus einem Schreiben des damaligen Referatsleiters und späteren Staatsekretärs im Auswärtigen Amts, Paul Frank, an den Verfasser ergibt. Wer wollte da die sich abzeichnende Aufwertung der Bundesrepublik in einem neugeordneten (West)Europa mit einem riskanten kolonialpolitischen Engagement gefährden, zumal die Annäherung an Frankreich in der Bundesrepublik durch ein relativ hohes Maß an Frankophilie in der Öffentlichkeit unterfüttert war? Ein Oberstleutnant der Bundeswehr schrieb damals in der Zeitschrift „Wehrkunde“:

„Während (man) oft vom Befreiungskampf der unterdrückten Algerier spricht, vertritt Frankreich die Ansicht, dass es sich um einen von außen gesteuerten subversiven Aufstand handelt, im Interesse fremder Mächte. Stimmt diese Auffassung, so liegt die Anwendung von Machtmitteln zur Brechung des Terrors nicht nur im Interesse Frankreichs, sondern auch im Interesse der freien Welt. (...) Die Führer der Rebellen sind militärisch fast ausnahmslos in den Oststaaten oder in China ausgebildet. Die Masse der Kämpfer dagegen ist unter dem Druck des unmenschlichen Terrors <der Rebellen> zu den Waffen gezwungen worden. (...) Die französische Armee vertritt den Standpunkt, dass ihre Erfahrungen auf dem Gebiet des subversiven Krieges und der psychologischen Kampfführung auch den Alliierten zugutekommen müsste." (Zitiert nach Spiegel Nr. 36 (1959, S. 30)

Das dürfte den seinerzeitigen Mainstream ziemlich gut getroffen haben. Nur andersdenkende Minderheiten konnten sich der allgemeinen Indifferenz oder der offen profranzösischen Parteinahme entgegenstellen und ihre moralische und politische Betroffenheit artikulieren. Sie kamen aus der Arbeiterjugendbewegung, besonders aus der „Sozialistischen Jugend - Die Falken", aus der „Naturfreundejugend" und von den „Jungsozialisten" in der SPD, weiterhin vom linken Flügel der Sozialdemokratischen Partei Deutschlands und aus der (sozialdemokratischen, kommunistischen und christlichen) Gewerkschaftsbewegung und aus Sozialverbänden, aus der Studentenbewegung (namentlich vom „Sozialistischen Deutschen Studentenbund", SDS) sowie aus linksintellektuellen und kirchlichen Kreisen. Diese Liste nimmt die spätere Komposition der „antiautoritären Protestbewegung" vorweg. Das Protest-Spektrum der 1950er

Jahre war beherrscht von der Friedens- bzw. Anti-Atom-Bewegung und von der innerparteilichen Auseinandersetzung um den neuen, auf die Entwicklung zu einer „Volkspartei" ausgerichteten Kurs der SPD.

Zwar war die moralische Empörung über die französische Algerienpolitik auch in sich tragfähig genug für humanitäre Hilfen und antikolonialen Protest. Aber das Algerien-Thema war in dieser Zeit vor allem ein Vehikel geistig-politischer Auseinandersetzung mit restaurativen und autoritären Tendenzen, symbolisiert durch die Politik des Kabinetts Adenauer in der dritten Legislaturperiode, das mit absoluter CDU-CSU-Mehrheit regierte; und sie führte auch über den von der sozialdemokratischen Parteiführung gesteckten Rahmen hinaus. Als Faustregel gilt, dass sich vor allem solche Personen proalgerisch äußerten oder betätigten, die in den oben genannten Parteien und Verbänden eher auf dem linken Flügel angesiedelt waren. Das gilt namentlich für den SDS in seiner 1959 zur organisatorischen Trennung zugespitzten Auseinandersetzung mit der SPD-Führung, aber auch für Katholiken, die sich im Dissens zur damals noch stark mit der Christdemokratie verflochtenen Amtskirche befanden. Und es galt für Schriftsteller und Publizisten, die sich (etwa in der Gruppe 47) als außerparlamentarische Stellvertreter-Opposition im CDU-Staat profilierten und sich dafür den Zorn des Wirtschaftsmisters und Kanzlers Ludwig Erhard zuzogen, der sie als Pinscher, Banausen, Nichtskönner und Scharlatane verunglimpfte. (Spiegel 30/1965)

Zwei wesentliche Anstöße gab es für die Bildung von kleinen Unterstützer-Zirkeln in der Bundesrepublik:

a) die Anwesenheit von 4000 bis 6000 Algeriern auf bundesdeutschem Territorium, darunter eine beachtliche Zahl von Kadern des FLN, dessen französische Abteilung (Fédération de France) nach der Machtübernahme General de Gaulles in Frankreich ihre Stellung im französischen Untergrund unter damals etwa 400.000 algerischen Einwanderern verlassen mussten und 1958 in der tunesischen Botschaft in Bad Godesberg ein provisorisches „Hauptquartier" aufschlugen,
b) die Rolle der Bundesrepublik als Hinterland und Ausweichzone französischer Unterstützergruppen (vor allem des Réseau Jeanson, kirchlicher Unterstützer und der trotzkistischen IV. Internationale), die hier Dependancen einrichteten. Für beides waren bestimmte praktische und politische Voraussetzungen zu erfüllen, so dass die Bundesrepublik ab 1958 eine Art Service-Etappe im Dienst einer militärisch-politischen Front in der Kolonie und im „Mutterland" darstellte. Die geforderten Dienste folgten dem Muster der französischen „Kofferträger".
Der logistische Bedarf umschloss

- die Überlassung von Wohnungen, Naturfreunde-Häuser und Lagerräumen für kurzfristige Aufenthalte gesuchter und flüchtiger Personen, für Geheimtreffen und die Lagerung von Propagandamaterial und Papieren,
- die legale Beschaffung oder Fälschung von Personaldokumenten und sonstigen Papieren, Druck und Vertrieb von Flugschriften, Broschüren o.ä.,
- Kurierdienste, darunter Transporte von gesuchten oder gefährdeten Personen, auch grenzüberschreitend,

• Information der Presse und Öffentlichkeit, Beeinflussung und Informierung eines potenziell sympathisierenden Kreises liberaler, christlicher und linker Persönlichkeiten und Meinungsführer, Vermittlung offiziöser und geheimer Kontakte an staatliche und Parteiorgane, Verbindungen zu linken Parteien und Organisationen.

Propagandisten, Aktivisten und Brigadisten – die westdeutschen Kofferträger

In diese drei idealtypischen Kategorien kann man die westdeutschen Sympathisanten der algerischen Befreiung unterteilen, wobei es in der Praxis auch Doppel- und Dreifachbesetzungen der Funktionen gab. Ihre wichtigsten Unterstützeraufgaben waren:

a) die Information der Öffentlichkeit und bestimmter Zielgruppen („Propaganda"), etwa durch die Verbreitung und Diskussion des Algerien-Themas in Verbänden und Institutionen, durch die Gegeninformation in etablierten bürgerlich-liberalen Medien bzw. in speziellen Organen sowie durch Demonstrationen.

b) die Unterstützung des FLN in Frankreich („Aktivismus"), etwa durch die Betreuung von Algeriern, darunter FLN-Kadern und ihrer französischen Helfer auf westdeutschem Boden, durch die Übernahme von Kurierdiensten und durch die logistische Unterstützung von Akten der Wirtschaftssabotage in Frankreich.

c) die Unterstützung des militärischen Kampfes der ALN in der Kolonie selbst („Brigadismus") durch die Besorgung, den Transport und die Fabrikation von Waffen und Ersatzteilen und durch Maßnahmen der „Wehrkraftzersetzung" in

französischen Armeeteilen, besonders unter Deutschsprachigen in der Fremdenlegion.
An allen Aktionen waren westdeutsche Unterstützer beteiligt. Vom Propagandisten zum Brigadisten erstreckt sich ein Kontinuum steigender Risikobereitschaft und Illegalität; die (Handvoll) Brigadisten begaben sich dazu auf den nordafrikanischen Schauplatz selbst.

Die Propagandisten

Eine systematische Auswertung des Bewusstseinsstandes der west- (und ost-)deutschen Bevölkerung über den Algerienkrieg liegt meines Wissens bis heute nicht vor. Man kann aber davon ausgehen, dass der allgemeine Kenntnisstand über Ziele und Prozesse der Entkolonialisierung niedrig war und die erwähnten antikommunistischen Stereotypen eine unvoreingenommene Information behinderten. Eine von dem SDS-Aktivisten und freien Schriftsteller Reimar Lenz durchgeführte punktuelle Auswertung überregionaler Tages- und Wochenzeitungen in Bezug auf die Algerienberichterstattung bestätigt, dass die Frankreich- und Afrikakorrespondenten meist im Sinne des „Mutterlandes" berichteten und urteilten. Die Information aus erster Hand, die der Chefreporter der *Süddeutschen Zeitung*, Hans-Ulrich Kempski, mit einem Interview mit dem französischen General Jacques Massu lieferte, bildete da eine Ausnahme (SZ 19. Januar 1960), zu der zwei weitere kamen: der zunächst als Korrespondent, dann als Ressortleiter Außenpolitik bei der *Welt* und schließlich als NDR-Fernsehjournalist tätige Gert von Paczensky und der anfangs als *Spiegel*-Reporter, dann als freier Autor arbeitende Bernt Engelmann.

Ansonsten mussten die Propagandisten in mühsamer Kleinarbeit selbst andere Akzente in der Algerien-Berichterstattung setzen, wobei sie auf die kritischen Reportagen und Analysen der linken und liberalen französischen Presse zurückgreifen konnten. Das geschah sowohl in etablierten wie in „eigenen", zum Teil speziell für diesen Zweck geschaffenen Medien. Zu erwähnen sind zunächst einige meist aus dem Französischen übersetzte Bücher, ferner Fernsehdokumentationen (wie von Dirk Alvermann, sogleich in freie Filmclubs verbannt) und Hörbilder (wie von Werner Plum) und ein direkt von der Freiwilligen Selbstkontrolle verbotener Spielfilm, der Debütfilm von Volker Schlöndorff („Wen kümmert's?"), der seinerzeit als Regieassistent in Paris tätig war. Besonders der Pressearbeit des „Rückführungsdienstes für Fremdenlegionäre" (s.u.) und den beiden Journalisten von Paczensky und Engelmann war es zu verdanken, dass auch große Tageszeitungen und Magazine, vor allem der *Spiegel*, gelegentlich authentische Berichte vom Kriegsschauplatz und Interviews mit algerischen Politikern veröffentlichten.

Diese mit der Internationalisierungsstrategie des FLN verbundene Informationspolitik zahlte sich zu Beginn der 1960er Jahre aus; Leserbriefe und Rückmeldungen an die Propagandisten selbst zeigen, dass vor allem unter jüngeren Deutschen eine Welle von Sympathie und Hilfsbereitschaft einsetzte und das Algerien-Thema subkutan erhebliche Bewusstwerdungs- und Politisierungsprozesse auslöste. Ein Beispiel fand sich in der Zeitschrift „Freies Algerien" (dazu unten) in einer Leserzuschrift:

„Ihre Ausgabe ... vom November 1959 ist mir Ende letzter Woche zu Gesicht gekommen. Ich las sie von Anfang bis Ende durch und war erschüttert darüber, was in Algerien geschieht ... Ich bin bereit, für die algerische Sache Opfer zu bringen. Geld habe ich leider nicht sehr viel, aber sonst kann ich jede schwierige oder einfache Arbeit für Sie übernehmen. Ich weiß jedoch daß alle meine Bemühungen niemals dem Elend und den Schmerzen der um ihre Freiheit kämpfenden Algerier gleichen würden. F.T., Berlin" (Heft 3/4 März-April 1960, S. 12).

Der *Spiegel* (41/1959) berichtete, deutsche Freiwillige hätten sich bei der Tunesischen Botschaft in Bad Godesberg gemeldet und sich nach Möglichkeiten für einen freiwilligen Militärdienst in Algerien gegen die französische Armee erkundigt.

Ein weiterer Bestandteil der Informationsarbeit waren Artikel, Reiseberichte und landeskundliche Hintergrundanalysen über Algerien und den Krieg in verbandsinternen Publikationsorganen, die zwar meist geringe Auflagen hatten, aber doch die intensivere Ansprache von Zielgruppen gewährleisteten. Algerien-Artikel erschienen u.a. in den Zeitschriften *Das Argument* (u.a. von Reimar Lenz, Der Krieg in Algerien, unsere Mitverantwortung, in Nr. 15, 1960, S. 141 f.), der *alternative* (Algerien-Sonderheft 22/1962), in der *Anderen Zeitung*, in der *Sozialistischen Politik*, in *Konkret* (damals Organ einer orthodoxen SDS-Fraktion), in den *Werkheften katholischer Laien*, in den von Linkskatholiken herausgegebenen *Frankfurter Heften* und im sozialdemokratischen Mitgliedermagazin *Vorwärts*, in Verbandszeitschriften der *Naturfreunde* wie *Ausblick* und *Wir sind jung*, in sozialdemokratischen Tageszeitungen (u. a. eine Artikelserie „Was geht uns Algerien an?“ von Fritz Henker in der Stuttgarter *Allgemeine Zeitung* von Oktober bis Dezember 1960).

Einen eigenen, ganz auf die algerische Frage zugespitzten Nachrichtendienst gab es mit der Zeitschrift „Freies Algerien" (FA), die zwischen September 1958 und April/Mai 1962 in insgesamt 23 Ausgaben erschien und vom Kölner „Arbeitskreis der Freunde Algeriens" herausgegeben wurde. Verantwortlich zeichnete bis Anfang 1959 der damals zum SPD-Bundestagsabgeordneten aufgestiegene Hans-Jürgen Wischnewski, dann für wenige Hefte der Kölner Jungsozialisten-Vorsitzende Willi Glomb und bis zum Schluss der Kölner SPD-Stadtrat Willy Pertz. Der eigentliche „Macher" der im DIN-A-4 Format erscheinenden Zeitschrift war Georg Jungclas, Mitglied der trotzkistischen IV. Internationale und damals noch „entristisches" SPD-Mitglied, und ein um ihn herumgruppierter Kreis von Angehörigen der Falken. Die Auflage der Hefte schwankte zwischen 3000 und 6000. Damit erreichte die Zeitschrift zwar nur einen kleinen Adressatenkreis, dieser bestand aber aus „Multiplikatoren" in Betrieben und Gewerkschaften sowie in der Sozialdemokratie. Im engeren Bereich der Algerien-Sympathisanten formierten sich hier eigene Positionen und Argumentationen. Die meisten Artikel waren aus algerischer oder französischer Quelle übersetzt. Es waren dies überwiegend

- Grundsatzerklärungen algerischer FLN-Politiker, vor allem der in Tunis residierenden „Provisorischen (Exil-) Regierung", gelegentlich auch in Form von Editorials aus der Feder der FA-Redaktion,

- Berichterstattung zum Krieg und zu den Waffenstillstandsverhandlungen in Melun und Evian,
- Darstellungen der Verstrickung der Bundesrepublik in den Konflikt, vor allem durch die große Zahl deutscher Fremdenlegionäre in Algerien, die Tätigkeit der französischen Untergrund- und Geheimdienstorganisation „Main Rouge" auf deutschem Boden und die indirekte Mitfinanzierung des Krieges im Rahmen von Zahlungen für die in Deutschland stationierten Truppen und der europäischen Zahlungsunion,
- Entschließungen westdeutscher Verbände und Gruppen zum Algerienkrieg,
- landeskundliche Darstellungen zur Geschichte, Geographie und Wirtschaft des Maghreb, -- Darstellungen der französischen Solidarität mit dem FLN und innerfranzöischer Debatten,
- regelmäßig eine Presseschau, Leserstimmen und Buchbesprechungen, ferner Kleidersammlungen und Spendenaufrufe für den algerischen „Roten Halbmond".

Bedeutsam für die Auseinandersetzung über den Algerienkrieg war eine Solidaritätsadresse westdeutscher Schriftsteller, Künstler und Publizisten für die Unterzeichner des „Manifestes der 121" vom November 1960, in dem französische Intellektuelle sich mit inhaftierten Kofferträgern solidarisierten und das Recht auf Gehorsamsverweigerung (Verweigerung des Wehrdienstes) postulierten. Die westdeutsche Erklärung erschien im Dezember 1960 in der Zeitschrift *Kultur* und war von Heinz von Kramer, Hans Magnus Enzensberger, Robert Jungk und anderen initiiert und von Heinrich Böll und weiteren Schriftstellern aus der

„Gruppe 47" unterzeichnet - sehr zum Missfallen des dort als erster Frankreich-Connoisseur auftretenden Kulturredakteurs der *Frankfurter Allgemeinen Zeitung*, Friedrich Sieburg. In einem Leitartikel vom 15.11.1960 kanzelte er die Solidarität der Schriftsteller beider Länder als landesverräterisch ab, wofür er seinerseits schärfsten Protest erntete. Der Streit kann als ein erstes „internationalistisches" Dokument jener Zeit jenseits des Ost-West-Konfliktes gelten - und als Beispiel für die damalige Opposition von Intellektuellen gegen autoritäre Politik und Selbstzensur.

Wie mühsam Informationsarbeit und friedenspädagogische Bemühungen um den Algerienkrieg waren, zeigt der Verlauf einer Wanderausstellung, die im Februar 1961 in West-Berlin startete und im Verlauf des Jahres auch in Göttingen, Heidelberg, Frankfurt, München, Braunschweig und Kiel zu sehen war. Sie wurde von einem Studententeam um den in Abrüstungsfragen aktiven Reimar Lenz organisiert und war zunächst ganz vom grenzenlosen Elan idealistischer Amateure beseelt. Doch wurde dem Team bald klar, wie eng im Zweifelsfall das grundgesetzlich garantierte Recht auf Meinungsfreiheit in der Bundesrepublik war, da die Ausstellung von französischen Dienststellen (Berliner Stadtkommandantur, Botschaft und Konsulate) behindert und häufig von den Universitätsverantwortlichen verboten oder zensiert wurde. Ferner wurden Post und Telefon des Teams überwacht, das Presseecho blieb dürftig und es galt, nächtlichen Drohanrufen zu trotzen. Nur wenige Hochschullehrer, wie der Theologe Helmut Gollwitzer oder der Historiker Richard Nürnberger, unterstützten die Studenten, obwohl die Ausstellung keineswegs einseitig ausgerichtet war und

jedes Engagement für den FLN oder die Befürwortung von Terror vermied. Ihre Haltung war, wie bei vielen anderen Unterstützern damals, nicht pro-FLN, sondern trat für die in Algerien und Frankreich (auch vom FLN) mit Füßen getretenen Menschenrechte ein - diese Linie führt in die Richtung späterer Aktivitäten von „amnesty international".
Neben Presseinformation und Ausstellung waren Demonstrationen ein weiteres Propagandamittel, das spätere Aktionsformen der Protestbewegung vorwegnahm. Algerien war beispielsweise Thema der Mai-Umzüge ab 1958 (z.B. in Köln, Stuttgart, Hamburg und Kassel), ferner gab es Mahnwachen und Kranzniederlegungen vor französischen Institutionen, kleinere Umzüge in Universitätsstädten (z.B. in Marburg und Tübingen) und Flugblattaktionen zum „Tag der Menschenrechte" am 10. Dezember. Es dominierten moralische und „vorpolitische" Argumentationen, die eine Friedensverpflichtung aus der deutschen historischen Erfahrung ableiteten und die Doppelmoral von Politik und Öffentlichkeit anprangerten, die 1956 Ungarn-Flüchtlinge als Opfer des Kommunismus mit offenen Armen empfing, Algerien-Flüchtlinge hingegen als Abgesandte desselben Kommunismus abwies. Die zentrale Argumentationsfigur war „antitotalitär", teilweise ernst gemeint, teilweise bereits taktisch eingesetzt. Doch so zahm diese Aktionen auch auftraten, so aggressiv und desillusionierend waren die Publikumsreaktionen - der antikommunistische Vorbehalt traf die antikoloniale Opposition mit Wucht. Den Charakter eines Happenings nahm der Auftritt dreier Demonstranten aus der Kölner Falken-Gruppe anlässlich des ersten Tref-

fens zwischen Bundeskanzler Adenauer und dem französischen Premier Charles de Gaulle auf deutschem Boden in Bad Kreuznach am 28. November 1958 an: Mit einem Pkw, geschmückt mit einer selbstgenähten FLN-Fahne und einem Transparent „Freiheit für Algerien" auf Kühlerhaube und Heck, fuhren sie auf eine auf die Politiker wartende Schar von Journalisten zu (*Allgemeine Zeitung* 28.11.58). Nach einem Handgemenge und kurzfristiger Inhaftierung wurden Georg Jungclas und seine beiden Mitstreiter auf Intervention Hans-Jürgen Wischnewskis dann wieder freigelassen.

Die Kolonialfrage in der Sozialdemokratie

Wischnewski fungierte als zentrale Drehschreibe der bundesdeutschen Algerien-Unterstützung insgesamt und sorgte mit für eine kolonialpolitische Wende in der SPD. Auf dem SPD-Parteitag von 1954 war eine Entschließung zur Außenpolitik verabschiedet worden, die bekräftigte: „das Zeitalter des Kolonialismus ist endgültig vorbei", und es gelte nun, mit Hilfe einer von westlicher Seite unterstützten Entkolonialisierung die „Ausdehnung des kommunistischen Machtbereichs" einzudämmen (Protokoll 1954: 340) - auch hier also noch der zentrale Bezug auf den Ost-West-Konflikt. Doch bewirkte diese prinzipielle Erkenntnis keineswegs eine entschiedene Kritik der französischen Algerienpolitik. Wie die regierende CDU/CSU geradezu panisch Schwierigkeiten mit dem gaullistischen Partner zu vermeiden trachtete, so war es zuvor die Sozialdemokratie gewesen, die mit ihrer bis 1958 mitregierenden und für die Ausweitung des Krieges hauptverantwortlichen Schwesterpartei SFIO nicht über Kreuz geraten wollte.

Überdies saß im damaligen Parteivorstand mit Carlo Schmid eine ausgesprochen frankophile Persönlichkeit an einflussreicher Stelle, der die Sprachregelung der französischen Sozialisten teilte, die im FLN terroristische Rebellen und Kriminelle erblickten. Die Solidarität mit der SFIO überwog die mit der antikolonialen Befreiungsbewegung (in der es ja durchaus sozialistische Programmansätze gab), zumal die französischen Sozialisten Regierungsverantwortung trugen und im westdeutschen Parteivorstand Anklang fanden. Der SPD-Parteitag 1958 brachte die entscheidende Wende. Zunächst sollte ein „ausgewogener" Antrag des Parteivorstands, eingebracht vom Vorsitzenden Erich Ollenhauer, verabschiedet werden, in dem die SFIO moderat gerüffelt, aber auch der FLN für Gewaltaktionen verantwortlich gemacht wurde. Nach heftigen Kontroversen und

Abb. 1: Protestaktion Kölner Kofferträger in Bad Kreuznach 1958
Philippe Le Tellier/Paris Match via Getty Images

einem stümperhaften Versuch der Parteitags-Leitung, die Abstimmung zu manipulieren, wurde diese Entschließung von der Mehrheit des Parteitags abgelehnt und durch Weglassen der den FLN betreffenden Passage entsprechend zugespitzt und radikalisiert (Protokolle 1959: 40 ff.). Verantwortlich für die Verschärfung des Tons war hinter den Kulissen der Delegierte Werner Plum, ein Soziologe und Wirtschaftswissenschaftler, der nach Kriegsende die ersten deutsch-französischen Arbeitertreffen organisiert hatte und seit dem Ausbruch der Kolonialkriege den Maghreb bereiste. Dabei war er in Kontakt mit nordafrikanischen Arbeitern gekommen und hatte FLN-Kader kennengelernt. Seine Erfahrungen legte er in dem 1957 publizierten Artikel über *Nordafrikaner in Frankreich* nieder. Es war wohl Werner Plum, der später bei der Friedrich-Ebert-Stiftung tätig war, der Wischnewski auf die algerische Frage aufmerksam machte. Außer Wischnewski beeinflusste er ältere SPD-Linke wie Willi Eichler und Peter Blachstein aus der SAP-Tradition und ehemalige Spanien-Kämpfer sowie „Jungtürken“ aus dem Lager der Jusos wie Jockel Fuchs, den späteren Mainzer OB. Nicht außer Acht zu lassen ist dabei, dass dieser Erfolg auch taktisch bedingt war; viele Parteitagsdelegierte, „rechte“ Reformer genau wie „linke“ Kritiker des „Godesberger Kurses“ (der sich schon deutlich abzeichnete) nutzten die Algerien-Resolution als Gelegenheit, dem schwankenden und geschwächten Parteivorstand auf einem Nebenschauplatz eine Abstimmungsniederlage zu verpassen. Doch blieb die Resolution nicht nur Papier; sie eröffnete

vielmehr Sozialdemokraten die Chance, eine offensivere antikoloniale Politik zu verfolgen und sich an Solidaritätsaktionen mit algerischen Flüchtlingen zu beteiligen.
In diesem Rahmen bewegten sich auch die DGB-Hilfskomitees für algerische Flüchtlinge. Gegründet auf lokale Initiativen aus Stuttgart, Hamburg, Köln, Saarbrücken und anderen Städten, kooperierten sie mit Vertretern der algerischen Gewerkschaft Union Générale des Travailleurs Algériens (UGTA) bei der Betreuung zumeist aus Frankreich geflohener algerischer Arbeiter (1962 lag ihre Zahl zwischen 4000 - 6000) (Henker 1970). Vom Zuschnitt der praktischen Hilfsleistungen her war dies ein Vorläufer späterer humanitärer Betreuung von Asylanten und „Gastarbeitern" (die damals ja ebenfalls in ersten Wellen, vor allem aus Italien, in die Bundesrepublik einströmten): Wohnungssuche, Beschaffung von Arbeitsplätzen und Aufenthaltsgenehmigungen, deutsche Sprachkurse, psychosoziale Betreuung. Man muss dabei im Auge behalten, dass dies in Kooperation mit einer in Algerien und Frankreich verbotenen und kriminalisierten Gewerkschaft geschah und aus Beiträgen von Gewerkschaftsmitgliedern finanziert wurde, die kaum für entwicklungspolitische und koloniale Fragen sensibilisiert waren. Über die lokale Ebene hinaus trug diese Hilfskomitees besonders die Industriegewerkschaft Metall; auf dem ebenfalls in Stuttgart stattfindenden Gewerkschaftstag von 1959 brachte sie mehrere Resolutionen zur Algerien-Solidarität ein, darunter die Forderung nach Freilassung inhaftierter algerischer Kollegen. Erleichtert wurde diese Parteinahme des DGB auf internationaler Ebene durch die Anerkennung der UGTA im Rahmen des Internationalen Bundes Freier

Gewerkschaften (IBFG) (Protokoll 1959b: 142f., 222 f., 736f.) Im Spektrum der sozialdemokratischen Opposition hatte sich damit ein bis dahin singulärer Ansatz internationalistischen Engagements etabliert, der aus der Fülle sonst üblicher Themen/Bereiche sozialdemokratischer Außenpolitik herausragte. Es sollte sich zeigen, dass dies nicht unerheblich für die Formulierung der westdeutschen Außen- und Entwicklungspolitik war.

Die Aktivisten

Ihre Tätigkeiten umfassten karitativ-humanitäre Bemühungen, die Asylsituation algerischer Arbeiter und Studenten zu verbessern und solche, ihnen darüber hinaus politische Betätigung in der Bundesrepublik zu ermöglichen. Dies betraf sowohl die quasi-legal in der tunesischen Botschaft residierenden „Botschafter", die als Vertreter der in Tunis sitzenden provisorischen Regierung (unter Ferhat Abbas) toleriert wurden und die Protektion des diplomatischen Korps genossen, als auch die konspirativ-geheime Tätigkeit von Kadern der „Fédération de France du FLN", besonders im Rhein-Ruhr-Gebiet, und ihrer französischen Unterstützer (Réseau Jeanson, Jeune Résistance). Diesen diente die „ruhige" Bundesrepublik als logistische Rückzugsbasis, um den Widerstand in Frankreich und in Nordafrika zu organisieren. Der FLN achtete dabei immer darauf, die Grenzen der Gewaltfreiheit und der Legalität nicht zu überschreiten. So verschonte er die Bundesrepublik fast völlig von Terroranschlägen und die Verfolgungsmaßnahmen westdeutscher Staatsschutzorgane hielten sich in Grenzen. Unter die FLN-Logistik in der Bundesrepublik fielen alle Möglichkeiten des Aufenthalts, der Mobilität und Kommunikation von

FLN-Kadern. Westdeutsche Unterstützer hatten sich dementsprechend um Übernachtungen in Privatwohnungen, Appartements und Hotels, um die Beschaffung von Gebraucht- und Leihwagen, um die Organisation von Geheimtreffen und die Lagerung von Propagandamaterial und Akten des FLN, schließlich auch um den Transfer von Personen, Geld, wichtigen Ersatzteilen und Waffen sowie um ärztliche Hilfe für verletzte Algerier zu kümmern. Dadurch konnte sich die fünfköpfige Leitung der Fédération de France (Omar Boudaoud, Ali Haroun, Ladlani, Rabah Bouaziz und Abdelkrim Souissi) permanent in der Bundesrepublik Deutschland aufhalten, umherreisen und die Verbindung zur Bad Godesberger „Botschaft“ pflegen. Darüber hinaus fanden häufig Treffen mit Angehörigen der Provisorischen Regierung, der FLN-Führung und des ALN-Generalstabs auf bundesdeutschem Territorium statt. Die Organisation dieser Hilfen kam aus allen genannten „Milieus“ (Falken, IV. Internationale, Naturfreunde, SDS, DGB, SPD) und sie reichte von christlichen Klöstern über Naturfreundehäuser bis in die Appartementwohnungen angesehener Freiberufler und Intellektueller.

Ein besonderer Aspekt waren Kurierfahrten zwischen der Bundesrepublik und Frankreich, die die ständige Verbindung der Fédération-Führung mit der FLN-Hierarchie in der Metropole sicherte. Daran beteiligten sich außer den genannten Gruppen seinerzeit sogar Angehörige des diplomatischen Dienstes und der alliierten Besatzungstruppen unter dem Schutz ihrer jeweiligen Immunität und Freizügigkeit. Personentransfers über die „grüne Grenze“ (bei Saarbrücken und Weißenburg) organisierten hauptsächlich Studierenden- und Falken-Gruppen in Kooperation mit in die Bundesrepublik ausgewichenen Teilen des Réseau Jeanson. Auf diese Weise wurden unter anderem eine spektakuläre Gefangenenbefreiung aus einem Pariser Frauengefängnis und die Flucht von Algeriern, die dem Massaker vom 17. Oktober 1961 in Paris entkommen waren, nach Frankfurt organisiert.

Ein skurriler Fall von Aktivismus war das großangelegte Projekt politisch motivierter Falschmünzerei, das von Osnabrück aus in Angriff genommen wurde. Zum „Kampf in der Metropole" gehörte für den FLN immer auch der Versuch, die französische Volkswirtschaft durch Sabotageakte zu destabilisieren, z.B. mit Terroranschlägen auf empfindliche Punkte der Infrastruktur und Versorgung, der u.a. von der Bundesrepublik aus geplant wurde. Die Idee, mit dem Drucken von Falschgeld im Wert von knapp 100 Millionen Francs die Ökonomie anlässlich der Währungsreform in Frankreich, in deren Verlauf massenhaft Geldscheine umgetauscht werden mussten, aus dem Gleichgewicht zu bringen, hatten die FLN-Kader in Köln; sie entwickelten damit alte, nicht realisierte Pläne der SS-Aktion „Bernhard" aus dem 2. Weltkrieg fort, mit dem Abwurf von Millionen britischer Pfund-Noten über England ein Wirtschaftschaos zu provozieren und so den „Endsieg" zu erringen. Der Weg des Falschgeldes sollte die Umkehrung der algerischen Revolutionskollekte unter FLN-Mitgliedern in Frankreich sein, also in kleiner Stückelung in den Geldkreislauf einfließen. Mit der Realisierung dieses Projektes wurde die IV. Internationale unter Michel Raptis beauftragt, der damals in

Amsterdam weilte. Die Fälscherwerkstatt wurde nach langer Vorarbeit Anfang 1960 auf einem Trümmergrundstück in der Osnabrücker Johannisstraße installiert; in ihr arbeiteten zwei holländische Lithographen und ein Osnabrücker Gelegenheitsarbeiter, die sich aus gemeinsamer politischer Erfahrung im niederländischen Widerstand gegen die deutsche Besetzung kannten. Dank des hervorragenden Knowhows der Drucker und der guten Qualität von Material und Maschinen kamen im April 1960 - so das spätere Sachverständigenurteil - „hervorragende Blüten" zustande. Doch vor der Produktion und Auslieferung der Gesamtsumme flog das gesamte Unternehmen mit einer parallelen Verhaftungsaktion westdeutscher und holländischer Kriminalpolizei auf - vermutlich deswegen, weil die trotzkistische Organisation von Agenten des niederländischen Geheimdienstes durchsetzt war und die Aktion bereits seit längerem observiert worden war. Zunächst wollte die Generalbundesanwaltschaft ein politisches Verfahren wegen Geheimbündelei (§ 129 StGB) einleiten, um die Verantwortung des FLN und seiner Bad Godesberger „Botschaft" herauszustreichen; doch war diese nicht nachweislich in das Projekt eingeweiht, so dass nur ein Landgerichtsprozess wegen Geldfälschung (§ 146 StGB) in Osnabrück übrigblieb. Der Verteidigung, vor allem Dieter Posser aus der Kanzlei des damaligen Rechtsanwalts Gustav Heinemann, gelang es, relativ milde Haftstrafen für die Angeklagten durchzusetzen. In Amsterdam hingegen fand unter großer internationaler Beachtung ein Prozess gegen Michel Raptis und seine trotzkistischen Genossen statt, der offen politischen Charakter hatte. Mit der Fälschung von weniger als einem Prozent der

Geldumlaufmenge hätte das Projekt im Fall seiner Verwirklichung kaum den erhofften Erfolgt gehabt; aber es handelt sich um einen der größten Fälle politischer Falschmünzerei in der Geldgeschichte.

Die Brigadisten

Direkt oder mittelbar in den militärischen Kampf in Nordafrika einbezogen waren nur sehr wenige Deutsche und andere Ausländer. Eine „internationale Brigade" vom Typ der Spanien-Kämpfer war auch gar nicht im Sinne der ALN. Was sie jedoch benötigte, war dringend eine große Menge von Waffen sowohl für die in Algerien kämpfenden Guerilla-Einheiten als auch für die in Marokko und Tunesien stationierten ALN-Grenzarmeen. Ab 1957/8 vermochten die Franzosen, die bisherigen Wege der Waffenzufuhr wirksam zu versperren, indem sie vor allem Schiffs- und Lufttransporte aus arabischen, Ostblock- und privaten Handelsquellen behinderten. Ein im Schmuggelgeschäft vor der marokkanischen Küste erfahrener Deutscher und FLN-Sympathisant, Georg Puchert, bekam den Auftrag, den internationalen Waffenhandel aus privaten Quellen neu zu organisieren und die französische Blockade zu neutralisieren. Er war dabei eng verbunden mit dem Logistikchef der ALN, Oberst Boussouf im Wilaya V (Widerstandsbezirk) an der marokkanisch-algerischen Grenze. Puchert verhandelte zur Jahreswende 1958/9 sehr erfolgreich mit internationalen Waffenhändlern, bis ihm, dem Geschäftsmann aus Passion, ein Sprengstoffanschlag mitten in Frankfurt im März 1959 ein brutales Ende bereitete. Dieses Attentat ging auf das Konto einer Unterorganisation des französischen Geheimdienstes („Deuxieme Bureau") mit dem Operetten-Namen „Main

Rouge" (Rote Hand) (*Spiegel*, Nr. 10-13, 1960). Die Reaktion der Regierung Adenauer auf die sehr direkten und offenherzigen Fingerzeige auf die Hintergründe des Attentats auf einen deutschen Staatsbürger: „Bonn schweigt." Diese Geschichte ist übrigens auch verfilmt worden.
Der Fall Puchert war ein Indiz für die wachsenden Schwierigkeiten der algerischen Verbände, sich Waffen zu beschaffen. In dieser Situation entstand um 1960 in der Kooperation des FLN mit der IV. Internationale ein weiterer spektakulärer Plan, nämlich der, selbständig in Marokko Waffen zu produzieren. Die Idee geht wieder auf Michel Raptis zurück, der nach der Annahme seines Planes durch den FLN eine Reihe internationaler Spezialisten (Ingenieure, Facharbeiter) aus drei Kontinenten, zumeist Trotzkisten, zusammenstellte. Als Produktionsort wurde das seit 1956 unabhängige Marokko gewählt, wo sich die ALN frei bewegen konnte und keine französische Intervention ohne große diplomatische Verwicklungen möglich war. Die Produktionsstätten lagen dezentral in Vororten von Rabat und Casablanca sowie in als Orangen-Plantagen getarnten Lagern der ALN an der algerischen Grenze. Das Maschinenmaterial und die Prototypen der zu kopierenden Waffen kamen per Schiff und Flugzeug aus verschiedenen Ländern Westeuropas sowie aus der Volksrepublik China, die seit Beginn der 1960er Jahre verstärkt dazu übergegangen war, Länder der Dritten Welt auch militärisch zu unterstützen. Einer der Koordinatoren dieses Projektes war Georg Jungclas aus Köln; auch zwei westdeutsche Brigadisten, beide Metall-Facharbeiter und Falken-Mitglieder, arbeiteten über Monate hinweg in den Produktionsstätten in Marokko. Die

Waffen, Maschinenpistolen eines belgischen Typs und kleine Granatwerfer, wurden nach monatelangen Versuchen schließlich erfolgreich nachgebaut und in größerer Stückzahl produziert. Allerdings kamen sie nicht mehr zum Einsatz, so dass hier der symbolische Effekt einer eigenen „algerischen“ Waffenschmiede (die meisten Produktionsarbeiter waren Algerier aus französischen Metallbetrieben) wichtiger war als der militärische Gewinn.
An dem Projekt und der sonstigen Beschaffung von Waffen beteiligt war ein westdeutscher Ingenieur und Industriesoziologe, Konrad Frielinghaus, der ab 1959 als Oberst der ALN unter den Namen „Dejoul“ aktiv war. Der ehemalige Widerstandskämpfer in der Gruppe „Neu Beginnen“ und KPD-Stadtrat, wegen „Rechtsabweichung“ aus der Partei ausgeschlossen, ist ein weiteres Exempel dafür, wie aus der alten Arbeiterbewegung singuläre Stränge in die antikolonialen Kämpfe führten. Frielingshaus‘ Ziel war die Erneuerung der Arbeiterbewegung von unten, eine „selbstbestimmte Belegschaftskooperation gegen kapitalistische Hierarchie und Bürokratie“. Solche Ideen stießen in den ersten Jahren der algerischen Unabhängigkeit auf fruchtbaren Boden der „autogestion“ (Selbstverwaltung). Frielinghaus wurde in Algerien als Bergbaufachmann gebraucht und blieb als Angestellter des staatlichen Bergbau-Konzerns bis zu seinem Tode 1968 als „pieds-rouge“ im Land.
Am weitesten ging als Brigadist Winfried Müller, der in der spanisch-marokkanischen Enklave Tetouan ab 1956 einen

„Rückführungsdienst für Fremdenlegionäre“ betrieb.[41] Nach unterschiedlichen Schätzungen konnten er und seine Mitarbeiter in Marokko und in der Bundesrepublik zwischen 4.000 und 7.000 überwiegend deutsche oder deutschsprachige Fremdenlegionäre (von insgesamt 35.000 in Algerien und Marokko) zur Desertion bewegen und nach Hause zu bringen. Die Abwerbung erfolgte teilweise direkt in Kneipen, Bordellen und an Urlaubsorten, systematischer über gezielte Kontaktbriefe und Flugblätter aus dem marokkanischen Tetouan und Kontaktanzeigen in „gelben Blättern“ der Bundesrepublik und Österreichs. In Offenbach war dafür als zentraler Koordinator Klaus Vack zuständig, damals Gewerkschaftssekretär, Landesjugendleiter der Naturfreundejugend und Regionalsekretär der Ostermarschkampagne. Wer den späteren Sekretär des Sozialistischen Büros als strikten Pazifisten kennengelernt hat, mochte sich über diesen Einsatz in einem militärischen Konflikt wundern, was aber insofern konsequent war, da er ja auch in Nordafrika einen Militäreinsatz zu beenden suchte. Müller, der als ALN-Angehöriger den Namen Si Mustapha und weitere Decknamen angenommen hatte, stellte seinen Dienst bei Besuchen in der Bundesrepublik vor. Die deutsche öffentliche Meinung beeinflusste er über die damals ohnehin bis in den Bundestag geführte Debatte über die zu drei Vierteln aus Deutschen rekrutierte Fremdenlegion, deren Einsatz an vorderster Front im Kolonialkrieg zunehmend zum

[41] Fritz Keller, Ein Leben am Rande der Wahrscheinlichkeit. Si Mustapha alias Winfried Müller: Vom Wehrmachtsdeserteur zum Helden des algerischen Befreiungskampfes, Berlin 2017

Skandalon wurde. Am Rande transferierte der Rückführungsdienst auch Waffen und startete eine Informationskampagne für westliche Journalisten. Müllers Vorleben in der kommunistischen Arbeiterbewegung, vor allem in Verbindung mit dem prosowjetischen „Nationalkomitee Freies Deutschland" (das als Modell der Abwerbung herangezogen wurde) und in Geheimdienstzirkeln der Nachkriegszeit sowie dann seine Tätigkeit als „pieds-rouge" im unabhängigen Algerien ist in Dokumentarfilmen und wissenschaftlichen Publikationen seit den 1990er Jahren genauer untersucht worden, ohne dass damit ein wirklich konsistentes Bild von ihm gezeichnet werden konnte. Von Zeitgenossen wird er als „schrulliger" und zu Depression neigender Außenseiter geschildert, der sich gerne mit Tieren umgab und mit Vorliebe auf Wandertouren im Gebirge ging. Nach 1962 wurde er als „alter Kämpfer" in jugend- und tourismuspolitische Ministerien Algeriens versetzt und starb 1993 im Tassili-Nationalpark im Süden des Landes.

Eine Reihe von westdeutschen „Kofferträgern" sind hier vorgestellt worden. Der engere Kreis von Brigadisten dürfte nie mehr als 20 Personen gezählt haben, den weiteren Kreis schätze ich auf rund 300 Personen. Zusammenfassend kann man fragen, was diese kleine Gruppe angetrieben hat. Abgesehen von eher zufälligen persönlichen Anstößen über Bekanntschaften, Presseberichte und Schockerlebnisse ließen sich aus den Interviews folgende Motivationen herausdestillieren:

- bei den Älteren Traditionen der antifaschistischen Arbeiterbewegung und Widerstands- und Verfolgungserfahrungen in der NS-Zeit;

- eine sekundäre antinazistische Motivation bei den Jüngeren, vermittelt über die Familiengeschichte und Betroffenheit über die „verdrängte NS-Vergangenheit“ sowie spezielle Lektüren;
- eine allgemeine moralische Empörung über Krieg, koloniale Unterdrückung, Folter und Völkermord, humanitäres Engagement für politisch Verfolgte und Flüchtlinge, praktizierte christliche Nächstenliebe, die sich abhob von der Instrumentalisierung christlicher Tradition in der Adenauerzeit;
- ein zunächst positives Bild von Frankreich als Hort der Demokratie und der Menschenrechte wurde durch koloniale Kriegsverbrechen, Folter und politische Unterdrückung herb enttäuscht, aber durch Widerstand und Kriegsdienstverweigerung in Frankreich in den 1950er Jahren rekonstruiert und konkretisiert;
- praktisch-gewerkschaftliche Solidarität mit Arbeitskollegen;
- politische Einstellungen zur Kolonialfrage wie zum Beispiel die trotzkistische These von den „drei Sektoren der Weltrevolution“, Konzepte des Selbstverwaltungs-sozialismus und der Belegschaftskooperation.

Zur Beschreibung der damals in der Algerien-Solidarität aktiven Gruppen kann man auf eine Skizzierung Walmot Falkenbergs vom Frankfurter SDS zurückgreifen:

„Was ich rückblickend, auch im Vergleich zu späteren Vietnam-Aktivitäten, sehr positiv empfand, waren drei Dinge: Erstens waren in der algerischen Sache Alte und Junge zusammen, also es gab eine Verbindung zwischen alten Antifaschisten und Schülern, jungen Arbeitern und Studenten; zweitens gab es nicht die scharfe Trennung zwischen Studenten und Arbeitern wie später (ich war z.B. gleichzeitig bei den .Falken' und im ‚SDS' tätig); und drittens wurde nicht nur groß ‚rumgeredet' und Resolutionen verfasst, sondern es wurde aktiv etwas geleistet, konkrete Arbeit erledigt" (Interview 19.8.1982).

Zeitgenössische soziologische Studien hatten als generationstypische Sozialeinstellungen westdeutscher Jugendlicher deren „Skeptizismus" (Schelsky) und „Konkretismus" (Adorno) herausgestrichen. In der Tat hatten die Arbeiterjugendlichen, die bei Schelskys Analyse im Vordergrund standen, in der damaligen außerparlamentarischen Opposition einen größeren Stellenwert als in den späteren Protestbewegungen. Sie und die Widerstandserfahrung der älteren Unterstützer aus der Zeit der Illegalität zwischen 1933 und 1945 bestimmten noch den konkreten und projektbezogenen Arbeitsstil der diversen Zirkel und Gruppen, in denen für abstrakten Revolutionarismus wenig Platz war. In der Algerien-Solidarität war eine linke Tradition aus der progressiven Jugendbewegung der Weimarer Republik aufbewahrt und aktualisiert, die der Nationalsozialismus unterbrochen hatte und die im „Wirtschaftswunder" in einem unpolitischen Konformismus unterzugehen drohte. Auf diese Quellen konnten die Protestbewegungen der 1960er Jahre (Ostermarsch-Bewegung, Anti-Notstands-Kampagne, Vietnam-Protest, Studenten-Revolte) inhaltlich wie personell zurückgreifen. Dabei veränderte der Nord-Süd-Konflikt das Koordinatensystem, und der Neomarxismus der Neuen Linken verstärkte auch die theoretischen Bemühungen. Der strikte Pazifismus wurde von einem gewaltsamen Widerstand provoziert, der sich als Gegengewalt gegen Imperialismus und Rassismus verstand und weit über Aktionsformen zivilen Widerstands hinausging. Auch in der Algerien-Solidarität war mithin ein Spannungsverhältnis angelegt zwischen Gewaltfreiheit in allen innergesellschaftlichen Belangen und der Unterstützung einer Befreiungsbewegung, zu deren Aktionsrepertoire auch extreme Formen politischer Gewalt gehörten, darunter Terrorakte gegen unbeteiligte Zivilisten und blutige Flügelkämpfe innerhalb der algerischen Nationalbewegung. Die Gewalt wurde von Theoretikern der antikolonialen Befreiung wie Frantz Fanon („Die Verdammten dieser Erde", 1961) und Jean-Paul Sartre, die dem FLN nahestanden, als unumgängliche Folge der Kolonialherrschaft selbst begründet und legitimiert. Die Algerien-Unterstützer „regionalisierten" gleichsam die Frage der Gewalt in der politischen Auseinandersetzung weltgesellschaftlich und brachten sie auf die bis heute gültige Hilfsformel: Gewaltfreiheit im Ost-West-Verhältnis, legitime Gegengewalt im Nord-Süd-Verhältnis.

Zur Erbschaft der Algerien-Solidarität kann man festhalten, dass der Personenkreis, der sich individuell oder in kleinen Gruppen für die algerische Unabhängigkeit eingesetzt hatte, auch nach Erreichung dieses Ziels in der Regel nicht in private Aktivitäten zurückfiel, sondern der linken Szene erhalten blieb. Zwei Hauptstränge (neben den wenigen, in Algerien verbliebenen Brigadisten) kann man hier unterscheiden: Die Unterstützer aus SPD, DGB und Kirchen verfolgten die Linie entwicklungspolitischer Institutionalisierung; exemplarisch dafür ist die Karriere des Hans Jürgen

Wischnewski, der in der Großen Koalition erster SPD-Minister für wirtschaftliche Zusammenarbeit wurde. Die andere Linie, die vor allem aus dem SDS, den Trotzkisten und Teilen der Arbeiterjugend hervorging, führte in die Organisationskerne der APO. Dafür steht die politische Biografie von Klaus Vack, der nach 1962 u.a. Sekretär der Ostermarsch-Kampagne, des Sozialistischen Büros und des Komitees für Grundrechte und Demokratie war.

Algerien als Konfliktfall im politischen Entscheidungssystem

Abschließend ist zu klären, in welchem innenpolitischen Kontext die Unterstützung für Algerien stattfand, warum die in der Bundesrepublik anwesenden Exil-Algerier sich relativ hoher Toleranz erfreuen konnten und wieso ihre westdeutschen Helfer nur in ganz wenigen Ausnahmefällen von polizeilichen Kontrollen oder strafrechtlicher Verfolgung betroffen waren. Das war im politisch-administrativen System der dritten Legislaturperiode nicht unumstritten, zumal die bereits erwähnte, massive Intervention französischer Stellen Druck machte, was vor dem Hintergrund eines deutschen Wohlverhaltens-Junktims wirkte. Entsprechend neigten manche deutsche Sicherheits- und Staatsschutzbehörden dazu, der französischen Forderung nach Behinderung jeder proalgerischen Betätigung und Auslieferung algerischer FLN-Kader nachzukommen. Das gilt vor allem für die Generalbundesanwaltschaft, die gegen Algerier wegen Geheimbündelei und Bildung einer kriminellen Vereinigung ermittelte und auf Abschiebung drängte (was für hochstehende FLN-Kader den Tod oder lange Haftstrafen bedeutet hätte). Im Auswärtigen Amt hing man einer konträren Position an; ihm „lag daran, die Zukunft der Beziehungen zu einem unabhängigen Algerien nicht im Voraus zu belasten“ (Paul Frank). Damit war stillschweigend impliziert, dass man eine militärische Lösung Frankreichs in Algerien für ausgeschlossen und die politische Unabhängigkeit des Landes für unabwendbar hielt. Im Grunde konvergierte dies mit der 1959 sichtbar werdenden Dekolonisierungsstrategie Charles de Gaulles, aber es hat relativ lange gedauert, bis westdeutsche Diplomaten dies verinnerlichten und auf eine vorausschauende Politik der Wahrung bundesdeutscher Interessen in Nordafrika umschwenkten. Dem Auswärtigen Amt lagen Berichte des in Paris ansässigen Korrespondenten (und mutmaßlichen BND-Agenten) Erich Wollenberg vor, der schon 1957 folgende Eindrücke eines Informanten in Tunis übermittelte:

„Nach allen Gesprächen, die ich mit führenden Persönlichkeiten der FLN/ALN geführt habe, glaube ich, daß sie heute ehrlich antikommunistisch oder zumindest nichtkommunistisch sind und daß sie nicht den ‚französischen Kolonialimperialismus mit dem moskauer Kolonialimperialismus tauschen wollen' (Gasmi Mustapha). Wenn aber der ‚demokratische Westen‘ den Algeriern das nationale Selbstbestimmungsrecht weiterhin verweigert, wird die nationale Befreiungsbewegung auch gegen die guten Absichten der heutigen Führer der FLN/ALN ihre einzige Hoffnung auf ‚Bandoung‘ und schließlich auf Moskau und Peking setzen.“ (…) „Die algerischen Nationalisten können den Guerillakrieg mit seinen stetigen zermürbenden Terrorakten auch vierzig Jahre führen, das heisst ad inifinitum. Der algerische Krieg kann nur politisch beendet werden und die Voraussetzung dafür ist die Gewährung der nationalen Unabhängigkeit (...) Wenn der ,Westen' (USA, NATO) weiterhin Frankreichs Kolonialpolitik in Algerien unterstützt oder auch nur toleriert, dann werden die Anhänger einer ,westlichen Orientierung' im nationalistischen Lager in Algerien und im übrigen Nordafrika immer mehr an Boden verlieren, und dann werden *sie* eines Tages isoliert sein oder gar als Kollaborateure liquidiert werden, falls sie nicht rechtzeitig ,östlich einschwenken'" (Briefkorrespondenzen im Archiv der Kreisvolkshochschule Celle-Huhstedt, 15. Februar und 22. Dezember 1957)

Diese Position Erich Wollenbergs, einst „roter Leutnant" der Münchner Räterepublik und militärischer Aufstandsexperte der KPD, der sich nach 1945 vom Stalinismus abgewandt hatte, teilte auch die westdeutsche Großindustrie. Sie verhielt sich französischen Investitionsperspektiven im Rahmen des Constantine-Plans von 1959 gegenüber freundlich reserviert und hat, nach Aussagen des FLN-Historikers Mohamed Harbi, ebenfalls diskrete monetäre Hilfestellungen für den FLN geleistet. Aus dieser „aufgeklärten" Position heraus wird die Mäßigung und Toleranz beider Seiten, des AA und des FLN, verständlich. Eine weitsichtige Linie vertrat insbesondere Paul Frank, damals Referatsleiter im AA. Er hatte gute Kontakte zum SPD-Abgeordneten Wischnewski, der sich ab 1958/9 als eine Art „südpolitischer" Experte der Opposition in die Formulierung der Algerienpolitik durch die bundesdeutsche Diplomatie einschalten konnte, da diese selbst kaum die entsprechende Expertise besaß und sich dem Junktim Frankreichs verbunden fühlte. Aus zunächst kaum hoffähigen Kontakten im konspirativen und gewerkschaftlichen Milieu wurde so langfristig eine unverzichtbare politische Drehscheibe zu arabischen Politikern - und der zu großen Karrierehoffnungen berechtigte Allround-Politiker „Ben Wisch". All dies geschah natürlich außerhalb der normalen diplomatischen Kanäle. Paul Frank empfing Wischnewski und den damaligen „Botschafter" Hafid Keramane zu einem Gespräch in seiner Privatwohnung, wobei das Gentlemen agreement verabredet wurde, dass die Bundesregierung die Aktivitäten des FLN solange tolerieren werde, wie dieser sich „weder politisch noch kriminell betätigen würde". Doch suchten Innen- und Justizministerium immer wieder nach Fällen, in denen diese Grenze und Selbstverpflichtung verletzt wurde. Heikel war beispielsweise der inneralgerische Bruderkampf zwischen FLN und der rivalisierenden Organisation des früheren charismatischen Führers der algerischen Nationalbewegung, Messali Hadj, dem Mouvement National Algérien (MNA). Zwar bemühte sich der FLN immer, diese in der Tat mörderische Rivalität von westdeutschem Boden fernzuhalten, doch gelang dies nicht immer: in Köln und Saarbrücken starben Algerier durch Pistolenattentate. Ein anderer brisanter Punkt war, dass der FLN auch in der Bundesrepublik „revolutionäre Steuern" zur Finanzierung der Kriegskasse eintrieb, bisweilen unter Anwendung offenen Zwangs. Dem Generalbundesanwalt lagen Dutzende von Anzeigen algerischer Arbeiter vor, die sich davor zu schützen versuchten. Man hätte aus der Steuereintreibung leicht den Schluss auf den Bandencharakter des FLN ziehen können, doch ist diesbezüglich nie eine Anklage formuliert worden - bis zum Mai 1961. Nach der Osnabrücker Falschgeldaffäre, in der die Mitwisserschaft des FLN wahrscheinlich geworden, wenn auch nicht beweisbar war, konnte auch Wischnewski die Bad Godesberger „Botschaft“ nicht mehr halten, zumal zeitnah ein Staatsbesuch de Gaulles in Bonn anstand, der nicht in Anwesenheit von „Terroristen“ ablaufen sollte. Nach tagelangem Gerangel, in das sich auch wieder die Heinemann-Kanzlei mit Dieter Posser einschaltete, einigten sich „harte“ und „weiche“ Vertreter der Administration auf einen Kompromiss. Keramane und seine beiden Mitarbeiter Kacim und Bouattoura wurden nicht angeklagt, mussten aber die Bundesrepublik verlassen - Keramane freilich nur, um wenig später als erster Botschafter Algeriens nach Bonn zurückzukehren. (Kacim wurde später algerischer Religionsminister und enger Vertrauter des algerischen Staatspräsidenten Boumedienne.)

Ein dritter heikler Punkt, der freilich ganz außerhalb der Einflussmöglichkeiten des FLN lag, war die Aktivität der Main Rouge auf deutschem Boden. Den Keramane-Vorgänger Hocine Ait Ahcene, den Waffenhändler Puchert und weitere Personen konnte diese obskure Organisation auf deutschem Boden unbehelligt zur Strecke bringen; möglicherweise bestanden sogar geheime Querverbindungen zum Bundesnachrichtendienst. Die Strafverfolgungsmaßnahmen waren zunächst äußerst lasch; erst im Jahr 1959, als diese Geheimdiensttruppe im Dienst einer ultrarechten Algerienpolitik gegen de Gaulle allmählich zutage trat, wurde der Aktionsradius des Mordkommandos eingeschränkt. Und mit Beginn der 1960er Jahre erschütterten keine weiteren Anschläge mehr die Bundesrepublik - immerhin war sie bisher vom politischen Terrorismus weitgehend unbehelligt geblieben. Solange man aber der Mörder nicht habhaft werden konnte (oder wollte), verlegte man sich mit repressiven Maßnahmen einstweilen auf die Opfer. So musste z.B. auf massiven Druck der Regierung die tunesische Botschaft für eine Zeit von den Algeriern geräumt werden. Insgesamt jedoch blieben Behinderungen dieser Art Ausnahmen von der Regel weitgehender politischer und administrativer Toleranz.

Diese Irritationen haben die von 1954 bis 1962 durchgehaltene „Politik des Spagats" der Adenauer-Regierung nicht gestört. Die inzwischen mögliche Einsicht in Akten des Auswärtigem Amtes bestätigt, dass die Bundesrepublik eine weitsichtige Strategie verfolgt hat: die Algérie française war nicht zu retten, De Gaulle würde irgendwann umschwenken, Frankreich würde mehr an seiner Europäisierung interessiert sein als an seiner zusehends prekären imperialen Tradition. Die Bundesregierung trieb also weder Initiativen voran, die algerische Frage in den Vereinten Nationen zu internationalisieren noch sich Frankreich gegenüber offen konfliktfreudig zu verhalten. Adenauer war in den „Teegesprächen" der Auffassung: „Algerien ist keine Kolonialfrage, Algerien ist eine kommunistische Frage" (Bd. 3, 1986, S. 286). Bonns Hauptsorge war, dass ein unabhängiges Algerien die DDR anerkennen und ins „kommunistische Lager" abdriften würde.

Insofern waren die Kontakte Wischnewskis in die arabische Welt nützlich und wurden im Rahmen einer informellen Großen Koalition und für Wirtschaftskontakte, auch für die Ausrüstung der algerischen Polizei nach 1962 genutzt, bis der Sechstagekrieg mit Israel 1967 Algerien zum antizionistischen Frontstaat machte und die DDR zu einem gleichwertigen Partner Algiers wurde.

Zusammenfassung

Für die Erringung der politischen Unabhängigkeit Algeriens war die vielschichtige Aktivität von „Kofferträgern" in westeuropäischen Ländern, also von Gruppierungen und Netzwerken des zivilen, in der Regel gewaltfreien Widerstands eine wichtige Voraussetzung. Denn die Unabhängigkeit wurde nicht zuletzt auf dem Feld der Diplomatie in einer zunehmend kriegsmüden und oppositionellen Öffentlichkeit Frankreichs gewonnen. Die Bundesrepublik Deutschland war ein wichtiger Rückzugsraum und eine Operationsbasis für die „Fédération de France" des FLN; die Wahl dieses Stützpunktes bewies einen guten politischen Instinkt, obwohl alle Zeichen zunächst dagegen sprachen - die eingeschränkte politische Souveränität der Bundesrepublik Deutschland, die Aussöhnung mit Frankreich, der antikommunistische Konsens, der den Vorbehalt gegen Befreiungsbewegungen einschloss, das mangelnde Verständnis für die Anliegen der Entkolonisierung. Letzteres war bei Linken der älteren Generation indessen durch ein friedenspolitisches Engagement ausgeglichen und vor allem in der jüngeren durch ein internationalistisches Engagement, auch durch weitsichtige Kreise in der westdeutschen Außenpolitik, die einer halboffiziellen diplomatischen Vertretung Algeriens kollektives politisches Asyl gewährte. Der FLN quittierte dies mit politischem Wohlverhalten und respektierte Bonns Wunsch, politischen Terror vom Land fernzuhalten. Entscheidend war das sozialdemokratische Milieu, wobei die SPD zugleich durch die Algeriensolidarität in ein Dilemma und im Blick auf die Studentenorganisation in eine Zerreißprobe gestürzt wurde. Damit war ein Startzeichen für die außerparlamentarische Opposition (APO) der 1960er Jahre gegeben, die auf andere Regionen Afrikas, Asiens und Südamerikas zielte. Entstanden ist mit den Kofferträgern ein Prototyp aktiven politischen Engagements für die kolonisierte „Dritte Welt", auch in der Entwicklungszusammenarbeit und einer „Südpolitik", die Hans-Jürgen Wischnewski als erster sozialdemokratischer Ressortminister vor allem auf die arabisch-islamische Welt lenkte. Algerien ist dabei recht bald aus der Aufmerksamkeit der deutschen Öffentlichkeit verschwunden, die Aktivisten waren enttäuscht. Repräsentativ ist ein Resümee von Klaus Vack:

„Natürlich hatten wir Hoffnungen, und es ist in Algerien dann nicht so gelaufen, wie wir uns das gewünscht hatten. Algerien war frei, aber dann kam der Sturz von Ben Bella. Alle hatten sich mit der Politik Ben Bellas, mit den Ansätzen der Basisdemokratie identifiziert, auch mir ging das so. Danach war ich monatelang geplättet. [.] Ich weiß noch, wie wir das Programm der FLN gelesen haben, die Vorstellungen über Sozialismus und die Utopien über die Emanzipation der Frauen. Aber die Leute, die für uns für diese Ziele standen, waren plötzlich weg vom Fenster. Das hat einen Schock erzeugt, der dazu führte, daß keiner mehr Lust dazu hatte, sich mit Algerien zu befassen".[42]

---

[42] Zit. n. Werner Balsen/Karl Rössel, Hoch die Internationale Solidarität. Zur Geschichte der Dritte Welt-Bewegung in der Bundesrepublik. Köln 1986, S. 91

Der „Internationalismus", also die Hinwendung der außerparlamentarischen Opposition zu Themen und Kampfmethoden jenseits des alles beherrschenden Ost-West-Konflikts und die Solidarität mit Bewegungen in der „Dritten Welt" als eigenständigen Akteuren der Geschichte, ging jetzt erst richtig los.

Notwendiges Postscriptum: Die Kriegskasse des FLN

Der FLN hatte kein Problem damit, seine aus Zwangsabgaben algerischer Gastarbeiter gefüllte Kriegskasse in der Schweiz von einem erklärten Hitler-Verehrer und bekennenden Antisemiten verwalten zu lassen. Sein Name war François Genoud (1915-1996), Sohn eines Papierfabrikanten in Lausanne.[43] Schon während der Internatszeit traf der 17jährige mit Adolf Hitler zusammen, den er dann offenbar zeitlebens verehrte; er trat der Nationalen Front bei, dem Schweizer Derivat der NSDAP, reiste nach Jerusalem und wurde Vertrauter und Finanzberater von Amin al-Husseini, dem Großmufti von Jerusalem, Anführer des Arabischen Aufstands von 1936 gegen die britische Protektionsmacht und die vermehrt nach Palästina einwandernden Juden und Gründer der PLO. 1941 traf er Hitler und Goebbels in Berlin und wurde der oberste Kollaborateur der Nazis in der Region, der er verkündete, die einzige Rettung vor den Juden sei deren Vernichtung. Was damit gemeint war, zeigte sich am 1. und 2. Juni 1941 in Bagdad, wo damals ein gutes

[43] Karl Laske: Ein Leben zwischen Hitler und Carlos: François Genoud. Zürich 1996; Willi Winkler, Der Schattenmann: Von Goebbels zu Carlos: Das mysteriöse Leben des François Genoud, Berlin 2011

Viertel der Bevölkerung Juden waren. Über 30 Stunden lang tobte hier ein Pogrom *Cutal al yehud* - „Schlachtet die Juden!“, dem die irakische Polizei tatenlos zuschaute. Weit über 700 Juden sollen ermordet und in Massengräbern verscharrt worden sein, 586 jüdische Unternehmen und 911 Wohnhäuser wurden verwüstet, Synagogen angezündet und Tora-Rollen zerstört. El-Husseini war Teilnehmer an der Wannsee-Konferenz und eingeweiht in die Absichten Heinrich Himmlers und Adolf Eichmanns, deren Endlösungspläne der Großmufti im Jischuw nach Möglichkeit zu verwirklichen hoffte. Als Kriegsverbrecher gesucht, floh El-Husseini nach Ägypten und wirkte noch lange als Führer des Islamischen Weltkongresses. Diesem Mann also arbeitete François Genoud zu, der eine ganze Kette düsterer Verdienste aufzuweisen hat: Er finanzierte die Fluchthilfe prominenter Nazis und SS-Leute über die Rattenlinie nach Südamerika, sorgte für die Verteidigung in NS-Prozessen (am prominentesten der Fall von Adolf Eichmann 1964), brachte sich in den Besitz der Nachlässe von Martin Bormann und Joseph Goebbels, für deren Publikation er reichlich Tantiemen kassierte. Genoud leugnete oder verharmloste den Holocaust, von dessen Organisation er Hitler freizusprechen suchte, und er nahm in Ägypten, wohin viele Nazis geflüchtet waren, die Kontakte zu arabischen Nationalisten wieder auf. Darunter war der spätere PLO-Chef Yassir Arafat, der ihn seinen Mentor nannte. Genoud hat auch radikalere und terroristische Gruppen palästinensischer Aktivisten wie die PFLP von Wadi Haddad und George Habbasch unterstützt und nicht zuletzt auch den unter dem Decknamen Carlos tätigen Ilich Ramírez Sánchez, der zahlreiche Terroranschläge zu verantworten hat. Bei der Entführung der Lufthansa-Maschine „Baden-Württemberg“ war „Mittelsmann“ Genoud der Überbringer der Lösegeldforderung der PFLP. Wer meint, diese Aktionen als „links“ einordnen zu können, irrt gewaltig; Kernstück dieser politischen Aktivitäten war der Hass auf die Juden, ihr Ziel die Beseitigung des israelischen Staates.

Die Verschmelzung des Antizionismus mit dem arabischen Antikolonialismus ergab sich bei Genouds Meisterstück, der Verwaltung der Kriegskasse des FLN in der von ihm gegründeten Banque Commerciale Arabe (BCA) in Genf, wo FLN-Mitgründer Mohammed Khider 42 Millionen Franken deponierte. Algerien verlangte die Auslieferung des abtrünnig gewordenen Khider; als das nicht geschah, verlangte das Land die Auszahlung des aktuellen Kontostandes. Khider wurde 1967 in Madrid ermordet, Algerien wurde dann das Geld über eine als Algerische Außenhandelsbank in Zürich fungierende Zweigstelle überwiesen. Jacques Vergès, eine weitere Zentralfigur des algerischen Netzwerkes, titulierte Genoud treffend als „Bankier der FLN“. Das blieb er nach der Unabhängigkeit als Präsident der Banque Populaire Arabe (BPA), nun ein enger Vertrauter des Präsidenten Ahmed Ben Bella. Und er stellte den Kontakt zwischen der algerischen Polizei und ihren Ausbildern aus der Bundesrepublik Deutschland her. Denn auch in Deutschland verfügte Genoud noch über ausgezeichnete Kontakte, unter anderem zu Paul Dickopf (1910-1973), dem Präsidenten des Bundeskriminalamtes, in dem zahlreiche ehemalige Nazis untergekommen waren. Dickopf hatte Genoud in den 1940er Jahren als SS-Untersturmbannführer bei SD und Devisenbeschaffer der Nazis kennengelernt; mit der Stimme Algeriens war er 1968 am Ende seiner Karriere noch Interpol-Chef geworden. In Genouds eigenem Lebensweg fehlte nur noch die Konversion zum Islam. In seinen freundschaftlichen Beziehungen zu den Muslim-Brüdern mischten sich wie zu El-Husseinis Zeiten wieder Islamismus und NS-Ideologie. 1996 verhalf die Schweizer Sterbehilfe-Organisation „Exit" dem schrecklichen Bankier zu einem friedlichen Tod.

Kompromittiert François Genoud und sein weitverzweigtes Netzwerk den algerischen Befreiungskampf? Für mich wird er jedenfalls durch die Verankerung im antisemitischen Milieu jedenfalls beträchtlich getrübt. Dessen deutsche Ableger in der völkischen Rechten und im Nationalsozialismus, seine Verbreitung im Vichy-Kollaborationsregime, unter Algerienfranzosen und in der extremen Rechten sowie die besondere Attraktivität unter arabischen Nationalisten sind zu einem Syndrom verwachsen, dessen Fortleben zuletzt wieder bei Pro-Hamas-Demonstrationen in Europa zu Tage getreten ist, bei denen einzelne Teilnehmer auch unter algerischen Fahnen marschiert sind.

Noch ein PS: Auf sehr eindringliche Art hat die deutsch-französische Schriftstellerin Anne Weber in ihrem „Heldinnenepos" (Mathes & Seitz 2020) die Unterstützung der besonders stark involvierten „Kofferträgerin" Anne Beaumanoir gewürdigt.

Kolonialismus als Menschheitsverbrechen? Der mysteriöse Maître Vergès

War die Ermordung von Millionen europäischer Juden eine „koloniale Tat"? Welche Erkenntnisse bringt der Vergleich zwischen den Kolonialverbrechen und der Shoah? Und ist die Existenz Israels ebenfalls eine „koloniale Tat" auf Kosten der Araber in Palästina? Mit solchen Fragen begaben sich zu Beginn der 2020erJahre viele Autoren und Autorinnen auf vermintes Gelände. Die Debatte, die sich in Deutschland um den kamerunischen Autor Achille Mbembe und seine Ausladung als Eröffnungsredner der Ruhr-Triennale 2019 entspann, möchte ich nicht rekapitulieren, vielmehr auf einen nicht minder kontroversen Vorstoß des Rechtsanwalts Jacques Vergès im Prozeß gegen Klaus Barbie zurückkommen. Der wegen seiner besonderen Grausamkeit als „Schlächter von Lyon" bezeichnete Gestapochef Barbie wurde im Juli 1987 für schuldig befunden, im Februar 1943 eine Razzia im Hauptquartier der „Union générale des Israélites de France" in Lyon befehligt zu haben und für die Deportation von 842 Menschen, darunter 44 jüdische Kinder aus einem Waisenhaus in Izieu in die Vernichtungslager verantwortlich zu sein. Barbie hatte sich 1945 auf der „Rattenlinie" nach Südamerika abgesetzt, war in Frankreich schon in Abwesenheit verurteilt worden. Er, der zwischenzeitlich auch für westliche Geheimdienste, u.a. für den BND tätig gewesen war, wurde wegen Verbrechen gegen die Menschlichkeit zu lebenslanger Haft verurteilt. Der Prozess löste in Frankreich eine intensive Debatte um

die lange beschwiegene Kollaboration französischer Stellen des Vichy-Regimes mit den NS-Okkupanten aus. Eine Auslieferung nach Deutschland, die 1983 möglich gewesen wäre, hat offenbar Bundeskanzler Helmut Kohl selbst verhindert, der keine weiteren NS-Prozesse mehr wollte.
Diese deutsch-französische Achse wurde zu einem Algerien einbeziehenden Dreieck durch die Taktik von Klaus Barbies Verteidiger Jacques Vergès, der einige Rechnungen offen hatte: Während des Algerienkriegs hatte er Folteropfer verteidigt, darunter seine spätere Frau Djamila Bouhired, und eine Art politischer Vorwärtsverteidigung entwickelt, die später Verteidiger von RAF-Mandanten wie Klaus Croissant übernahmen: die Umfunktionierung des Strafprozesses in ein politisches Tribunal gegen die Staatsmacht. Der junge Vergès war in gaullistischen Résistancezellen ausgebildet worden, hatte sich nach 1945 in Indochina engagiert, später gegen das „zionistische" Israel. Zwischen 1970 und 1978 war Vergès, wie er es ausdrückte, „im Urlaub". Manche mutmaßen, dass er bei seinem Freund Pol Pot war, dem Anführer der Roten Khmer in Kambodscha, andere behaupten, er sei vor Gläubigern ausgerissen. Jetzt jedenfalls war der geheimnisumwitterte Advokat wieder da.

Als ich für einen ZEIT-Artikel über den Barbie-Prozess in Paris recherchierte[44], war es erstaunlich einfach, den geheimnisumwitterten Mann für ein Interview zu treffen. Der in Deutschland kaum bekannte Anwalt gab mir seine primäre Motivation zu erkennen: „Barbie wird nach einem Gesetz über ‚Verbrechen gegen die Menschlichkeit' angeklagt,

[44] Bruder Barbie, in: Zeit 22. 7. 1983 (Dossier)

das in Frankreich 1964 verabschiedet wurde. Wohlgemerkt: 1964. Hätte es dieses Gesetz schon zwischen 1954 und 1962 gegeben – wir hätten damals Hunderte von Anklagen wegen ‚Verbrechen gegen die Menschlichkeit' erheben können, aber es war natürlich kein Zufall, dass es dieses Gesetz damals noch nicht gab. Barbie wird jetzt rückwirkend auf Grund eines Gesetzes angeklagt, das analog auch auf französische Verbrechen in Indochina und Algerien anzuwenden wäre, aber eben nicht angewendet wird. Der Betrug liegt darin, dass man uns weismachen will, der ewige Verbrecher gegen die Menschlichkeit sei immer der ‚boche', der Deutsche." Das, schloss er, sei die „Auflösung des Rätsels ‚Vergès und Barbie'".
Da ich kaum im Verdacht stehe, deutsche Taten gegen französische Mitwirkung aufrechnen zu wollen, möchte ich den legitimen Kern dieser perfiden Strategie herausstellen: Der exemplarische (und eklatanteste) Fall, der auf die Anklagebank neben Barbie gehört hätte, war nämlich Maurice Papon, Haushaltsminister unter Giscard d'Estaing seit 1978 und Verbindungsmann zur argentinischen Militärjunta. Erst die Linksregierung hatte seine lange Karriere beendet, die er als junger Präfekt von Bordeaux begonnen hatte. Zuständig für das Transportwesen, oblagen ihm von 1942 bis 1944 die Judendeportationen, und diese Mission erfüllte er weit über das von den Nazi-Besatzern angeordnete Quorum hinaus, indem er Waisenhäuser und Altenheime nach jüdischen Insassen durchkämmen ließ. Besonders schwer wog, dass Papon Kinder unter zwei Jahren zur Verschleppung freigegeben hat, die von den Deutschen gesetzte Altersgrenze also eigenmächtig unterschritt. Auch soll er Juden

mit französischem Pass, die anfangs von der Deportation ausgeschlossen waren, in die Transporte geschickt haben. Nach der Veröffentlichung erster belastender Dokumente im Satire-Magazin *Le Canard Enchaine* 1981 hatte Papon keinerlei Anstalten gemacht, sich aus dem politischen Leben zurückzuziehen, noch bis März 1983 war er Bürgermeister des Ortes Saint-Amand-Montrond. Nur die Niederlage Giscard d'Estaings hatte die französische Öffentlichkeit davor bewahrt, den allseits kompetenten Verwaltungsfachmann in noch höheren Funktionen zu erleben.

Wichtiger für Vergès war indessen, dass Papon in einem noch stärker tabuisierten Abschnitt der jüngeren Geschichte tätig gewesen war. In den 1940er und 1950er Jahren hatte er als Verwaltungsbeamter in den französischen Kolonien in Marokko und Algerien gedient, dann war er als Polizeichef von Paris verantwortlich für die brutale Attacke französischer Polizei auf algerische Arbeitsemigranten - in jener schrecklichen Nacht des 17. Oktober 1961, deren Folgen ich als Kind vage mitbekommen hatte. Die Polizei war nicht nur mit äußerster Brutalität gegen friedlich demonstrierende Algerier vorgegangen, sondern auch gegen französische Antikolonialisten, die im Februar 1962 gegen die Attentate der rechtsextremen Terrorgruppe OAS und für die Beendigung des schmutzigen Krieges auf die Straße gingen. Völlig enthemmte Beamte hatten sie in den verriegelten Eingang der Metro-Station Charonne getrieben, neun Tote und zahlreiche Schwerverletzte auf der Strecke.

Maurice Papons blutige Spur zog sich also von „Verwaltungsmaßnahmen" gegen Juden bis zur Verfolgung von Arabern und Antikolonialisten, bei der Foltermethoden deutscher und französischer Polizisten eine Neuauflage erlebten. 1983 war fraglich, ob die Erkenntnisse gegen Papon jemals zu einer Verurteilung führen würden. Es wurden Stimmen laut, die Vergangenheit endlich ruhen zu lassen, und es lag die Erklärung einer Ehrenjury alter Resistance-Kämpfer für Papon vor, die ihm zugutehielten, dass er von 1943 an den Widerstand unterstützt hatte. Das galt bislang immer als „Persilschein" zur Exkulpation von anderen Delikten. Für den Schriftsteller Bernard-Henri Lévy war diese Übung jedoch nur ein Beweis für die gängige Fehleinschätzung des französischen Faschismus. „Die Leute wollen nicht begreifen, dass man sehr wohl *maquisard* und Faschist, also gleichzeitig gegen die Deutschen und die Juden sein konnte." Maurice Papon, der nie das geringste Zeichen von Einsicht und Reue zeigte, wurde 1998 verurteilt, 2002 aus dem Gefängnis entlassen und 2008 begraben.

Eingefädelt und finanziert hatte die Verteidigung Barbies der notorische François Genoud, ein Freund von Vergès. Dessen Strategie war nun, die französische Öffentlichkeit anhand der kaum abzuwendenden Verurteilung Barbies mit den ungesühnten Kolonialverbrechen in Algerien und andernorts zu konfrontieren. Barbie möge Verbrechen begangen haben, aber er habe „nichts Schlimmeres getan als die Offiziere in Algerien", deren Verbrechen man 1964 unter Amnestie gestellt worden waren. „Ich bin nicht gegen die Amnestie, ich bin für gleiche Behandlung". Damit ist man am Kern der aktuell wieder aufgeflammten Debatte angelangt: War die Kriegsführung der französischen Armee genauso „genozidal" wie die summarische Deportation und Ermordung jüdischer Menschen? Ein Verbrechen gegen die

Menschlichkeit ist nach der Londoner Charta von 1945 „...unter anderem: Mord, ethnische Ausrottung, Versklavung, Deportation und andere unmenschliche Akte gegen die Zivilbevölkerung oder: Verfolgung aufgrund von rassistischen, politischen und religiösen Motiven; unabhängig davon, ob einzelstaatliches Recht verletzt wurde." Anders als Kriegsverbrechen waren damit systematische Verbrechen an der eigenen Zivilbevölkerung inbegriffen und sie waren von der Verjährung ausgenommen. Das genozidale Element besteht darin, dass Menschen systematisch ausgerottet wurden, wie es die damalige französische Ministerin und KZ-Überlebende Simone Weil es in einem Gespräch mit mir ausdrückte, „nicht, weil wie etwas Bestimmtes getan hatten, sondern weil sie etwas Bestimmtes waren."

Vergès zog Fälle summarischer Ermordungen durch französische Militärs in Algerien heran, die ihm zufolge den Charakter eines summarischen Rassenmordes hatten. Genau diese Analogie bestritten Simone Weil und manch andere in der französischen Öffentlichkeit energisch. Vergès reagierte scharf. In einem Interview mit der *tageszeitung* argumentierte er so:

„Ich weiß, daß die europäische Linke und selbst die europäischen Linksradikalen meine Verteidigung Barbies mißbilligen. Diese Linken sind rassistisch und europazentriert. Für sie sind die Morde, die in den arabischen Ländern, in Afrika oder in Asien begangen werden, bedauerliche Übergriffe. Das absolute Übel, unter dem Europa gelitten hat, ist für sie der Nazismus. Der Kolonialismus dagegen, unter dem andere Völker gelitten haben, ist nicht das absolute Übel. Auf diese Art hat Europa den Nazismus mystifiziert und entschuldigt sich gleichzeitig für die Verbrechen an der Menschheit, die anderswo begangen wurden oder heute noch begangen werden. Man reserviert das Wort Völkermord für die Juden, man spricht nicht von den Rothäuten in den USA. Die Empörung, die mir von diesen Linksradikalen entgegengebracht wird, steigert meine Verachtung für sie, weil sie sich dadurch im Namen eines Mythos an heutigen Verbrechen beteiligen."

Diese Argumentation relativiert die „Singularität" des Holocaust, dessen so späte wie sporadische justizielle Aufarbeitung stellte Vergès in einen antikolonialen Kontext:

„Das war zur Zeit des englisch–französisch–israelischen Angriffs auf Ägypten, der amerikanischen Landung in der Schweinebucht und der schlimmsten Repression in Algerien. Es ist die Zeit, in der John F. Kennedy, der große, von der westlichen Linken bewunderte Liberale, seinen Spezialkrieg in Vietnam beginnt. Durch die Prozesse wegen Verbrechen gegen die Menschlichkeit sollten der Westen und Israel für immer die Opferrolle einnehmen für das, was sie von 1940 bis 1945 erlitten haben. Im selben Geist ist der Barbieprozeß geplant worden. Dabei waren diese Länder nur fünf Jahre lang Opfer. Seit Jahrhunderten waren sie die Henker, und heute sind sie es wieder. Wenn man deshalb alles auf den Kampf der Linken gegen den Faschismus und für die Menschenrechte konzentriert, dann macht man es diesen Henkern nur leichter."

In dieser Linie zog Vergès auch direkte Vergleiche zwischen Kolonialverbrechen in Algerien und Holocaust:

„Weil die Franzosen von neun Millionen Algeriern eine Million ermordet haben. Dagegen haben die Nazis von 45 Millionen Franzosen 200.000 umgebracht. Ohne den Nazismus verteidigen zu wollen, sage ich, daß der sozialistische französische Kolonialismus sehr viel mehr Menschen getötet hat als der Nazismus in Frankreich. Das ist die Wahrheit unserer Zeit. (...)

Zweimal habe ich für algerische Familien eine Klage auf Verbrechen an der Menschlichkeit eingereicht. Beide Klagen sind vom Untersuchungsrichter abgewiesen worden. Haben Sie die französische Menschenrechtsliga protestieren gehört? Derselbe Pariser Revisionsgerichtshof, der sich auch mit dem Fall Barbie befaßt hat, hat die Klagen zurückgewiesen. Gab es da Protest? Allerdings hat der Gerichtshof zugegeben, daß in Algerien Verbrechen gegen die Menschlichkeit begangen wurden, diese aber amnestiert sind. Das heißt: die Verbrechen der Deutschen in Frankreich können wir nicht vergessen, aber die Verbrechen der französischen Truppen können wir mit Hilfe der Amnestie sehr wohl vergessen. (...) In französischen Konzentrationslagern für die algerische Zivilbevölkerung sind innerhalb eines Monats mehr Kinder ermordet worden als während der ganzen deutschen Okkupation jüdische Kinder aus Frankreich deportiert und ermordet worden sind."

2001 verabschiedete die französische Nationalversammlung die *loi Taubira*, ein Gesetz, das Sklavenhandel und Sklaverei als Verbrechen gegen die Menschlichkeit anerkannte. Dagegen blieben die Kriegsverbrechen in Algerien immer noch weitgehend ungesühnt.

Vergès hat seine dezidiert „antiimperialistische" Justizstrategie übrigens (auch wieder mit Unterstützung seines Freundes Genoud) bei anderen Fällen und ebenso kontroversen Personen fortgesetzt. Zu seinen Klienten gehörten der ehemalige serbische Präsident Slobodan Milošević vor dem UN-Kriegsverbrechertribunal in Den Haag, der Philosoph Roger Garaudy, der wegen Holocaust-Leugnung angeklagt war, der Terrorist Ilich Ramiréz Sánchez und die Staatspräsidenten von Mali und Togo, Moussa Traoré und Gnassingbé Eyadéma, denen Gewaltverbrechen während ihrer Amtszeit vorgeworfen wurden. Damit nicht genug, verteidigte Vergés im Internationalen Tribunal gegen die Roten Khmer den des massenhaften Völkermords angeklagten Khieu Samphan. Man hat diese Reihe psychologisch zu deuten versucht als das lebenslange Ringen eines in Vietnam geborenen „Mischlings" um Anerkennung. Aber es ist auch eine radikal „tiersmondistische" und auch „antizionistische" Linie erkennbar, die in Algerien ihren Ursprung hat. Unbestreitbar verdienen auch Initiatoren von Killing Fields eine Verteidigung vor Gericht. Fraglich ist jedoch die Politisierung solcher Prozesse mit einer Aufrechnung von Verbrechen, die auch die aktuelle Debatte um Mbembe und Dirk Moses in argumentative Tiefen abgleiten ließ. Verglichen werden dürfen genozidale Akte allemal, sofern damit nicht komparatistische Fehlschlüsse, dubiose Propagandakampagnen, unberechtigte Forderungen nach Freispruch und polemische Gleichsetzungen jeweils singulärer historischer Prozesse intendiert sind.

FUSSBALLVERRÜCKT

Und nun zu etwas ganz Anderem, aber auch nur scheinbar Harmlosen. Im Dreieck Algerien – Frankreich – Deutschland darf der Fußball auf keinen Fall fehlen, der in allen drei Ländern die wichtigste und massenwirksamste Sportart und in internationalen Wettbewerben erfolgreich ist.[45] Zwar kicken kaum Algerier in der deutschen Bundesliga (wie zuletzt Ramy Bensebaini bei Borussia Mönchengladbach), doch in Frankreich sind sie in hochklassigen Teams vertreten. Superstar Zinedine Zidane als Kind algerischer Gastarbeiter aus der Kabylei ist ein bleibendes Idol der Fans. Als Franzose hat er seinen „Migrationshintergrund" nie vergessen, auch als er vom Ausnahmetalent in Marseille über den AS Cannes und Girondins Bordeaux zum teuersten Transferspieler in Turin und bei Real Madrid zum Champions League-Sieger und Weltmeister (1998) aufgestiegen war. Das deutsche Publikum hat ihn wegen seines Platzverweises bei der WM 2006 in Erinnerung; die rassistische Beleidigung seines italienischen Bewachers konterte er mit einem Kopfstoß und flog vom Feld. (Italien gewann das Elfmeterschießen…)

---

[45] Mahfoud Amara/Ian Henry, Between Globalization and Local 'Modernity': The Diffusion and Modernization of Football in Algeria, in: Soccer and Society, Bd. 5, H. 1 (Spring 2004), S. 1-26; Mahfoud Amara/ Youcef Bouandel, Algeria, in: J.-M. De Waele u.a. (Hg.), The Palgrave Internatioinal Handbook of Football and Politics, Cham 2018, S. 329-346; Youcef Bouandel/Mahfoud Amara, Moments and memories:; football and state narratives in Algeria, in: Soccer & Society, Bd. 20, H. 7-8, S. 1084-1094;

In Deutschland ist die Niederlage gegen die algerische Nationalelf bei der WM 1982 in Erinnerung – sie besiegte gleich bei ihrem ersten WM-Auftritt in Gijon die arrogant auftretende deutsche Mannschaft mit 2:1. Torwart Schuhmacher schwadronierte vor dem Spiel: „Wir schießen gegen Algerien zwischen vier und acht Tore. Um in Schwung zu kommen, müssen wir die nun mal wegputzen". Danach verhinderte ein verabredetes 1:0 gegen Österreich das Weiterkommen der Algerier in die nächste Runde.[46] Dieser spätkoloniale „Nichtangriffspakt" ging als „Schande von Gijon" in die Fußballgeschichte ein, weil das Spiel ohne jede ernsthafte Angriffsbemühung auf beiden Seiten zu Ende geführt wurde. Die FIFA griff nicht ein. Übrigens auch nicht wegen des Doping-Verdachts gegen den damals von einem Russen trainierten Kader der Algerier, weshalb das Ereignis auch in algerischen Medien lange Zeit eher verschwiegen wurde. Algeriens Mannschaft, genannt die „Verts", die „Wüstenfüchse" oder auch die „Fennecs", qualifizierte sich drei weitere Male für die Fußball-WM, wurde 1990 und zuletzt 2019 Afrika-Meister. Das hat eine lange Vorgeschichte: Wie ein im Ursprung englisch-protestantisch-weißer Elitensport in der Kolonie unter pauperisierten Arabern und Berbern attraktiv wurde; wie in der algerischen Liga die kolonialen Hierarchien auf den Kopf gestellt wurden; wie dabei eine zunehmende ethnische Spaltung die dem Sport in der

[46] Auch Fußballverrückte, die um die Ambivalenz dieses Sports wissen, bleiben zumeist Fans. Würde es wieder ein Pflicht- oder Freundschaftsspiel zwischen Deutschland und Algerien geben, wäre ich – für die Grünen. Doch bei einem Match zwischen Frankreich und Algerien wäre ich wieder – für die Blauen. Das verstehe, wer will.

Regel zugeschriebene Völkerfreundschaft beendete; wie der FLN den Fußballsport zum Kriegsschauplatz machte und ein ordentlicher Spielbetrieb ausfiel; wie algerische Fußballtalente in die Metropole bei angesehenen Vereinen unter Vertrag genommen wurden und mit diesem individuellen Aufstieg sich aus kolonialen Repressionen und Diskriminierungen ebenso lösten wie von der Last ihrer Familien, Clans und Dorfgemeinschaften. Das nennt man Globalisierung.

Erste Teams bildeten sich Anfang der 1920er Jahre. Erschien der Fußball als ein Faktor der „kolonialen Modernisierung", wurde er lange vor dem Befreiungskampf zu einem antikolonialen Dopingmittel. Mouloudia Olympique de Constantine, kurz MOC, wurde von Cheikh Abdelhamid Ben Badis, dem Führer der islamischen Ulemas gegründet, in klarer Frontstellung. Der Name des Vereins bezieht sich auf die Geburt des Propheten Mohamed, Musulmane hatten viele algerische Teams im Namen, in denen zunächst nur Araber und Berber spielten, bis die Kolonialbehörden Mitte der 1930er Jahre eine Art Europäer-Quote einführten. Auch die Trikotfarben weiß, grün und rot, für Muslime von besonderer Bedeutung, antizipierten die späteren Nationalfarben und signalisierten die islamische Nationswerdung, die in Fangesängen laut und deutlich artikuliert wurde: „Ya bladi ya biladi, anti houbi wa hayati" (Oh mein Heimatland, dir gehört meine Liebe, du bist mein Leben). Dass ein gesamt-maghrebinisches Kolonialteam die französische Nationalmannschaft, die bei der WM 1954 früh ausgeschieden war, im Pariser Prinzenpark-Stadion deutlich schlug, verwies gleichsam auf den bald beginnenden Befreiungskampf.

1956/7 waren in der Befreiungsarmee ALN Gedanken gereift, ein eigenes Team aufzustellen. In Tunis bildeten algerische Amateurspieler, von denen einige direkt aus dem Maquis kamen, eine Equipe, die in Tunesien und Libyen gegen dortige Mannschaften antrat und bei den Weltjugendspielen in Moskau 1957 wahre Triumphe feierte: Mit 8:1 wurde Italien geschlagen, mit 15:1 Österreich vernichtet und schließlich auch Frankreich mit 14:4 gedemütigt. Der Erfolg, ohne Zweifel dem besonderen Enthusiasmus dieser Jahre geschuldet, veranlasste den FLN, der zwei hochrangige Vertreter nach Moskau geschickt hatte, den Fußball vollends zum politischen Instrument zu machen. Mohamed Boumezrag und Abdelaziz Bentifou realisierten den abenteuerlichen Plan, nun auch algerische Profis aus der französischen Liga zur Abwanderung nach Tunis zu überreden; Bentifou legte sein ganzes Renommee in die Waagschale, das er sich als (französischer) WM-Teilnehmer 1954 und Profi beim AS Monaco erworben hatte. Mitten in der Spielzeit, am 14. April 1958, setzten sich zehn Profis mit ihren Familien nach Tunis ab, darunter heute vergessene Cracks wie Abderrahmane Boubekeur, Kaddour Bekhloufi, Abdelaziz Bentifour und Mustapha Zitouni vom AS Monaco, Mokhtar Arribi vom RC Lens, Saïd Brahimi vom FC Toulouse und Rachid Mekhloufi vom AS Saint-Etienne. Diese Spieler verzichteten auf eine mögliche Berufung in das französische Nationalteam und auf den Traum, einmal bei einer WM mitzuspielen.

In einem Kommuniqué verkündete der FLN seinen Triumph und begehrte die Aufnahme in die FIFA, die erwartungsgemäß verweigert wurde – wer ein Spiel gegen die

FLN-Equipe austrug, sollte vielmehr umgehend aus dem Weltverband ausgeschlossen werden. (Deswegen hat Ägypten kein Spiel gegen Algerien ausgetragen, was eine nachhaltige Rivalität zwischen den beiden Mannschaften begründete). Abgesehen davon hat die FLN-Mannschaft verschiedene Spiele in Afrika, Osteuropa und Asien ausgetragen. Nach weiteren Übertritten umfasste sie 1960 über dreißig zum Teil erstklassige Spieler, die nun „Dribbler für die Unabhängigkeit" genannt wurden und - ganz entgegen den beim Fußball üblichen Starallüren individueller Spieler - als namenslose Vertreter des „Volkes" auftraten. Sie bildeten damit den Stamm für die offizielle Mannschaft Algerien, die am Neujahrstag 1964 in einem Freundschaftsspiel das bundesdeutsche Team unter Kapitänslegende Uwe Seeler mit 2:0 schlagen konnte. Dann allerdings unterlag sie am 17. Juni 1965 mit 0:3 gegen Pelés und Garinchas Brasilien. Manche ältere Algerier können die Mannschaftsaufstellungen heute noch herunterbeten, was die Bedeutung des Fußballs für das nationale Prestige unterstreicht, aber auch den besonderen Umständen im Juni 1965 geschuldet ist: Eröffnet wurde das Spiel in Oran noch von Staatspräsident Ahmed Ben Bella, der selbst einmal bei Olympique Marseille gekickt hatte, doch die für wenige Tage später angesetzte Revanche in Algier fiel aus - Ben Bella war am 19. Juni durch einen unblutigen Militärcoup abgesetzt worden, in der Hauptstadt waren ALN-Panzer aufgefahren.

Noch stärker stand der Fußball nun unter strikter staatlicher Kontrolle und war weiterhin ein Mittel der Nationswerdung: Der von Ben Bellas Nachfolger Houari Boumedienne ultimativ verordnete (und knapp errungene) Sieg gegen die französische Equipe bei den Mittelmeer-Spielen 1975 ist ein Beispiel dafür. Der Präsident wollte die Kassamen-Hymne vor und nach dem Spiel (und dem Turniersieg der Heimmannschaft!) angestimmt wissen, und da das zehn Minuten vor Abpfiff zu misslingen schien, verließ er mit seiner Entourage die Ehrentribüne, um sich die verhasste Marseillaise zu ersparen. Als dann doch noch der späte Ausgleich und das Siegtor fielen, kehrte der Präsident eiligst zurück und beglückwünschte die weiß-rot-grüne Equipe, die wie um ihr Leben gespielt hatte, zur Planerfüllung. Sie stand nun auch für den Sieg des Sozialismus: die Spieler waren Angestellte der verstaatlichten Konzerne, durften keine Profiverträge abschließen, schon gar nicht im Ausland, und keinerlei Lokalpatriotismus huldigen. Die sozialistische Nation war alles, der lokal verwurzelte Spieler gar nichts – was in der rebellischen Kabylei nicht gelang, wo man Ende der 1970er Jahre Spiele der meist überlegenen „Jeunesse Électronique de Tizi Ouzou“ als wahre Spießrutenläufe gegen Mannschaften aus der Hauptstadt erleben konnte. Ohnehin blieb die Konkurrenz in der algerischen Liga enorm. Algerien war der Vorläufer der Entwicklung, die der Fußball seither in ganz Afrika genommen hat. Afrikanische Mannschaften sind heute in den großen Wettbewerben präsent, Spieler aus allen Teilen Afrikas nehmen in den Spitzenteams und Nationalmannschaften der UEFA-Länder eine bedeutende Rolle ein, auch wenn sie weiter rassistischen Anfeindungen ausgesetzt sind (wie zuletzt nach dem EM-Endspiel in Wembley 2021). Ein Vorreiter dieses jüngeren Trends war Algeriens Team freilich nicht, dem es lange an großen Erfolgen fehlte. Zu erklären ist das wohl aus der doppelten Spannung, die zum einen die Kollektivierung einer auch auf individuellen Fähigkeiten und Rivalitäten beruhenden Sportart, zum anderen aus dem überstrapazierten Nationalismus, der algerische Migranten-Spieler, die in den europäischen Ligen oft zu Reichtum kamen, faktisch ausschloss.

Der algerische Fußball brachte um 1980 eine „goldene Generation“ hervor, blieb aber von der politischen und sozialen Krise seit den 1980er Jahren nicht unberührt und verlor trotz des Sieges im daheim ausgetragenen Afrika-Cup 1990 (gegen Nigeria) deutlich an Niveau. Im Stadion manifestierte sich damals der Niedergang des FLN und der Verlust ihrer Hegemonie: Es wurden die Namen der alsbald verhafteten islamistischen Führer Abassi Madani und Ali-Belhadj aufgesagt und es waren Rufe nach der „douala islamiya“ (dem islamischen Staat) und „Imazighen, Imazighen“, die Forderung nach offizieller Zulassung der berberischen Sprache und Kultur zu hören. Und einige Fans trugen Trikots europäischer Mannschaften. Zu feiern gab es nicht lange, 1990 versank Algerien in einem blutigen Jahrzehnt. Einige Fußball-Funktionäre und Fans wurden Opfer des Terrors, aber das Regime bemühte sich durchgängig um einen regulären Spielbetrieb und erklärten Stadien zu Orten nationaler Einheit und seit 1997 auch der nationalen Versöhnung. Damals bildeten sich als Symptom des staatlichen Kontrollverlustes Ultra-Gruppen, oft mit europäischen Namen, anfangs unpolitisch, dann zunehmend politisiert. Nicht zuletzt in den Stadien war Algeriens nationaler Sozialismus verblichen.

Die algerische Fußballverrücktheit erreichte ihren Gipfel wohl 2009 beim Entscheidungsspiel zur WM-Qualifikation zwischen Algerien und Ägypten. Beide Teams hatten ihre Heimspiele mit 2:0 gewonnen, das Patt machte damals ein drittes, auf neutralem Boden ausgetragenes Spiel notwendig. Es war im sudanesichen Oumdurman angesetzt, und nachdem die algerischen Spieler und Fans in Kairo massiven Anfechtungen ausgesetzt gewesen waren, rüstete Algerien nun zu einem virtuellen Fußballkrieg auf. 18 Flugzeuge wurden gechartert, als ginge es zur Hadj nach Mekka, in der Presse beider Länder tobte ein Propagandakrieg nicht nur um den letzten verbliebenen Platz (von fünf) bei der ersten in (Süd-)Afrika ausgetragenen Weltmeisterschaft, sondern auch um die Repräsentation des einzig verbliebenen arabisch- islamischen Teams. Uralte, im Lauf der Arabisierung und Islamisierung Algeriens noch angeheizte Rivalitäten zwischen Maschrek und Maghreb kamen hoch. Losgelassene Fußballfans veranstalteten im Sudan wie in den Heimatländern der Mannschaften wahre Massenschlägereien. Doch Algeriens Präsident Abdelaziz Bouteflika sah in der aufgeheizten nationalen Stimmung die perfekte Gelegenheit, das Renommee des FLN aufzutakeln und seinen Legitimationsverlust zu kompensieren, den er gerade mit einer verfassungsmäßig eigentlich ausgeschlossenen dritten Amtszeit als „Versöhner des Landes“ erlitten hatte. Ein knapper 1:0 Sieg in Sudan gegen den siebenmaligen Africa-Cup-Sieger Ägypten ließ sein Kalkül aufgehen, nach 24jähriger Abwesenheit durfte Algerien wieder bei einer WM mitmachen (und schied dann allerdings mit null Punkten und Toren nach der Vorrunde aus). Besser erging es dem erneut qualifizierten (und diesmal durch Legionäre aus den europäischen Ligen verstärkten) Team vier Jahre später, als es erstmals die Vorrunde in Brasilien überstand, dann aber trotz des per Fatwa aufgehobenen Fastengebots im Ramadan-Monat ausgerechnet an der deutschen Mannschaft, dem späteren Weltmeister, scheiterte. Während überall arabische Diktatoren fielen, konnte Fußballkönig Bouteflika noch eine vierte Amtszeit antreten.

Erkauft war dies mit einer Privatisierung der Teams, die nun nach Profitkriterien geleitet wurden und Spieler einträglich ins UEFA-Gebiet transferieren durften. Nachdem Fußballfans zunächst im Einklang mit dem antikolonialen und nationalistischen Kurs des Regimes gewesen waren, hatten sich die Stadien in den Krisenjahren nun eher zu Sammelbecken der Opposition verändert. Woche für Woche wurden und werden hier die Spannungen sichtbar. Vertreter des Regimes, die sich gerne auf Ehrentribünen zeigten, mussten sich nun kritische Gesänge der Ultras anhören, was natürlich auch die Zuschauer an den Fernsehgeräten mitbekamen. Was in den staatlichen Medien nicht vorkam - Korruption, die Unterdrückung der Berber, das *„ras-le-bol“* (Schnauze voll!) der Jugendlichen - wurde lautstark artikuliert und auf Plattformen gestreamt. Ein Video-Feature mit dem Rapper Soolking ist über 200 Millionen Mal aufgerufen worden.

Am bekanntesten wurde der Song „La Casa del Mouradia“ von der Ultragruppe „Ouled El Bahdja“. Das ist der Name des Präsidentenpalasts im Viertel El Mouradia, der hier mit dem Haus des Geldes aus der Netflix-Serie gleichgesetzt wird – als Räuberhöhle. Aus den Stadien ist der Spottgesang in die Demonstrationen und den Hirak übergesprungen: „Freiheit, Freiheit, Freiheit. Die Kurve, sie fordert sie“ (Soolking) wurde zur Hymne der Protestbewegung. So wie einst die Nationalhymne Kassaman ("Wir geloben…Wir schwören beim zerstörerischen Blitzstrahl, ... dass Algerien leben möge") bei Spielen der FLN-Auswahl angestimmt wurden, erschallen nun oppositionelle Fan-Gesänge. Der Fußball ist eine Macht geblieben, hat sich aber gegen das Regime gekehrt. Die Fußballverrückten nutzen die Stadien als Orte, an denen sie sich ungestört versammeln können; die Macht erlaubte diese Versammlungen, damit sie sich nicht auf die Straßen ausweiteten. Das ist schiefgegangen: Normalerweise brachial rivalisierende Ultras riefen gemeinsam zu Spielboykotten auf und dazu, auf den Protestveranstaltungen „Algerien anzufeuern“. Dort, auf den Straßen wurden jetzt die Tore geschossen. Im breiten Spektrum von sonst eher dezidiert un- oder antipolitischen, oft auch rechtsradikal und rassistisch eingestellten Fankulturen entstand eine Variante von Fußballverrücktheit, die ausdrücklich den Demokratisierungsprozess unterstützt.

«Ultima Verba» (Liberté)

Die Tage vergehen, und das Unrecht bleibt bestehen.
Sie zwangen die Armen, den Tod zu lieben.
Doch noch ist es nicht zu Ende.
Weine nicht, mein Land. Es ist eine schwere Zeit, die vorüberziehen wird.

Sie kommen aus der gleichen Dynastie, sie sind alle gleich.
Nieder mit dem Staat und denen, die die Autobahn gebaut haben.

Freiheit, Freiheit, Freiheit. Die Kurve, sie fordert sie.
Freiheit, Freiheit, Freiheit. Wer ohne sie leben kann, ist ein Erniedrigter.

Die Illusionen, die ihr in die Köpfe der Menschen gemalt habt,
haben keine Kraft. Alles nur Worte.
Diese Heuchelei, ich fühle mich wie ein volles Glas kurz vorm Überlaufen.
Mein Herz kann vor Schmerzen nicht schlafen und schreibt diese Zeilen.

Sie haben die Sonne über uns verdunkelt.
Und haben unser Blut gesaugt, genau wie sie das Öl gesaugt haben.

Freiheit, Freiheit, Freiheit. Die Kurve, sie fordert sie.
Freiheit, Freiheit, Freiheit. Wer ohne sie leben kann, ist ein Erniedrigter.

Die Freiheit ist eingesperrt und verstorben.
Irgendwas stimmt nicht mit der Justiz.
Wegen aller Probleme, die ihr verursacht habt,
ist es für mich keine Ehre, euch anzugehören.

Regierung, wir sind die Last, die euch Gott auferlegt,
und dieses Feuer erlischt nicht.
Ihr dachtet, dass alles käuflich sei, und habt die Preise bestimmt.
Aber ihr habt vergessen, dass man das Glück nicht kaufen kann.

«Babor Ellouh»

Ich kann dieses Leiden nicht mehr ertragen.
Es ist wie langsam sterben.
Egal was ich mache, ich schaffe es nicht.

Obwohl meine Überlegung richtig ist, ich kann dieses Leben nicht mehr weiterführen.
Ich sage: «Jetzt reichts!», und dann mache ich nochmals den gleichen Fehler, tausendmal.
Drogen haben mich zu dem gemacht, der ich heute bin.

Lass mich gehen,
lass mich gehen.
Mein Herz ist verletzt.
Lass mich gehen im Holzboot.

Die Situation wird komplizierter, und ich kann keine Lösung dafür finden.
Die Trennung vom Land ist nötig, ich kann nie zurückkommen.
Algerien, du kennst meine Antwort.
Du hast nur den Fremden, die Algerien ausbeuten, Chancen gegeben.
Die Leute sind entwurzelt. Ganz klar, das war Strategie.
Du baust Gefängnisse für die Jugendlichen.
Die Frauen arbeiten, und die Jugend schläft.

Lass mich gehen,
lass mich gehen.
Mein Herz ist verletzt.
Lass mich gehen im Holzboot.

Ich versuche, eine Lösung zu finden, damit ich zur inneren Ruhe komme.
Ich probiere es immer wieder, aber ich schaffe es nicht.
Eine Stunde nüchtern und dann ein Jahr betrunken.
Wer es geschafft hat, hat ein langes Leben mit Zukunft.
Von meinen besten Freunden sind nur wenige treue geblieben.

Lass mich gehen,
lass mich gehen.
Mein Herz ist verletzt.
Lass mich gehen im Holzboot

«Casa del Mouradia»

Es ist fast Morgen, und ich kann nicht schlafen.
Ich konsumiere Drogen in kleinen Mengen.
Wer hat die Schuld, wer ist dafür verantwortlich?
Wir sind dieses Lebens müde.

In der ersten Amtszeit haben wir ein Auge zugedrückt,
doch die Antwort war Krieg.
In der zweiten Amtszeit ist es klar geworden, es ist «La Casa del Mouradia».
In der dritten Amtszeit wurde das Land betrogen für private Bereicherung.
In der vierten Amtszeit ist die Puppe gestorben, aber die Sache nicht.

Es ist fast Morgen, und ich kann nicht schlafen.
Ich konsumiere Drogen in kleinen Mengen.
Wer hat die Schuld, wer ist dafür verantwortlich?
Wir sind dieses Lebens müde.

Die fünfte Amtszeit wird folgen, sie wollen das Land für sich.
Die Vergangenheit ist nicht vergessen und mit ihr die Stimme der Freiheit.
In unserer Kurve sprechen wir privat, doch sie wissen, worüber wir uns auskotzen.
Sogar für die Schule brauchst du einen Lebenslauf, sonst bleibst du Analphabet.

Vom Raï zum Rap: Musik als Widerstand – Eine Playlist[47]

Wahrane, Wahrane, besang der ungekrönte König des Raï, Khaled Hadj Brahim, genannt Cheb Khaled, seine Heimatstadt Oran. Von dort stammt die Musik, die er und andere *Chebs* und *Chabas* zu Weltruhm gebracht haben, Raï (arabisch راي, DMG *Rāy*).[48] Wo immer das traurige Loblied auf Khaleds westalgerische Heimat ertönt, tobt der Saal und ist: Algerien. „Oran, Oran, du bist in die Hölle gefahren/ Alle mit Verstand haben dich verlassen/ Jetzt sind sie voller Heimweh und durcheinander..." Was 1996 noch Protestschrei eines im Bürgerkrieg erstickenden Landes war (der Song wurde in einem Pariser Studio produziert), gilt mittlerweile als staatstragendes Kulturgut. Khaled ist heute ein Superstar. Die musikalische Entwicklung ging weiter in Richtung Rap, aber das rebellische Potenzial blieb.

Raï kann vieles heißen: spontaner Einfall, starke Meinung, weiser Ratschlag. Es ist ein Flickwort wie das englische Yeah! Wenn die frühen Raï -Musikerinnen die Beinamen Cheikhs und Cheikhates bekamen, spiegelt das die Ratgeberfunktion weiser Menschen. Wenn sie später

[47] Dieser Exkurs verschriftlicht die Hörfunksendung des Autors „Chaâbi, Tamazight, *Raï* & Rap. Eine musikalische Reise durch Algerien" in „Musik der Welt" (hr2 Kultur, 21.2.2013).

[48] Vgl. Frank Tenaille, Die Musik des Raï, Heidelberg 2003; Arian Fariborz, „Das Schweigen brechen" – vom Raï zum Hiphop in Algerien, in: Leggewie/Meyer (Hg.), Global Pop. Das Buch zur Weltmusik, Stuttgart 20917, S.332-339

Chebs und Chabas genannt wurden, zeigt das den Generationswechsel und -aufstand an: Nicht die Alten, nicht Greise und Meister gaben den Ton vor, sondern die Jungen.

Hirten hatten im 19. Jahrhundert eine einfache Flöten- und Trommelmusik nach Oran gebracht, vornehmlich weibliche Orchester und Sängerinnen (Medhates) entwickelten sie weiter. Gespielt wurde Raï zu Hochzeiten und auf Familienfesten, in Bars und Bordellen. Überwiegend ging es um Liebe, Sex und Eifersucht, und um alles, was man auch im freieren Oran nicht aussprechen durfte: Trunksucht, Rausch, weibliche Erotik. *Rimmiti* (Schenk nach!) war der Künstlername von Bedief Saadia, der berühmtesten *Cheickhate*, der „weisen Frau" aus Relizane. 1952 nahm Cheikha Rimitti bei der Pariser Firma Pathé-Marconi ihre erste Schellack-Platte auf, es folgten weitere 54, über 400 Kassetten und 30 Alben bis zu ihrem Tod 2006 in Paris.

Raï, behaupten Experten wie der Musikjournalist Frank Tenaille (2003), war die wichtigste Neuerung in der populären arabischen Musik seit Umm Khultum und der ägyptischen Unterhaltungsmusik der 30er und 40er Jahre. Die volkstümliche Szene aus dem freizügigen und rauen Oran eroberte die Welt, der Raï begleitet und spiegelt Algeriens rebellische Geschichte im 20. Jahrhundert: In den Hafenbars der Kolonialzeit wurde der spanische Flamenco und Chansons aus dem Mutterland adaptiert und geriet zu einem sehr eigenen mediterranen Melting Pot. Musik trieb auch den antikolonialen Aufstand von 1945 bis 1962 an, und wichtig war und ist sie auch für die schleichende Jugendrevolte seit den 80er Jahren bis heute.

Die Kaste ehemaliger Guerilla-Kämpfer, die 1962 an die Macht gekommen war und bis heute regiert, bevorzugte und verordnete andere Klänge: „Arabisch-andalusisch“ wird die E-Musik genannt, die auf der Fundierung der maghrebinischen Kultur in Sevilla, Cordoba und Granada zur Blütezeit des Islam im späten Mittelalter besteht. Nach 132 Jahren Kolonialismus galt sie als die politisch korrekte, nämlich arabische und islamische Tradition. Auch daran kann man die Faszination ermessen, die arabische Musik generell und eben auch in der Pariser oder Frankfurter Disco ausübt: fremd klingende Vierteltöne, ein starker Drive, das Wechselspiel der Vokalisten mit dem Orchester, der große Spielraum für Improvisation, die spezielle Instrumentierung mit Trommelschlägen, Flötenläufen und Violinschmalz, mit Oud-, Akkordeon-, Gitarren- und Klavierpassagen.

Mit der strengen und „gebildeten“ Form korrespondierten stets volksnahe Variationen wie die Chaabi-Musik in der Hauptstadt; diese - wörtlich übersetzt - Volksmusik hat insbesondere der legendäre El Hadj M'Hamed El Anka mit Hunderten von Titeln etabliert. Klassisch hieß: langsamer Rhythmus und breite Intonation, wohlgesetzte Worte, strenge Regeln für ein ausgesuchtes Publikum im Konzertsaal und zu offiziellen Festen. Chaabi war von allem das Gegenteil: Musik für die Armen und Randständigen, vulgär, schnell, hedonistisch, antiautoritär, verboten (und elektrisch verstärkt). Sehr zu empfehlen ist *El Gusto*, der Film der jungen Algerierin Safinez Bousbia, eine rührende Familienzusammenführung ergrauter Chaabi-Musiker nach Art des kubanischen *Buena Vista Social Club*, die rund ums Mittelmeer zerstreut waren. Die nostalgische Investigation lässt die Unterhaltungsmusik der 50er Jahre aufleben, an der *pieds-noirs* ebenso mitwirkten wie Befreiungskämpfer, die *moudjahedines.* Erst an ihrem Lebensabend musizierten sie – Muslime und Atheisten, Christen und Juden – wieder zusammen, nun in den großen Konzertsälen von Marseille und Paris.

Im Süden Algeriens sind noch andere Musikstile und Traditionen zu entdecken. Die Lage der Tuareg ist auch in Algerien prekär, in die Sahara sind Al-Qaeda-Kämpfer und Dschihadisten aus allen möglichen Kampfplätzen und gescheiterten Staaten vorgedrungen. Sie sind in das Vakuum eingedrungen, das die Aufständischen im Norden des Nachbarstaats Mali mit der Ausrufung des (inernational nicht anerkannten) Tuareg-Staats Azawad aufgerissen hatten. In Tonstudios von Tassili N'Ajjer haben Tuareg-Bands aus Algerien und Mali ihre Musik aufgenommen; während ihre CD's nun in allen Weltmusik-Regalen und auf den Streaming-Listen zu finden sind, haben die Kulturbanausen, die Timbuktu zerstört haben, auch diese Musik untersagt.

Für ethnische Minderheiten war in der nationalen Selbsterfindung Algeriens nach 1962 wenig Platz. Aber die Kabylen, die einen großen Teil des antikolonialen Kampfes getragen hatten, verschafften sich gegen die Zentrale in Algier Gehör, bei Fußballspielen der *Jeunesse Éléctronique* von Tizi-Ouzou ebenso wie in der Pflege der berberischen Sprache Tamazight - und eben mit ihrer Musik. *A vava inou va*, die legendäre Platte des kabylischen Sängers Idir, einem unscheinbaren Geologie-Ingenieur, der sich das Haar hippielang wachsen ließ, wurde zur inoffiziellen Nationalhymne und sie ist es immer noch, wenn sich Kabylen in Tizi-Ouzou, Algier oder Paris versammeln. Seinerzeit gab es übrigens eine Art Musik-Internationale der Regionalismen, in der Bretagne und in Katalonien wie im Languedoc und eben in der Kabylei. Deren musikalische Jugend-Bewegung war wie der Raï Ausdruck einer neuen Umbruchzeit: Algerien war nun unabhängig und reich, aber seine Jugend, bald vierzig Prozent der Bevölkerung, zu großen Teilen arbeitslos und sprachlos.

Idirs LP „A vava inouva" konnte ich 1976 in Algerien nur unter der Ladentheke erstehen, der stolze Preis von 75 Dinar steht noch handschriftlich auf der Hülle, neben dem Porträt des Interpreten. Als ich sie abends mit Freunden in Algier hörte, erfuhr ich, welchen Einfluss Musik auf das Leben der Menschen haben kann: spontane Freude, man tanzt Zwit Rwit im engen Wohnzimmer zum schweren Rotwein. Der Titelsong (deutsch: „Mein Papachen"), ein Abschiedslied, wurde zur inoffiziellen algerischen Nationalhymne, seit er 1973 eher unbeabsichtigt im Radio erklungen war. Politisch daran war, dass der Hirtensohn aus Ait-Lahcène im Djurdjura-Gebirge kabylisch sang, die damals noch weitgehend unterdrückte Berber-Sprache seiner Heimat.

Algerien verstand sich als arabisch-muslimischer (und sozialistischer) Einheitsstaat, dessen Zentralismus wenig Pluralismus ertrug, obwohl die unwegsame Kabylei mit ihren besonderen Sozialstrukturen maßgeblich zum Sieg über die französischen Kolonialherren beigetragen hatte. Die Lieder, vorgetragen im Duett mit der Sängern Mila, sind melodisch und eingängig, intim und zu den ruhig fließenden Klängen der Hirtenflöte, akustischen Gitarre und Darbuka-Trommel doch eine entspannte Gemeinschaft bildend. Idir war der Künstlername von Hamid Cheriet, der im Hauptberuf als Geologe in einem Staatsbetrieb arbeitete. Auf der Plattenhülle trug er seine Hippie-Mähne, aber wer ihn erlebte, hatte einen freundlich-bescheidenen Mann vor sich, den man in der Menge womöglich übersehen hätte. Ironischerweise hatte er, der vom massenhaften Exil der Algerier gesungen hatte, sich 1975 selbst nach Paris abgesetzt, wo die LP ebenfalls einschlug. Dort erkoren die jungen Immigranten, später Beurs genannt, „A vava inouva" zu ihrem Erkennungssong. Die Platte wurde in 77 Länder exportiert, „un tube planétaire", der Eintritt Algeriens in die „Weltmusik". Idir hat im französischen Exil weitere erfolgreiche Alben veröffentlicht, sich als Patron der kabylischen Kultur hervorgetan und gemeinsame Konzerte mit den neuen Interpreten seines Landes gegeben, bis hin zu den populären Hiphop-Stars. Der marokkanische Rapper Draganov hat „A vava inouva" jüngst auf seine Weise interpretiert. Legendär war im Juni 1995, mitten im algerischen Bürgerkrieg, sein Auftritt vor 6000 Zuschauern gemeinsam mit dem König des Raï, Cheb Khaled. Im Januar 2018 trat er nach jahrzehntelanger Abwesenheit in der Coupole in Algier zur Feier des berberischen Neujahrsfests auf. Die älteren Zuhörer sangen jede Zeile mit, den Jüngeren war er kein Fremder. Im Mai 2020 ist Idir im Alter von 70 Jahren in Paris gestorben.[49]

---

[49] S. meinen Nachruf in Frankfurter Allgemeine, 4. Mai 2020

Dem religiös inkorrekten Raï ging es in den 90er Jahren buchstäblich an den Kragen, als der mörderische und unübersichtliche Showdown zwischen dem Militärregime und dem bewaffneten Arm der Islamischen Heilsfront Zigtausende Menschenleben forderte. Ein prominentes Opfer war der beliebte Sänger Hasni Chakroune, genannt Cheb Hasni, der als Vertreter des „Raï-Love" die sexuelle Frustration der algerischen Jugend anzusprechen gewagt hatte. Am 29. September 1994 wurde er in Oran auf offener Straße von einem Killerkommando ermordet; auch der kabylische Sänger Lounès Matoub fiel den Fanatikern 1998 zum Opfer.
Lounès Matoub war in jeder Hinsicht eine Ausnahmeerscheinung nicht nur der algerischen Musik, sondern auch der Politik. Der 1956 in der Kabylei geborene Sänger, Poet und Intellektuelle, dessen mit der Mandoline begleitete Lieder so gut wie jeder kannte, war ein bekennender Atheist, er trat für eine klare Trennung von Politik und Religion ein. Und im Kampf für die kulturelle Autonomie der Kabylei war er eine Führungsfigur der oppositionellen Berberbewegung. Schon seine erste Platte (*Izem*, 1978), die mit Hilfe von Idir herauskam, war ein großer Erfolg. Nicht zuletzt die in diesem und weiteren Alben vorgetragene Kritik der politischen Klasse machte ihn so populär – und deshalb zur Zielscheibe des Hasses der Islamisten, die ihn auf die Todesliste setzten. 1988 schoss ihm ein Polizist in den Kopf, Lounès überlebte nur knapp; 1994 entführte ihn die GIA, massive öffentliche Proteste bewirkten seine Freilassung. 1998 geriet er mit seiner Frau Nadia Matoub in einen Hinterhalt und wurde in einem Kugelhagel getötet. Die Dschihadisten bekannten sich zum Mord an ihrem Todfeind, der alles verkörperte,

was sie hassten und zerstören wollten. Aber die Massen, die sich vor dem Krankenhaus einfanden, wo er im Todeskampf lag, und zu Zehntausenden zu seiner Beerdigung in einem Feigenhain gegenüber seinem Geburtshaus in Taourirt Moussa erschienen, beschuldigten die Regierung des Mordes an dem „Rebellen“ (so der Titel seiner 1996 erschienenen Memoiren). Die genauen Umstände und Auftraggeber seines Todes sind nie geklärt worden. Bei den Aufmärschen des Hirak werden Lounès‘ Lieder oft angestimmt, so gut wie jeder kennt sie noch und stimmte ein.

Aicha ist der wohl bekannteste Raï-Titel, millionenfach gekauft, gehört und heruntergeladen. Der sympathisch gebliebene Khaled muss es in jeder großen Konzerthalle und TV-Show anstimmen, dazu sucht er sich attraktive Gesangspartnerinnen aus aller Welt, die seinem schmachtenden Flehen antworten: „... behalte deine Schätze/ Ich, ich bin mehr wert als das/ ein Käfig bleibt ein Käfig/ auch wenn er aus Gold ist/ ich will die gleichen Rechte wie du/ ich, ich will nur die Liebe.“ Manche wittern in dieser Schnulze Verrat am Raï. Doch das verkennt zweierlei: dass der Raï nie politischer Protest sein wollte und dass die globale Popkultur lokale Stile aufnimmt wie ein Staubsauger und in discokompatible Hybride umwandelt.

Man übertreibt also nicht, wenn man Raï mit Tango, Blues, Jazz und HipHop in die Reihe jener Musiken stellt, die von sehr lokalen Ausgangspunkten um die ganze Welt gegangen sind. Die Interpreten sind alle bei *facebook* und *youtube* zu finden, die algerische Musikgeschichte ist in einem Dutzend von Samplern dokumentiert und wird durch musik- und kulturwissenschaftliche Abhandlungen nobilitiert.

Nach seiner weltweiten Anerkennung machte auch das algerische Regime seinen Frieden mit dem Raï, doch wurde seine Entpolitisierung durch neue Formen musikalischer Selbstbehauptung abgelöst. Das gilt gerade auch für die Beurs, die zweite bis vierte Generation der Einwanderer in Frankreich, die den Raï für die speziellen Gegebenheiten und Härten der französischen Vorstädte aufbereitet hatten. Etliche Raï-Bands wurden dort gegründet, die Stile vermischten sich. Der wohl bekannteste Repräsentant der zweiten Einwanderergeneration ist Rachid Taha, 1958 in Oran geboren und mit zehn Jahren nach Frankreich gekommen. Dort gründete er 1981 in den Vorstädten von Lyon die Band *Carte de séjour*, zu deutsch: Aufenthaltsgenehmigung. Damit ist der prekäre Status der *Beurs* angesprochen und zugleich eine Musik gemeint, die nicht zwischen den Stühlen sitzen bleiben, sondern einen ganz originären dritten Stuhl besetzen wollte.
Heute geben auch in Algerien Hip-Hop und Rap den Ton an, selbst auf Radio Alger und im Internet, um das man keinen Feuerwall legen kann. Rap hat im arabischen Raum, wo mehr als die Hälfte der Bevölkerung unter dreißig Jahre alt ist, wieder eine eminent politische Bedeutung. Von Tunesien bis Senegal artikulieren Rapper die Unzufriedenheit mit den verkommenen Eliten und werden für sie zu einer brisanten Gefahr, die in der ganzen Region eine ähnliche Sprache und Symbolik gefunden hat. Rap versteht sich wie früher Soul und Rhythm & Blues als „Kultur der Unterdrückten und ist dabei oft als Sozialreport angelegt“ (Reents 2012). So ist es auch bei Lotfi Belamri, genannt Lotfi DK, dessen Konzert mit der Gruppe Double Kanon 2012 in Oran

auf *Youtube* nachzuhören ist. Wieder ist der Protagonist ein studierter Ingenieur, 1974 im ostalgerischen Annaba geboren und stammt aus kleinen Verhältnissen. Seit seinen Auftritten Ende der 90er Jahre mit Gruppen wie *Kamikaz* und *Kanibal* ist der erklärte Rebell Sprachrohr einer Generation, die sich bereits verloren glaubt.

Die arabische Rebellion blieb 2011 in Algerien aus; auf die TV-Bilder aus Tunis und vom Tahrir-Platz in Kairo reagierte das Land wie ein gebranntes Kind, traumatisiert von der brutalen Niederschlagung der Berberrevolten, des „Brotaufstands" der Jungen in der Kasbah von Alger 1988[50] und vor allem des verbissenen Kampfes zwischen den Militärs und religiösen Fanatikern in den 90er Jahren, der fast jede Familie getroffen hat. Die kollektiven Folgen beklagte 2011 der Schriftsteller Boualem Sansal, der daheim unter Hausarrest stand, anlässlich der Verleihung des Friedenspreises des deutschen Buchhandels in der Frankfurter Paulskirche: „... dass wir schon vergessen haben, dass wir Beine haben und einen Kopf, und dass man auf seinen Beinen stehen und gehen und laufen kann, oder auch tanzen, wenn einem der Sinn danach steht, und dass man mit seinem Kopf jenes unvorstellbar Zauberhafte tun kann, nämlich sich eine Zukunft ersinnen und diese dann auch leben, hier, in der Gegenwart, in Frieden, in Freiheit, in Freundschaft".

Hoffnung machte indessen eine junge algerisch-kabylisch-französische Sängerin, Innes Mezel, 2010 mit ihrem Titel *Amazone.* Ganz in der Linie der *Cheikhates* und *Chabas,* der unangepassten Frauen der Chaabi- und Raï-Szenen, pocht

---

[50] Radio-beur, Octobre à Alger, Paris 1988

sie auf ihre Autonomie und singt der Zensur, den Machthabern und Moralwächtern ins Gesicht: „Ich werde den Schleier ablegen, ich werde studieren, ich werde wählen, ich werde leben, ob du es willst oder nicht, ich mache nichts wie die anderen.“ Mehr kann Musik nicht. Aber das kann sie.

III

Algerien: Eine visuelle Soziologie

1/ Etwa zeitgleich mit der Kolonisierung Algeriens entwickelte sich die Fotografie, insbesondere im Mutterland Frankreich. Menschen und Objekte, vor allem koloniale Bauten und exotische Orte und Artefakte, zogen Fotografen an; ihre Motive fanden sich auf Postkarten und in Schmuckbänden, mit der Vereinfachung und Demokratisierung des Fotografierens gelangten auch private Schnappschüsse in Alben. Solche Fotografien hatten eine objektivierende, die Herrschaft und das Eigentum der expandierenden Siedlergesellschaft beglaubigende Funktion, zugleich übten sie deren orientalisierenden Blick ein. Zunehmend lichteten sich Siedler auch „chez soi" ab, nahmen also ihr Alltagsleben in den Blick, das so wie in der Metropole war und doch ganz anders. Die indigene Bevölkerung blieb großenteils außen vor oder erscheint in Straßenszenen.[51]

---

[51] Jüngst hat die Universität Jena 118 kommerzielle Studiofotografien zwischen 1880 und 1900 mit Ansichten von Orten wie Tlemcen, Blida und Constantine in den Bestand der auf historische Orientbilder spezialisierten der Alphons-Stübel-Sammlung eingefügt. Zu sehen sind Landschaften, Architektur und Straßenszenen.

Abb. 2: Straße in Algier. Fotografie: Alexandre Leroux,
© Friedrich-Schiller-Universität Jena/Sammlungen/Alphons-Stübel-Sammlung früher Orientphotographien

Abb. 3 Biskra. - Moschee Sidi-Moussa Ende des 19. Jahrhunderts, Fotoatelier Neurdein Frères,

Visuelle Quellen wurden bedeutsam für die Geschichtsforschung und nicht zuletzt für die Ethnografie und Soziologie. Besonders heraus ragen die Bilddokumente der ethnologischen Expedition, die Germaine Tillion und Thérèse Rivière zwischen 1934 und 1940 zu den berberischen Chaouis in die Gebirgsregion Aurès unternahmen, wo sie besonders die Stellung der Frauen in der Gesellschaft interessierte. Tillion, Tochter eines Amateurfotografen und einer Reiseschriftstellerin, war eine Schülerin des Ethnologen und Soziologen Marcel Mauss und ab 1940 in der Résistance aktiv. 1954 kehrte sie nach Algerien zurück und setzte sich dort gegen Folter und Todesstrafe ein. Die Überlebende des KZ-Ravensbrück starb 2008, ihre sterblichen Überreste wurden ins Pantheon überführt.[52] Rund 1500 Negative befanden sich in ihrem Nachlass, deren Abzüge bis heute in diversen Ausstellungen gezeigt werden. Die Erlaubnis zu fotografieren wurde von den kolonialen Autoritäten erteilt, die an einer klassifikatorischen Behandlung der Berber interessiert waren. Unter der Hand verfolgten Tillion und Rivière dabei eine sozialdokumentarische Mission in verdeckter feministischer Ansicht, die sie in späteren Büchern explizit machten.

---

[52] Germaine Tillion, Il était une fois l'ethnographie, 2015; Camille Lacoste-Dujardin, Le souci de la femme méditerranéenne: Des Aurès au Harem et les cousins *Esprit* No. 261 (2) (Février 2000), pp. 148-154; Olivier Mongin, Lucidité, obstination, amitiés : les vies politiques de Germaine Tillion, Esprit, Mai 2015, No. 414 (5) (Mai 2015), pp. 58-69; Germaine Tillion, Jacques Berque, Jean Servier et Pierre Bourdieu: Des ethnologues dans la guerre d'indépendance algérienne Taschenbuch – 1. April 2011; Michèle Coquet, L'Aurès de Thérèse Rivière et Germaine Tillion: Être ethnologue dans l'Algérie des années 1930 11. Januar 2019

Abb.4 und 5: Aurès 1935 aus: Christian Phéline, Aurès (Algérie), 1935. Photographies de Thérèse Rivière et Germaine Tillion.

Eine kritische Sozialdokumentation legte Ende der 1950er Jahre der französische Soziologe Pierre Bourdieu vor. Er hatte die Kabylei bereist und stützte sein gesamtes späteres Werk auf diese Kombination visueller Quellen mit Aufzeichnungen aus diesem „terrain".[53] Bourdieus Arbeiten dokumentieren die kolonialen Ungleichzeitigkeiten und die dramatische Entwurzelung der indigenen Bevölkerung, die, wie er fand: eine Entfremdung gegenüber Tradition und Moderne zugleich bedeutete. Bourdieu hat in einigen Aufnahmen veritable Kolonialverbrechen belegt und insgesamt eine visuelle Kritik der Kolonialherrschaft vorbereitet.

[53] Pierre Bourdieu: In Algerien. Zeugnisse der Entwurzelung. Edition Camera Austria, Graz 2003.

Abb. 6: Pierre Bourdieu, Das Umsiedlungslager von Djebabra, Chlef. N 029 / 6 / P.
Archiv Pierre Bourdieu, Images d'Algérie, 1957-1961
© Pierre Bourdieu / Fondation Bourdieu
Courtesy : Camera Austria, Graz

Abb. 7: Pierre Bourdieu, ohne Titel, R 001 / P.
Archiv Pierre Bourdieu, Images d'Algérie, 1957-1961
© Pierre Bourdieu / Fondation Bourdieu
Courtesy : Camera Austria, Graz

Abb. 8: Bettler, Bab el Oued, Algier. N 039 / 188
Archiv Pierre Bourdieu, Images d'Algérie, 1957-1961
© Pierre Bourdieu / Fondation Bourdieu
Courtesy : Camera Austria, Graz

Ebenfalls in der Kabylei fotografierte Marc Garanger, der mit Porträts unverschleierter Frauen in Erinnerung geblieben ist. Er war ein „Appelé" (und Kriegsgegner) des Jahrgangs 1960, der die Frauen, die zu diesen Aufnahmen gezwungen worden waren, in einem „Regruppierungscamp" in Ain Terzine aufgenommen hatte. Die Gelegenheit dazu bekam er, da er als langjähriger Amateurfotograf von der Armeeführung beauftragt wurde, eine Foto-Dokumentation der Lager anzufertigen, in denen die aus ihren Dörfern vertriebene Bevölkerung konzentriert wurden.

Abb. 9-14 : Femmes algériennes 1960
© Marc Garanger
Photo d'identité dans les villages de regroupements, commandé de l'armée fraiņçaise à la fin de la guerre d'Algerie, 27x27 cm
tirage jet d'encre sur papier Hahnemühle Fine Art Rag Pearl
Galerie Binome, Paris

Garangers Portraits sollten die Kollision der islamischen Tradition und der westlichen Moderne dokumentieren, er sah bei den Frauen Anzeichen des „bösen Blicks“ gegen den Feind. Carole Naggar hat die Umstände dieses seltsamen Shootings festgehalten: „Die Frauen wurden in einer Reihe aufgestellt und setzten sich dann der Reihe nach auf einen Hocker im Freien vor die weißgetünchte Wand eines Hauses. Ohne Schleier waren ihr zerzaustes Haar und die schützenden Tätowierungen entlößt. Die Falten auf ihren Gesichtern spiegeln die Härte ihrer Lebensumstände. Die Steifheit ihrer Pose und die Intensität ihres Blicks erinnern an frühe Daguerreotypien.

‚Ich kam bis auf einen Meter an sie heran... Sie wurden entschleiert. Im Zeitraum von zehn Tagen fertigte ich zweitausend Porträts an, zweihundert pro Tag. Die Frauen hatten keine Wahl. Die einzige Möglichkeit, zu protestieren, war ihr Blick... Wenn man einen Kondensator entlädt, kommt ein Funke heraus: Für mich besteht die Fotografie darin, genau diesen Moment der Entladung zu erfassen. In diesen Sessions habe ich eine völlig verrückte Emotion gespürt. Es war eine überwältigende Erfahrung, mit Blitzen in jedem Bild. Ich hielt der Welt einen Spiegel vor, der diesen blitzenden Blick der Frauen reflektierte‘. [54]

Interessanterweise bewahrten einige diese Aufnahmen von sich auf – es waren die einzigen Fotos, die je von ihnen gemacht worden waren, und sie stellten eine starke Erinnerung dar. Damit ist die dritte Funktion visueller Dokumente angesprochen: als Archiv für die individuelle und kollektive Erinnerung.

Als Kriegsreporter fotografierte in Algerien zu dieser Zeit der deutsche Pressefotograf Heinz Leitermann, dessen Werk 2020 durch einen Freund in der Universität Witten-Herdecke ins Gedächtnis gerufen wurde. Leitermann (Jg. 1930) hatte nach dem Krieg als Polizeireporter in Frankfurt/Main begonnen; überregional bekannt wurde er mit Porträts von Elvis Presley, Josephine Baker, Willy Brandt, Sammy Davies Jr. oder John F. Kennedy. Außer dem Krieg in Algerien hat er die militärische Konfrontation in Gaza und in Vietnam fotografiert. Anstelle von Kampfszenen fo-

[54] https://time.com/69351/women-unveiled-marc-garangers-contested-portraits-of-1960s-algeria/

tografierte Leitermann in Nordafrika eher alltägliche Situationen: Frauen beim Wäschewaschen in einer Oase oder Rebellen, die Waffen mustern.[55]

Abb. 15: ohne Titel
Fotograf Heinz Leitermann - © Norbert Meißner, Friedhelm Schillo

[55] Die Höhlensoldaten am Djebel Beni Smir – Acht Jahre Algerienkrieg, Hessischer Rundfunk, 10. Dezember 1961; Die vergessene Armee, Hessischer Rundfunk, 10. August 1962; Nach dem Sieg. Algerien, Hessischer Rundfunk, 16. Dezember 1962; The Algerian Rebel Army, Sunday Telegraf vom 12. März 1961; Mustafa der Heldenklau. Algerien. Weltbild vom 17. März 1961

Abb. 16: ohne Titel
Fotograf Heinz Leitermann - © Norbert Meißner, Friedhelm Schillo

Das unterschied Leitermanns Arbeiten von den beschönigenden Aufnahmen des Sergent-Chef Marc Flament, dem Fotographen des berüchtigten Colonel Marcel Bigeard, der sich als Propagandist eines gerechten Verteidigungskrieges gegen einen blindwütigen Gegner hervortat. In Algerien war er für Folterungen und Erschießungen zuständig. Auf der anderen Seite stand Mohamed Kouaci (1922-1996), der als Armeefotograf der ALN seine Fotografien im offiziellen

Organ des FLN, *El Moudjahid*, platzieren konnte, deren Aufmacher gelegentlich von der französischen und internationalen Presse übernommen wurden.[56] Dabei war er niemals auf algerischem Boden, sondern blieb stets hinter der „ligne Morice“, der Verteidigungslinie, auf tunesischem Territorium.[57]

Abb. 17: Titel von *El Moudjahid*

---

[56] Mohammed Kouaci, *Algérie d'hier, Algérie de toujours*, Alger, Entreprise nationale du livre, 1983

[57] Photographier la guerre d'Algérie, éd. Marval, 192 p.

Seine Fotos waren ein wesentliches Mittel der Mediatisierung und damit der Internationalisierung des nationalen Befreiungskampfes von FLN/ALN. Koauci gilt heute als „Vater der algerischen Fotografie“. Sein Archiv war bis vor kurzem eine Kiste mit chronologisch wie thematisch ungeordneten Fotos – Hochzeitsbilder mit seiner Frau Safia neben Porträts von Ahmed Ben Bella, ein Tuareg auf seinem Dromedar neben dem offiziellen Bild von Che Guerava auf Staatsbesuch 1963.

Abb. 18: Defilé der algerischen Delegation bei den 6. Weltjugend- und Studentenfestspielen, Lenin-Stadion Moskau, August 1957

Marc Riboud war ein unabhängiger Kriegsberichterstatter aus der reommierten Magnum-Gruppe, dem man eindrucksvolle Schlagbilder der algerischen Unabhängigkeit im Juli 1962 verdankt, die ihre Wirkung mit den Kontrasten zwischen den vor demn Exodus stehenden Pieds-Noirs und siegesfreudigen Algeriern, aber im Bezug auf dier Trennung der Geschlechter auch innerhalb der algerischen Gesellschaft erzielen.

Abb. 19: Algier 1. Juli 1962
© MarcRiboud (Agentur Focus)

Abb. 20: Unabhängigkeitsfeier 2. Juli 1962
© MarcRiboud (Agentur Focus)

Abb. 21 Belcourt District, rue de Lyon, Juli 1962
© MarcRiboud (Agentur Focus)

Abb. 22: Algier 2. Juli 1962
© MarcRiboud (Agentur Focus)

Abb. 23: Algier Juni 1960
© MarcRiboud (Agentur Focus)

Abb. 24: Abreise europäischer Siedler im Juni 1962
© MarcRiboud (Agentur Focus)

Abb. 25: Feier der Unabhängigkeit am Denkmal für die Landung der Franzosen 1930 in Sidi Ferruch
© MarcRiboud (Agentur Focus)

Abb. 26: Algier Juli 1962
© MarcRiboud (Agentur Focus)

Abb. 27 Tindouf 1970
© MarcRiboud (Agentur Focus)

Die postkoloniale Vergangenheit Algeriens ist geprägt vom tiefen Konflikt zwischen den Dschihadisten und der Staatsmacht in den „schwarzen" 1990er Jahren. Hervorheben kann man zwei Fremde, den auswärtigen Beobachter und den „verlorenen Sohn". Letzterer ist Bruno Boudjelal, der als Kind eines franko-algerischen Paares in Montreuil aufwuchs und unter dem Titel „Heimkehr" 1993 erstmals in seinem Leben Algerien besuchte – ein Land, mit dem er bis dahin weder beruflich zu tun haben noch gefühlsmäßig verbunden sein wollte. Zweimal ist er nur knapp dem Tod entronnen. Die Umstände erfordern, dass er mit einer Amateurkamera unterwegs ist; die Fotos entstehen „aus der Hand", ohne dass er die Motive bewusst aussucht und exakt ins Visier nimmt. Diese Technik behielt er später bei, das Ergebnis ist eine sehr subjektive Fotografie.

Abb. 28: Bruno Boudjelal, Plaine de la Mitidja 2009-2013 Agence VU/laif

1997 reiste Boudjelal mit seinem Vater in dessen Geburtsland, das er stets verleugnet hatte, und begab sich auf die Spuren seiner Familie und – auch in anderen Ländern Afrikas – die Routen der Emigration, die ihn auch in deren Endstation, die Pariser Banlieue führte.[58]

Die fotografische Erinnerungsarbeit betrachtet Boudjelal, der heute für die Agentur „Vu“ tätig ist, als essentiell.

[58] Ähnlich geht die 1992 in Saida geborene und im Kindesalter nach England emigrierte Künstlerin Lydia Ourahmane den Spuren ihrer Vorfahren nach, vgl. meine Besprechung in *tageszeitung* 16.02.2022

Abb. 29: Bruno Boudjelal, Mon grand-père Amar (Algérie) Agence VU/laif

Der andere "Fremde" war der Schweizer Fotograf Michael von Graffenried, mit dem ich 1992 selbst einmal in Algerien unterwegs war. Seine der Not gehorchend mit einer Panoramakamera aufgenommenen Motive sind ikonisch geworden und sprechen tatsächlich für sich.

Abb. 30: Michael von Graffenried, Terror in Algerien

Abb. 31: Michael von Graffenried, Nach den Sieg der Islamischen Heilsfront, Algier 1991

Erwähnen möchte ich zeitgenössische Fotografen wie Karim Kal, der in der Paris Banlieue fotografiert hat.

Abb. 32: Straßenszene in der Pariser Banlieue ©Karim Kal

Kader Attia hat die urbanen Formen der Vorstädte in Frankreich und den felsigen Strand von Algier zum Gegenstrand seiner Betrachtung gemacht.

Abb. 33: Kader Attia, La Tour Robespierre, 2018
Video installation. Video, HD, colour, sound, 2:14 mins.
Installation view Les racines poussent aussi dans le béton,
Mac/Val, Vitry-sur-Seine, 2018
Courtesy of the artist
Photo: Aurélien Mole

Abb. 34: Kader Attia, *Rochers Carrés*, 2008
Photographic series, C-Print, 80 x 100 cm
Courtesy of the artist and Galerie Nagel Draxler

Das gegenwärtige Algerien wird fotografisch sehr intensiv abgebildet, im Land selbst wie in der Diaspora. Prägend sind Themen wie kollektive und individuelle Identität, das politische Engagement im Hirak oder Aspekte des täglichen Lebens.[59] Das zeigen vier exemplarische Arbeiten.

---

[59] Nur verweisen kann ich hier auf eine Ausstellung der Werke von Farouk Abbou, Anas Allal, Sofiane Bakouri, Yassin Belahsene, Samir

Abb. 35: Awel Haouati, *Sans titre*, 2010-2020

Belkaïd, Laura Ben Hayoun, Sabri Benalycherif, Nejla Bencheikh, Ramzy Bensaadi, Houari Bouchenak, Mahdi Boucif, Ferhat Bouda, Bruno Boudjelal, Linda Bournane Engelberth, Fatima Chafaa, Safia Delta, Zohor Fatah, Tytus Grodzicki, Bruno Hadjih, Awel Haouati, Youcef Krache, Emilien Itim, Yanis Kafiz, Lola Khalfa, KMH, Issam Larkat, Mohamed Mahiout, Nadja Makhlouf, Souad Mani & Hakim Rezaoui, Farouk Islam Medjati, Nasser Medjkane, Ahmed Merzagui, Camille Millerand, Fethi Sahraoui, Lydia Saidi, Sihem Salhi, Mohamed Fouad Semmache, Youcef Senous, Lynn SK. Kuratiert von Danaé Panchaud und Abdo Shanan, unterstützt von Miriam Edmunds im Photoforum Biel https://www.photoforumpasquart.ch/event/zeitgenossisches-algerien/

Abb. 36: Samir Belkaïd, *Algérie: objectif politique, révolution pacifique*, 2019

Abb.37: Lydia Saidi, *La prochaine fois, le feu*, 2019-2020

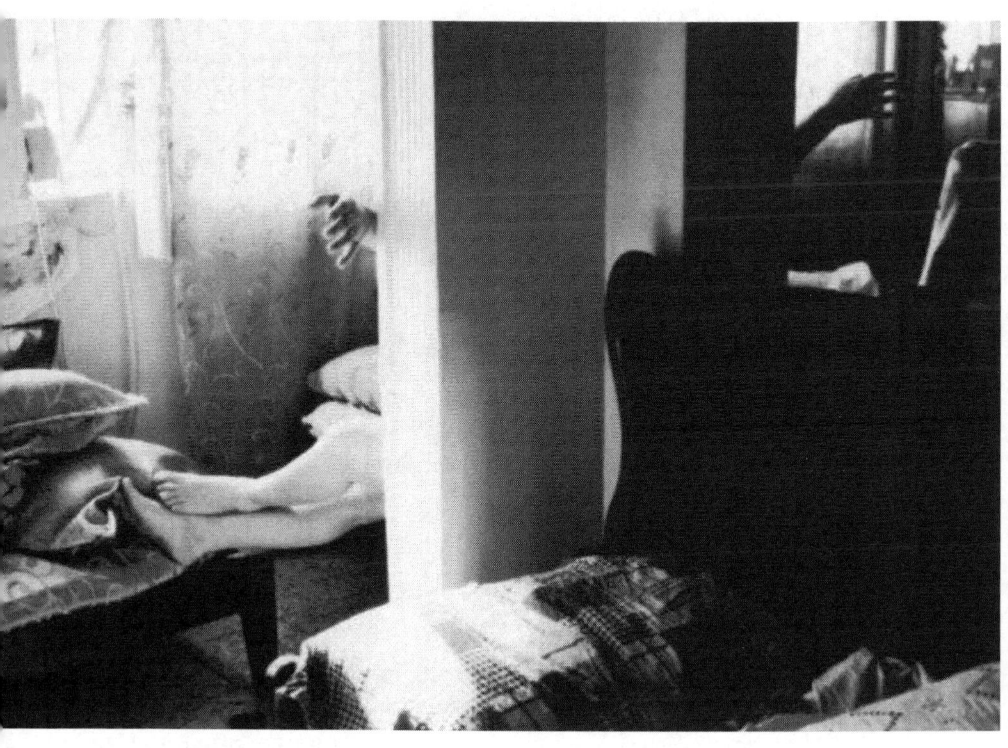

Abb. 38: Lynn SK, *Rue Belouizdad, Alger,* 2014–2019

IV.

Postkolonial: Die Unabhängigkeit

Westsahara: Ein verdrängter Konflikt kommt wieder hoch

Ein fast vergessener Brandherd in einer scheinbar verlassenen Weltregion hat sich 2021 wieder entzündet: der Westsahara-Konflikt. Bereits vor dem 1975 erfolgten Rückzug Spaniens aus seiner Kolonie beanspruchte das Königreich Marokko das Sahara-Territorium an der Atlantikküste. König Hassan II. schickte 350.000 marokkanische Nationalisten auf den „Grünen Marsch", die für die Unabhängigkeit der Sahraoui kämpfende Frente Polisario musste sich in Flüchtlingslager in die algerische Grenzstadt Tindouf zurückziehen. Die 1976 proklamierte Unabhängigkeit eines Westsahara-Staates wurde von über achtzig Staaten und von der Afrikanischen Union anerkannt, doch regiert Polisario nur rund 40 Prozent der Bevölkerung und ein Viertel des Wüstengebiets. Der unter Vermittlung der Vereinten Nationen geschlossene und immer unter dem Vorbehalt eines Referendums stehende Waffenstillstand, hielt fast 30 Jahre, doch nun hat ihn der ehemalige US-Präsident Donald Trump zum Ende seiner Amtsperiode leichtfertig aufs Spiel gesetzt. In einem seiner großspurig verkündeten „Deal" erkannte er Marokkos Ansprüche an und damit das *fait accom-*

pli der Besetzung weiter Teile der Westsahara; im Gegenzug folgte das Königreich den Golf-Emiraten, Bahrein und Sudan und „normalisierte" seine Beziehungen zu Israel.
Die wesentlich von Donald Trumps Schwiegersohn Jared Kushner gezimmerten „Abraham Accords", wie das diplomatische Manöver pompös genannt wurde, hätten sogar auf der Haben-Seite der Trump-Administration stehen können, schiene da nicht so klar die offensive Ausrichtung dieser arabisch-israelischen Frontstellung gegen Iran durch. Überdies verletzt die Anerkennung der Annexion der Westsahara eherne völkerrechtliche Normen und führt die Vereinten Nationen ein weiteres Mal als ohnmächtiger Akteur vor. Die UNO besteht auf der Abhaltung eines Referendums, der Internationale wie der Europäische Gerichtshof haben das Selbstbestimmungsrecht der Sahraoui bestätigt.
Die Westsahara hat eine paradoxe kolonialgeschichtliche Hypothek im Gepäck.[60] Wer wie Algerien, die 1962 unabhängig gewordene Schutzmacht der Polisario, auf das Selbstbestimmungsrecht der Völker pocht, bindet die Freiheit des Sahrawi-Volkes de facto an Grenzen, die im 19. Jahrhundert wie mit dem Lineal gezogen wurden und Kulturräume, Handels- und Migrationsrouten durchschnitten. Solche und auch dynastische Traditionen führen Marokko (und vordem auch der südliche Anrainer Mauretanien) für ihre Gebietsansprüche ins Feld. Während Marokko also eine antikoloniale Rhetorik pflegt, um die faktische Kolonisierung der Westsahara in einem imaginären „Großma-

[60] Stephen Zunes/ Jacob Mundy, Western Sahara: War, Nationalism, and Conflict Irresolution, Syracuse 2010

rokko" voranzutreiben, bekräftigt Algerien indirekt das koloniale Diktat der Berliner Konferenz von 1884/85 als legalen Rahmen für die Befreiung der Region. Der Zwiespalt ähnelt dem der benachbarten Tuareg, die seit ewigen Zeiten zwischen dem heutigen Mali und Algerien zirkulieren und mit ihrem Wunsch nach einem eigenen Staat (namens Azawad) die Integrität und Legitimität des postkolonialen Status quo herausfordern.

Dass Bewegung in den festgefahrenen Westsahara-Konflikt gekommen ist, könnte man positiv bewerten, irgendwie muss dieser Knoten einmal aufspringen. Doch dass dies allein auf dem Rücken der Sahrawi geschieht, macht Trumps Schachzug illegitim und gefährlich. Wie Israel auf der Westbank, hat Marokko in der Westsahara durch intensive und nachhaltige Besiedlung Fakten geschaffen, die jetzt von den Vereinigten Staaten sanktioniert werden. Da könnte man vergessen, dass die Gründung der USA selbst dem Recht auf Selbstbestimmung entsprungen ist und sie es über zwei Jahrhunderte – nicht zuletzt gegen die europäischen Kolonialmächte - hochgehalten haben. Um Kuwaits Souveränität gegen Saddam Husseins Annexion zu schützen, führten sie 1991 sogar einen Krieg am Golf. James A. Baker, US-Außenminister während der Kuwait-Krise und 1997 bis 2004 Westsahara-Beauftragter der Vereinten Nationen, warf Trump vor, er opfere das Völkerrecht auf dem Rücken der Sahrawi, was übrigens auch für die Palästinenser gilt, die nicht Leidtragende der israelisch-arabischen Annäherung sein sollten. Nicht nur Baker beobachtete dann mit Sorge, dass Anfang Dezember 2020 Kämpfe zwischen der marokkanischen Armee und der Polisario aufflackerten, was

die Konfrontation zwischen Marokko und Algerien zuspitzte und zu allem Überfluss lokalen Zellen von Al-Qaida und IS Auftrieb gab, die von der Destabilisierung Nordwestafrikas profitieren. Donald Trump hat auch fern von Washington die Büchse der Pandora geöffnet. Im September 2021 schloss Algerien den Luftraum für marokkanische Flugzeuge, als Grund wurden fortgesetzte „Provokationen" genannt, womit die vermeintliche Anstiftung berberische Aufstände in der Kabylei und die Unterstützung der dortigen Autonomiebewegung MAK gemeint waren.[61]
Die „zionistische Entität" habe mit Marokko ein Komplott geschmiedet, ließ der Hohe Sicherheitsrat in Algier verlauten. Ist Israel einen Krieg wert? Nicht einmal die Dschihadisten trauen sich das zu, Algerien ist durch seine innenpolitische Krise geschwächt und derzeit wohl weder willens noch in der Lage, für die Sahrawi durchs Feuer zu gehen. Eine begrenzte Autonomie unter marokkanischer Oberhoheit böte der Westsahara nur dann eine echte Zukunftsperspektive, wenn der Frieden eine wirtschaftliche Grundlage bekommt. Marokko hat „im Süden" (wie die Westsahara genannt wird) massiv in Solar- und Windkraftanlagen und in die Verbesserung der Straßenwege und Hafenanlagen investiert[62], doch die Gewinne vor allem aus der Plünderung

[61] Lakhdar Benchiba/Omar-Lotfi Lahlou, Kriegsgefahr im Maghreb, *Le Monde diplomatique*, Januar 2022, S. 7; Rémi Carayol/Laurent Gagnol, Mauern ausd Sand, in: *Le Monde diplomatique* Oktober 2021, S. r4f.

[62] https://www.jeuneafrique.com/mag/661057/economie/sahara-occidental-le-grand-bond-en-avant/

der Phosphatvorkommen[63] kommen nur der marokkanischen Plutokratie zugute - genau wie die Investitionszusagen[64] Trumps für Energieunternehmen, die im Besitz der königlichen Familie sind. Es sollen auch Versprechungen gegeben worden sein, die marokkanische Armee mit Kampfdrohnen[65] auszustatten Andere Akzente müssten unter europäischer Ägide mit einer postkarbonen Industrialisierung, der Stärkung der lokalen Landwirtschaft und einer euro-afrikanischen Kooperation für erneuerbare Energieproduktion gesetzt werden. Möglich wäre das indes nur, wenn auch Frankreich die bedingungslose Unterstützung Marokkos aufgeben würde. US-Präsident Biden steht auch in Nordafrika vor einer außenpolitischen Bewährungsprobe, doch hat Trumps Anerkennungspolitik auch die Europäische Union in die Bredouille gebracht. Ihre mit dem Völkerrecht übereinstimmende Weigerung, seinen Coup hinzunehmen, führte dazu, dass Marokko im Mai 2021 die diplomatischen Beziehungen etwa zu Deutschland abbrach und die Übergänge in die spanischen Enklaven nicht mehr kontrollierte, woraufhin Tausende junge Männer die Grenzen stürmten, was ein klarer Erpressungsakt ist. Der Kollateralschaden des wiederaufgeflammten Konflikts zwischen

---

[63] https://www.infosperber.ch/politik/welt/kampf-gegen-pluenderung-der-westsahara-zeigt-erste-erfolge/

[64] https://wsrw.org/de/nachrichten/siemens-partner-teil-von-trumps-besatzungspaket

[65] https://www.reuters.com/article/us-usa-morocco-drones- exclusive-idUSKBN28K2R4?fbclid=IwAR07V7w_531hEebktviMezL3FDzXTy2sR-8-Qv29jJr-9AOjiVf58NBOhTs

Algerien und Marokko ist die vertane Chance einer gesamtmaghrebinischen Kooperation mit Europa. Algerien will alle Gaslieferungen über die Pipeline aus den im Süden gelegenen Erdgasfeldern über Marokko nach Spanien kappen.

Moi Khaled Kelkal – ein Wiederholungszwang?

Der Vorläufer der zahlreichen islamistischen Anschläge in Frankreich war Khaled Kelkal, an dem uns hier die algerische Herkunft und seine französisch-algerische Vita interessieren soll. Kurz nach Khaleds Geburt im April 1971 in der westalgerischen Küstenstadt Mostaganem nimmt die Mutter ihn und seine Geschwister mit zum Vater, der schon seit 1969 in einer Fabrik in Venissieux bei Lyon arbeitet. Die Familie wohnt in Vaulx-en-Velin, einem eher ruhigen Viertel dieser zu den berüchtigten Vorstädten zählenden Kommune, in denen jugendliche Banden Mopeds und Autos klauen und sie in Flammen aufgehen lassen. Die Banlieue wird damals zu einem gefürchteten Ort, zum Albtraum der guten französischen Gesellschaft und zum Studienobjekt der Sozialwissenschaft und Kriminologie.

Khaled hat damit erst einmal nichts zu tun. Er ist, anders als die meisten Altersgenossen mit maghrebinischem Hintergrund, ein vielversprechender Schüler, der es aufs Gymnasium schafft, wo man damals noch keinen „Araber" gesehen hat. Auf dem Klassenfoto steht er an der Seite des Lehrers, der ihn ein wenig unter seine Fittiche genommen zu haben scheint. Aber es gefällt dem Jungen in der Schule nicht, er bleibt ein Außenseiter und gerät unter den Einfluss des älteren Bruders Nourredine, der es schon mit der Polizei zu tun bekommen hat und wegen eines bewaffneten Raubüberfalls für zwölf Jahre in den Knast wandert. Dort landet bald auch der 19jährige Bruder, der Autos aufgebrochen hat und zu vier Jahren Gefängnis verurteilt wird. In kurzer Zeit ist aus dem „voyou", dem unbotmäßigen Strolch, dessen Delinquenz keine Seltenheit im Milieu der Migrantenkinder ist, ein Schwerkrimineller geworden.

Das Gefängnis wird ihm zum Verhängnis. Er trifft einen „Khelif", der im Gefängnis Häftlinge für den Heiligen Krieg rekrutiert. Dort lernt Khaled arabisch mit dem Koran, auf Freigängen frequentiert er die Moschee von Vaulx-en-Velin und kommt mit gewaltbereiten Dschihadisten in Kontakt. Die blicken damals vor allem nach Algerien, wo friedliche wie radikal-gewalttätige Islamisten mächtig auf dem Vormarsch sind. Die von der Regierungsmacht annullierte Stichwahl, in der die „islamische Heilsfront" den ersten Wahlgang gewonnen hat, entfacht einen Bürgerkrieg, in dem sogenannte „Afghanen", die vom Kriegsschauplatz am Hindukusch zurückgekehrt sind, wie das algerische Militär mit unvorstellbarer Brutalität vorgehen.

Auch Khaled zieht es nach Algerien, in die „Heimat", die er gar nicht kennt. Zwischen 1993 und 1995 taucht er des Öfteren in Mostaganem auf, besucht die Großeltern und einen Onkel, spürt seinen Wurzeln und Blutsbanden nach. Als gläubiger Moslem fällt er hier nicht auf, aber er droht seiner Freundin für den Fall, dass er sie mit einem anderen Mann sieht. Auffällig ist eher, dass Khaled oft auf dem Trottoir vor dem Haus der Großeltern hockt und nachzudenken scheint, freundlich auf Ansprache, aber meist in sich gekehrt und schweigsam. Wenn die Atmosphäre sich lockert, reagiert er allergisch und wütend auf Scherze. Khaled beobachtet demobilisierte Kämpfer, die auf Pick-ups durch die Stadt rasen und mit Maschinenpistolen herumfuchteln. Ob er von ihnen angesprochen worden ist oder die Dschihadisten ihn von

Ferne beeindruckt haben, ist nicht verbürgt. Ein gewisser Ali Touchent, später als Mitglied des algerischen Geheimdienstes verdächtigt, rekrutiert ihn 1994/5 als „Kofferträger" für diverse Missionen in Algerien. Khaled transportiert Waffen, Geld und Dokumente.

1992 hat der deutsche Sozialforscher Dietmar Loch Khaled Kelkal und andere junge Leute interviewt. Ihn interessiert im Rahmen eines Graduiertenkollegs der Universität Gießen, wie kommunale Integrationspolitik im schwierigen Umfeld der Vorstädte mit hoher Konzentration von Migranten funktioniert. Sozialwissenschaftler müssen auch bei schwierigen Fällen versuchen, ihr „Feld" zu verstehen. Auch sie verabscheuen die Taten, die Khaled zur Last gelegt werden, aber sie wollen begreifen, wie wahre Monster Gott spielen, wenn sie das Leben unschuldiger Menschen für eine wirre religiös-politische Ideologie opfern zu können meinen. Die Gespräche werden auf Tonband-Kassetten gespeichert, einige ausgewertet, andere noch nicht. Dietmar Loch schwant, welcher Dokumentenschatz da in seinen Händen ist, nachdem er in Deutschland zunächst gar nicht mitbekommen hat, wie der freundliche, beredte und auskunftsbereite junge Mann aus Vaulx-en-Velin von 1992, damals 22 Jahre alt, zum „Staatsfeind Nr. 1" ausgerufen und auf 170.000 Steckbriefen der meistgesuchte Verbrecher in Frankreich wird.

Wie in den 1950er Jahren griff der Terror in Algerien auf das Hexagon über. Juli 1995 wurde Imam Abdelbaki Sahraoui, der „abtrünnige" Mitgründer des FIS, in seiner Pariser Moschee erschossen, wenig später explodierte eine Bombe in der Metrostation Saint-Michel, wo es acht Tote und 117

Schwerverletzte gab. Im Monat darauf zündet eine Bombe am Arc de Triomphe. Den größten Blutzoll hätte wohl der Anschlag auf den TGV von Paris nach Lyon am 26. August gefordert, wenn die auf der Strecke angebrachte Bombe hochgegangen wäre. Da war die Polizei Kelkal schon mit 760 Gendarmen und drei Hubschraubern auf den Fersen, aber es folgten noch zwei weitere Terrorakte im September 1995 auf dem Markt des Boulevard Richard Lenoir in Paris und vor einer jüdischen Schule in Villeurbanne. Spezialeinheiten stellten ihn am 29. September 1995 und verwundeten ihn zunächst am Bein. „Macht ihn fertig", feuerten sich die Polizisten an und gaben ihm die tödliche Kugel.

Von Khaled Kelkal erfahre ich im Oktober 1995. Mitten in der Nacht ruft *Le Monde* bei mir in New York an und nennt einen Namen. Ob ich den kenne? Nie gehört. Ob ich einen gewissen Dieter Loch kenne? Nur einen Dietmar Loch, der ist mein Doktorand. Ob ich von seinem Interview mit einem zwei Wochen zuvor zur Strecke gebrachten Terroristen gehört hätte? Und ob es wohl üblich sei, dass deutsche Feldforscher Interviews mit solchen Leuten führten? Ich verstehe erst allmählich die Aufregung. Mein Doktorand, der an einer Arbeit über migrantische Jugendliche in französischen Vorstädten sitzt, hatte mit dem eben getöteten Khaled Kelkal gesprochen. Auch ihm selbst ist das erst klargeworden, als er im Fernsehen das Fahndungsfoto des erschossenen Täters sieht. Loch bietet *Le Monde* die Transkription des anderthalbstündigen Gesprächs an, das einzigartige Dokument einer angekündigten Radikalisierung. Der Sozialwissenschaftler „versteht", ohne dass er erklären kann, warum ausgerechnet Khaled diesen Weg gegangen ist und andere nicht. Das können auch Mitschüler, Verwandte, Kumpel und selbst geläuterte Dschihadisten nicht. Aber das in der Zeitung abgedruckte Gespräch hat der französischen Gesellschaft gezeigt, welche Wege gegangen worden sind und gegangen werden von jungen Männern, die auf den „Emir von Valux-en-Velin“ gehört haben: Mohamed Merah, die Gebrüder Kouachi, Amedy Coulibaly und viele weitere. Khaled Kelkal ist auf einem Friedhof in Rilleux-la-Pape anonym beigesetzt worden, seine Familie in Mostaganem hat sich gegen die Überführung des Leichnams nach Algerien ausgesprochen.

Die Kulturwissenschaften sind entstanden und haben ihre besten Momente gerade in jenen Zeiten, in denen die Welt aus den Fugen zu geraten scheint und sich Phänomene zeigen, die schwer in jenen „sinnhaften Aufbau der sozialen Welt“ (Alfred Schütz) passen, den man „normalerweise“ für garantiert hält. Eine solche Irritation produziert seit Jahrzehnten der Terror, der zuletzt vor allem von islamistischen Gruppierungen ausgeht. Woher kommt die mörderische Entschlossenheit, wahllos Wehrlose abzuschlachten? Wie kann es sein, dass jemand sein eigenes Leben dafür opfert? Wie ist es möglich, dass sich säkular-agnostische Menschen zu einer Spielart von Religion bekehren, die den barbarischen Dschihad zum Markenkern erhoben hat? Warum lassen sich Konvertiten als Selbstmordattentäter verheizen, und warum sind unter ihnen junge Frauen, die sich einem brutalen Patriarchat unterwerfen müssen? Warum verlassen junge Leute die westliche Konsumkultur, warum schlagen muslimische Einwanderer diese so radikal aus?

Über solche Fragen wird auf Podien und in Talkshows spekuliert, akademische Kreise werfen ihre Ableitungsmaschine an, um irritierende Anomien sozialpsychologisch und sozialstrukturell auf nachvollziehbare Ursachen zurückzuführen. Da das oft zu unzulässigen Generalisierungen oder hilflosen Gemeinplätzen führt, ist die genaue Beschreibung eines Einzelfalls vorzuziehen. Denn in Hunderten von vergleichbaren Biografien haben gleiche oder ähnliche Voraussetzungen alles andere als Terrorismus produziert. Beweggründe und Wirkungen des von Dschihadisten ausgelösten Schreckens lassen sich auch (und manchmal besonders gut) verstehen, wenn man seinen subjektiven, also je individuellen Bedingungen nachgeht. Das ist keine kulturwissenschaftliche Fingerübung, sondern die methodische Beobachtung von erklärten Feinden, die mit ihren Mordtaten ganze Gesellschaften aus dem Gleichgewicht bringen wollen.
Beispielsweise hat der in Frankreich arbeitende Soziologe Farhad Khosrokhavar diesen Versuch unternommen. Der 1948 im Iran geborene und seit Ende der 1960er Jahre in Frankreich tätige Studiendirektor des von Alain Touraine initiierten Centre d'Analyse et d'Intervention Sociologiques (CADIS) an der renommierten École des Hautes Études en Sciences Sociales (EHESS) in Paris hat diverse Studien über die (unter anderem dschihadistische) Radikalisierung junger Leute erarbeitet. Zugute kamen ihm dabei seine philosophische Ausbildung als an Husserl und Heidegger geschulter Phänomenologe sowie Erfahrungen, die er bei einem Intermezzo zurück im Iran der Islamischen Revolution

gemacht hat. Aus seinen Feldbeobachtungen und Fallstudien in Frankreich ergibt sich eine Wirkungskette, die im depravierten Leben in den Vorstädten startet und über jugendliche Kleinkriminalität (Schwarzfahren, Drogenhandel, Klauen) und das Gefängnis in den transnationalen Kriegstourismus und nach der Rückkehr nach Frankreich zum Dschihad im Westen führt. Wie gesagt: bei einigen, und nicht notwendigerweise. Wut und Frustration sind in der Banlieue weit verbreitet, aber die bis zum Dschihad führende Radikalisierung ist ein „ultraminoritäres Phänomen". Fehlt hier etwas? Nicht unbedingt muss die Religion, genauer: eine radikal einseitige Auslegung des Islam als Treiber individueller und kollektiver Radikalisierung hinzukommen, der Weg in den Terror führt oft, aber nicht immer durch eine Moschee. Bei "ausländischen Kämpfern" und Attentätern stellt man oft nur ganz oberflächliche Berührungen mit der Religion fest; der Islam beeindruckt eher eine nicht unbeträchtliche Zahl überangepasster Konvertiten. Was für die meisten Täter hingegen zutrifft, ist eine soziale Isolation und Frustration, deren Ursprungsort in der Regel eine dysfunktionale Familie ist. Ultramilitante Aggressivität ist für viele Kämpfer der Weg, endlich Bedeutung zu erlangen, ihrem Leben einen Sinn zu geben, sich in der Welt bemerkbar zu machen. Auf diese Weise, zeigen viele Studien zur Radikalisierung, substituieren sie sich einen sozialen Aufstieg, den ihnen die alteingesessene, aber auch die eingewanderte Mittelschicht verweigert. Bei allen Unterschieden sind sie damit den Anhängern des Rassemblement National (bis 2018 Front National) ähnlich, die sich ebenfalls abgehängt und fremd fühlen. Revanchegelüste und Ressentiments spielen dabei eine enorme Rolle, und genau hier kommt die funktionale Rolle des religiösen Universums ins Spiel, das die weltumspannende islamische Umma verheißt. Mit einem Mal sind alle Unklarheiten und Unreinheiten des modernen Lebens und auch der eigenen Lebensgeschichte beseitigt, mit einem Mal bietet sich eine trennscharf strukturierte Welt, die Gut und Böse scheidet. Obwohl die *moudjahedins* unsagbar Unrechtes vorhaben und ausführen, fühlen sie sich als Gerechte, die den Terror der anderen rächen, ob das nun arabische Diktatoren wie Assad sind, Angehörige der ehemaligen Kolonialmacht oder die amerikanischen Invasoren im Irak.

Man hat diese aktuelle Radikalisierungstendenz historisch einzuordnen versucht. Da sind in der Geschichte der islamischen Welt die Assassinen, eine religiöse Sekte, die zwischen dem Ende des 11. Jahrhunderts und der Mitte des 13. Jahrhunderts in Persien und in Syrien Anschläge auf politische Gegner verübte. Sie wurden „Opferbereite" genannt, weil sie bei diesen Aktionen oft den Tod fanden. Selbstmordanschläge sind indes nicht auf den islamischen Orient beschränkt, man denke nur an die anarchistischen Propagandisten der Tat im 19. und 20. Jahrhundert und an eine delinquente Subkultur in den reichen Ländern (Westeuropa, USA, Japan), die in den 1960er und 1970er Jahren auf Abenteuer suchende Jugendliche Eindruck machte. Ein Auslöser war der Krieg in Südostasien gegen Befreiungsbewegungen, deren Bekämpfung entschiedene Gegengewalt gerechtfertigt erscheinen ließ. In dieser Sicht werden ungleiche Phänomene nicht gleichgesetzt, aber sie lässt doch erkennen, dass Radikalisierung und ihre Begleiterscheinungen (Paranoia, Gehirnwäsche) nicht auf religiöse Fanatiker beschränkt sind. Allerdings können diese Fanatiker aus säkularen Zielsetzungen solche machen, die mit quasi-religiöser Inbrunst und Blindheit verfolgt werden.

Wer anfällige Personen von Radikalisierung abhalten und Kämpfer deradikalisieren möchte, die dem Wahnsinn auf den Schlachtfeldern Syriens und des Irak entronnen sind und hierzulande Attentate planen, sollte die Lebensgeschichten, die Dietmar Loch und andere aufgezeichnet haben, aufmerksam lesen. Bei aller Singularität der Einzelfälle identifiziert die Soziologie eine Palette von Radikalisierungsvarianten und -motiven. Dazu zählen Finanzierungsquellen (etwa in den Golfstaaten) und die Attraktion des Salafismus. Dabei zeigt sich, dass zwischen dem französischen und deutschen Milieu der Radikalisierung neben vielen Gemeinsamkeiten bedeutsame Unterschiede bestehen: zum einen der zusehends kontraproduktive Laizismus der französischen Republik im Vergleich zu einem in Deutschland praktizierten Multikulturalismus, zum anderen die Nachwirkungen eines kolonialen Antagonismus, der weit ins 19. Jahrhundert zurückdatiert und im Algerienkrieg eine immer noch nicht aufgearbeitete Hypothek hat.

„Finis-le! Finis-le!“ Mach den Terroristen fertig, hat ein Agent der Spezialtruppe gebrüllt, die Khaled Kelkal an einer Bushaltestelle in Vaugneray oberhalb von Lyon umstellt und ihn regelrecht hinferichtet hat - vor laufender Kamera des Fernsehteams von M6, die diesen Ruf herausgeschnitten hat. Frankreich war damals überwiegend erleichtert, dass man den Täter, dessen genaue Verwicklung in die Anschlagsserie nie geklärt worden ist, ausgeschaltet hatte. Das Land war 32 Jahre nach der algerischen Unabhängigkeit wieder zum Schauplatz eines Schattenkriegs geworden, in dem die Dschihadisten im „djebel“ gegen die alten Kämpfer der FLN/ALN kämpften, als seien sie französische Fallschirmjäger, Fremdenlegionäre und Folterer aus dem „Mutterland“, und sie trugen diesen Krieg in die Metropole, als sei Frankreich immer noch die Kolonialmacht. Und der Krieg hat längst auch Deutschland, Belgien und andere europäische Länder erreicht. Europa muss sich gemeinsam gegen eine schwer identifizierbare Bedrohung zur Wehr setzen, die nicht mehr weit weg in Tora Bora-Kommandozentralen angeordnet wird, sondern „mitten unter uns“ grassiert. Diese destruktiven Energien auszuschalten und zu überwinden, wird Jahre und Jahrzehnte dauern. Beginnen sollte man damit, dass man auch Phänomene, die sich einem sinnhaften Aufbau der sozialen Welt so drastisch zu widersetzen scheinen, zu verstehen und zu durchdringen sucht.

UNGELIEBTE FLÜCHTLINGE: VOM ERFURTER POGROM ZUR KÖLNER SILVESTERNACHT

Während algerische Arbeitskräfte in Frankreich seit dem Ende des 19. Jahrhunderts zum Alltag gehörten, war ihre Zahl in Deutschland (West und Ost) stets gering. Zu Hochzeiten des Algerienkriegs lebten wohl niemals mehr als 4000 Algerier hier, heute sollen es knapp 20.000 sein. Die Hauptmotive der Emigration waren und sind wirtschaftlicher Natur, damals auch die Abkehr von Aktivitäten des FLN oder des MNA, die sich gegenseitig befehdeten und in Frankreich wie in Algerien mit Terrormethoden operierten. Einbezogen in die antikolonialen Aktivitäten waren Migranten als Tributpflichtige, aber auch indirekt dadurch, dass westdeutsche Behörden sie pauschal als Sicherheitsrisiko einschätzten und französische Stellen sie als feindliche Kombattanten einstuften. Die Bundesregierung hielt dem Druck seitens Frankreichs im Interesse ihres Verhältnisses zu den arabischen Staaten stand, solange es keine Terroranschläge auf deutschem Boden gab, doch hielten die Sicherheitsorgane tets ein wachsames Auge auf „Nordafrikaner". Dabei genossen algerische Migranten einen prekären Aufenthalts- und Arbeitserlaubnisstatus, womit deutsche Behörden ungewollt eine algerische Nationalität kreierten, indem sie *de jure* französischen Staatsbürgern, als welche die Algerier bis 1962 zählten, *de facto* eine eigene, durch „cartes bleues" ausgewiesene Identität zwischen drohender Illegalität und strikt verweigertem politischen Asyl verschafften.

So wurden die außenpolitisch tolerierten Algerier innenpolitisch durchaus als Bedrohung der öffentlichen Sicherheit und Ordnung angesehen. Auch rassistische Vorurteile spielten dabei eine Rolle, was hier und da noch auf die „Schwarze Schmach“ zurückging – ein Echo auf die Saarland- und Rheinlandbesetzung nach dem Ersten Weltkrieg, als in Frankreichs Armee eine große Anzahl nordafrikanischer Kolonialsoldaten dienten.
Diese Erinnerung war sicher verblasst, als zum Jahreswechsel 2015/16 junge nordafrikanische Männer aufs Neue zur Schreckensmetapher wurden, nachdem sie in Köln und andernorts massenhaft sexuelle Übergriffe verübt hatten. Allein in Köln gingen 1.210 Anzeigen wegen sexueller Übergriffe und Diebstahl ein und wurden 290 Ermittlungsverfahren eingeleitet; von 354 namentlich bekannten Verdächtigen wurden 101 als Algerier, 91 als Marokkaner, 37 als Iraker, 29 als Syrer und 25 als Deutsche identifiziert. 122 Verdächtige waren Asylsuchende, 52 lebten illegal in Deutschland.[66] Die berüchtigte „Kölner Silvesternacht“ löste weit über Deutschland hinaus eine Debatte über das Verhalten junger Araber aus - und die möglichen Ursachen und Gründe dafür. Das Ereignis wurde als „Schock“ (Alice Schwarzer) und Versagen der Polizei und der Berichterstattung empfunden, auch nährte es rassistische Hetze und Fundamentalkritik an der deutschen Flüchtlingspolitik. Der algerische Schriftsteller Kamel Daoud erhob Köln zur „europäischen Kulturhauptstadt der Konfrontation“; er verwies

[66] https://de.wikipedia.org/wiki/Sexuelle_Übergriffe_in_der_Silvesternacht_2015

dabei auf die „große sexuelle Misere“ der muslimischen Länder und die falschen Versprechungen eines „porno-islamisme“ zur Rekrutierung islamistischen Nachwuchses: Eine unerträgliche Spannung zwischen der Verschleierung im Diesseits und der versprochenen Orgie im Jenseits löse sich entweder durch Aggression und Explosion oder durch Verleugnung und Verschleierung. In den Ländern Allahs sei der Sex ein Versprechen durch den Tod, nicht durch die Liebe, und die Sexualität sei ein Verbrechen, es sei denn, sie sei durch die Religion kodifiziert und als irdisches Verlangen folglich getötet (Le Point 26.1.2016, zit. nach FAZ 6.2 2016). Manche Kommentatoren zogen gar eine Bürgerkriegsanalogie: Sexuelle Gewalt sei die übliche Begleiterscheinung von ethnisch-religiösen Auseinandersetzungen; junge Muslime hätten an einem christlichen Ort, dem Kölner Dom (der zuvor schon mit Böllern beschossen und zur Verrichtung der Notdurft entweiht worden sei) ihre Überlegenheit demonstrieren und beweisen wollen, die Deutschen könnten ihre Frauen nicht schützen. Für die völkisch-autoritär gesinnte Rechte waren die Vorgänge der willkommene Anlass, um die deutsche „Willkommenspolitik“ für syrische Flüchtlinge zu geißeln und deren Initiatorin, Bundeskanzlerin Angela Merkel, zu brandmarken – hier könne man sehen, wohin der von der Regierung tolerierte oder inszenierte „Bevölkerungsaustausch“ führe. In den Chor stimmte sogar der Kolumnist der New York Times ein, die für gewöhnlich kaum über Deutschland schreibt: Ross Douthat empfahl, zur Abwehr der unkontrollierten Masseneinwanderung die Grenzen für Neuankömmlinge zu schließen und die törichte Illusion aufzugeben, das Land könne sich durch humanitäre Aktionen von Sünden der Vergangenheit reinwaschen. Die Bundeskanzlerin, die dem von Berlin beherrschten Kontinent einen hohen Preis für edelmütigen Irrsinn („high-minded folly") abverlange, müsse gehen.

Wie so oft in (quasi-)kriegerischen Auseinandersetzungen ist die Wahrheit das erste Opfer und bleiben ausgewogene Problembeurteilungen eine Seltenheit. Versuchen wir es trotzdem: Die sexuelle Aggressivität der hier zur (offenbar verabredeten) Tat schreitenden jungen Männer ist zu kritisieren und juristisch zu verfolgen; die Ursachen dafür in einer fehlgeleiteten Sexualmoral in ihren Herkunftsländern und hiesigen Communities zu suchen, ist nicht apologetisch, sondern unabdingbar für die Integration von Minderheiten und für die Prävention islamistischer Radikalisierung. Dass die sexuelle Misere mit religiösen Vorschriften und Praktiken in Verbindung steht, beruht auf empirischer Evidenz und hat mit „Islamophobie" nichts zu tun. Sich gegen Pauschalurteile und politische Instrumentalisierung dieser Vorfälle durch Rechte und Rechtsradikale zu wenden, sollte selbstverständlich sein. Dazu gehört die Zurückweisung von Profiling bei Einsätzen gegen „Nafris", wie Nordafrikaner im Polizeijargon tituliert wurden; ebenso verbietet sich die pauschale Einstufung nordafrikanischer Staaten als „sichere Herkunftsländer" bei der Behandlung von Flüchtlingen und Asylbewerbern. Kurzum: Die Leugnung gehäufter Exzesse von Chauvinismus und Misogynie ist so unangebracht wie die dämonisierende Fiktion unbeherrschbarer Virilität bei arabischen Männern.

Innerdeutscher Zeit- und Szenenwechsel: Letzteres („Sie nehmen uns unsere Mädchen weg") war nämlich schon ein

Faktor von pogromartigen Ausschreitungen gegen algerische Migranten im östlichen Teil Deutschlands, wo sie – ebenfalls eine relativ kleine Gruppe - als „Vertragsarbeiter" zum Einsatz gekommen waren. Solche Ausschreitungen fanden nicht erst nach der Wende statt, wofür Orte wie Rostock-Lichtenhagen oder Hoyerswerda stehen, sondern fast unregistriert und offiziell totgeschwiegen Mitte der 1970er Jahre in der damaligen DDR. An einem heißen Sommerabend 1975 notierte das MfS „Tätlichkeiten zwischen algerischen, ungarischen und Jugendlichen aus Erfurt" bei einem Volksfest. Es handelt sich um regelrechte Hetzjagden. Erstmals wurde ein Wohnheim ausländischer Arbeiter angegriffen, dann folgten viele weitere Vorfälle dieser Art bis zum Ende der DDR, auch gegen Polen und Ungarn. Zu den ersten, die diese Ausschreitungen recherchiert haben, gehören der Historiker Harry Weibel und der MDR-Journalist Rainer Erices. Letzerer hat seine Recherchen über den Sommer 1975 publiziert, die kaum bekannt sind und die ich ausführlich zitieren möchte:

„Mitte Juni 1975 kamen rund 300 Algerier nach Thüringen. Sie arbeiteten in Betrieben der Stadt Erfurt und im Gummikombinat im nahegelegenen Waltershausen. Tatsächlich fielen einige Algerier schon bald negativ auf. Im Nordbad belästigte eine Gruppe weibliche Badegäste, so dass das Personal einschreiten musste. Einige Algerier tranken erhebliche Mengen Alkohol, grölten in der Innenstadt und warfen Pflastersteine, ist in den Unterlagen der Staasicherheit zu lesen. Mehrere Male kam es zu Prügeleien zwischen Algeriern und vor allem ungarischen Arbeitern, die auch in Erfurt arbeiteten. (...) In einer Erfurter Kneipe erzählte im August 1975 ein Gast von schlimmen Vorfällen, die er selbst gesehen habe. Der Mann war Fahrer in einem Erfurter Betrieb. Er behauptete, dass mehrere Algerier in der Stadt Deutsche angegriffen und eine Frau vergewaltigt hätten. Mit seinen Ausführungen stieß er bei seinen Kollegen auf offene Ohren. Vielen von ihnen waren die neuerdings in Erfurt lebenden Ausländer ein Dorn im Auge. Das ist in Unterlagen der Staatssicherheit zu lesen. Fast alle der Fremden seien junge Männer, die kaum Deutsch verstanden. Vor allem würden sie deutschen Mädchen hinterherschauen, steht zuhauf in den Akten. Die Araber passten nicht - so die herrschende Meinung - ins Erfurter Stadtbild. Bei einer Polizeibefragung gab der Erfurter Kraftfahrer später zu, sich seine Geschichten zu den angeblichen Vorfällen nur ausgedacht zu haben. Doch das Gerücht der Vergewaltigung war nun in der Welt. (...)

Die Stimmung gegenüber Algeriern war allgemein gereizt. Man munkelte, dass die Ausländer besser entlohnt und auch bei der Wohnungssuche bevorzugt würden. Am 10. August eskalierte die Situation in der Stadt erstmals. Stasi-Mitarbeiter dokumentierten diesen Tag: Auf dem Rummel am Domplatz versuchte ein Algerier eine Deutsche gegen ihren Willen zu küssen. Einige Jugendliche beobachteten den Vorfall und brachen ihm das Nasenbein. Auch ein zweiter Algerier wurde verprügelt. Daraufhin flohen die ungefähr 25 Algerier vom Domplatz Richtung Fischmarkt. "In aufgebrachter, pogromhafter Stimmung folgten ihnen zuerst etwa 150, später nahezu 300 Jugendliche." Sie schlugen "mit auf Baustellen und von Marktständen entwendeten Latten und Stangen“ aufeinander ein. Einer der später als Haupttäter verurteilten Deutschen hetzte einen Schäferhund auf die Ausländer.

Am Folgetag schien sich die Lage zunächst beruhigt zu haben. Die Sicherheitskräfte bemerkten, dass sich Algerier im Stadtzentrum "korrekt“ verhielten. Am Abend erreichte ein Gerücht

das Wohnheim der Algerier in der Nordhäuser Straße, wonach einige Landsleute wieder angegriffen worden seien. Sofort bewaffnete sich eine Gruppe mit Stöcken, Drahtseilen und Messern. Weit kam sie nicht. Die Straßenbahnfahrer weigerten sich, die Algerier zu befördern, der Bahnbetrieb wurde eingestellt. Die Algerier beruhigten sich. In einer folgenden Aussprache gaben sie an, dass sie sich nicht länger "als Menschen zweiter oder dritter Klasse“ behandeln lassen wollten. Im Wohnheim fanden die Sicherheitskräfte ein Flugblatt: "DDR-Faschisten“ und "Wir wollen wieder nach Hause“ stand darauf. Am 12. August versammelten sich über 50 Jugendliche in der Innenstadt. Sie provozierten anwesende Algerier und schlugen sie zusammen. Die Algerier flohen in Panik und Angst um ihr Leben. Volkspolizisten stürzten herbei und leiteten sie in den Innenhof der Hauptpost. Die deutschen Verfolger stürmten dicht hinter ihnen her. Immer mehr versammelten sich vor der Post. In Sprechchören verlangten die Deutschen, so notierte die Stasi, die Herausgabe der Algerier. „Schlagt die Algerier tot, jagt sie heim, sie sollen sich wieder in den Busch scheren", skandierten letztlich rund 150 Erfurter. Die Lage wurde nun auch für die Polizisten bedrohlich. Steine flogen, es gab Scherben, doch es gelang den Sicherheitskräften letztlich, die Algerier sicher in ihr Wohnheim zu fahren.
Dorthin machten sich am nächsten Tag Trupps von mit Stöcken bewaffneten schreienden Deutschen auf, um Algerier zu verprügeln. Die Sicherheitskräfte waren alarmiert und konterten mit einem Großaufgebot. Die Daten von 132 DDR-Bürgern wurden aufgenommen, 57 Beteiligte wurden festgenommen, die mutmaßlichen Rädelsführer kamen in Untersuchungshaft. Gegen 31 beteiligte Deutsche wurde im Nachgang ermittelt, zwölf weitere erhielten eine Ordnungsstrafe. In ihren Analysen zu den Ereignissen kamen die Ermittler zu dem

Schluss, dass nicht der Vorfall auf dem Erfurter Domplatz zu den Hetzjagden geführt hatte. Vielmehr seien bereits seit Eintreffen der Algerier in der Stadt "permanent Gerüchte in Umlauf gesetzt worden, die jeglicher Grundlage entbehrten". Einer der Rädelsführer hatte offenbar bereits Tage vor den Vorfällen Schlägereien mit Algeriern geplant."[67]

Der Realsozialismus war auch eine Heimstätte für jenen Rassismus und Neofaschismus, den offizielle DDR-Stimmen auf die Bonner Republik begrenzt sahen. Verträge wurden nicht mit den „Vertragsarbeitern" geschlossen, sondern – wie 1974 mit Algerien – mit den Herkunftsländern. Die DDR-Rhetorik der Völkerverständigung und brüderlichen Solidarität war hohl und leer. Kommunikation mit Einheimischen, Integration in die DDR-Gesellschaft, gar binationale Freundschaften und Eheschließungen waren unerwünscht; die angeworbenen Arbeitskräfte lebten in separierten Wohnheimen, ein großer Teil ihres Arbeitslohns wurde den Regierungen als „Entwicklungshilfe" ausgezahlt. Es grassierten üble Vorurteile über die angebliche Gewalttätigkeit und Unsauberkeit der Algerier, gegen die häufig falsche Anschuldigungen erhoben wurden. Auch innerhalb der Betriebe kam es häufig zu Reibungen und handgreiflichen Auseinandersetzungen. Die deutschen Urheber der

---

[67] Rainer Erices, Hetzjagd im Augst 1975 in Erfurt. Wie Ausländerfeindlichkeit in der DDR verharmlost und verleugnet wurde.
In: Gerbergasse 18. Thüringer Vierteljahreszeitschrift für Zeitgeschichte und Politik.4/2018, H. 89, S. 22–25, Harry Waibel, Der gescheiterte Anti-Faschismus der SED. Rassismus in der DDR. Frankfurt am Main 2014

Übergriffe wurden selten verfolgt, eher wurden die Vertragsarbeiter abgeschoben. Es gab in der DDR auch freundschaftliche und Liebesbeziehungen zwischen In- und Ausländern, aber das generelle Klima vom Misstrauen und Feindseligkeit bestand bis zum Ende der DDR. Im Slogan „Wir sind das Volk“ hatten Migranten keinen Platz, die Aggressionen entluden sich offen nach dem Fall der Mauer.

Die Migrationsforscherin Almut Zwengel hat sich mit den Gründen für dieses Überleben eines xenophoben Rassismus im Realsozialismus beschäftigt und eine nuancierte, soziologisch verallgemeinerbare Bewertung vorgenommen, die auch wieder zu den frühen algerischen Migranten und der Silvesternacht führt.[68] Das Gros der algerischen Vertragsarbeiter übte körperlich harte, gesundheitlich belastende, schlecht bezahlte und gering qualifizierte Tätigkeiten aus, ein kleinerer Anteil erwarb Facharbeiterabschlüsse. Der Rassismus wurde wenig thematisiert; die zumeist jungen Algerier erklärten ihn sich damit, dass sie mehr Erfolge bei deutschen Frauen hatten. So gering ihr Ansehen am Arbeitsplatz war, so hoch war es in Privatbeziehungen, wozu auch die Westkontakte beitrugen. Die Algerier hielten zusammen und vermochten ihre Interessen zu vertreten; zu den Herkunftsfamilien pflegten sie wenig Kontakt und durchlebten in der DDR eine verspätete Adoleszenz, in der

---

[68] Algerische Vertragsarbeiter in der DDR. Doppelter Sozialstatus, späte Adoleszenz und Protest, in: A. Zwengel (Hrsg.), Die 'Gastarbeiter' der DDR. Politischer Kontext und Lebenswelt, Berlin/Münster 2011, S. 71–98; dies., Über Stereotype und Vorurteile. Grundsätzliche Uberlegungen und Analyse von Kommentaren zu den Ubergriffen in der letzten Silvesternacht in Köln, in: Demokratie gegen Menschenfeindlichkeit, Jg. 1, 2, 2016, S. 115–127.

sie auch gerne mal „über die Stränge schlugen"; an einer Familiengründung und Ansiedlung im Ausland waren sie kaum interessiert. Wie weit junge Algerier oft noch von egalitären und respektvollen Geschlechterbeziehungen entfernt sind, zeigte sich nicht nur in der berüchtigten Kölner Nacht, sondern auch im Alltag daheim.

Ewige Verliererinnen? Femmes de l'Algérie

„Femmes d'Alger dans leur appartement" heißt ein Gemälde des französischen Malers Eugène Délacroix, eine Genreszene aus einem „Harem", das die Kunstgeschichte als stilprägendes Beispiel für Romantik und Orientalismus bewertet. Die Wände des Appartements sind mit gemusterten Steingutfliesen und einer weiß-blauen Fayenceplatte bedeckt, die den arabischen Schriftzug „Muhammad, der Gesandte Gottes" trägt, ein Teil des Glaubensbekenntnisses der Muslime. In einer Nische über einem halb geöffneten Schrank sieht man silbernes Geschirr, daneben höngt ein gerahmter Spiegel. In dem Raum sitzen drei Frauen auf Orientteppichen. Sie tragen luftige Tuniken aus bestickter Seide über weiten Hosen, die ihre nackten Waden zeigen, wertvoller Schmuck ziert sie. Die Frau auf der linken Seite stützt sich lässig auf einen Stapel Kissen, während die beiden anderen einander zugewandt plaudern. In Rückenansicht scheint eine schwarze Dienerin den Raum gerade zu verlassen, mit einer Handbewegung, als wolle sie einen Vorhang beiseiteschieben und Licht hereinlassen. Delacroix beeindruckte zeitgenössische Betrachter vor allem mit der ungewohnten Farbigkeit des Bildes, etwa durch den Einfall des Lichts aus einer nicht näher erkennbaren Quelle auf die verschatteten Gesichter der Frauen. Im Brennpunkt und Zentrum des Bildes steht neben verstreut herumliegenden Pantoffeln eine *Nargileh* (Wasserpfeife), deren Mundstück eine der Frauen in der Hand hält. Die „orientalische" Anmutung entsteht durch das Dekor, die Kleidung, den arabischen Schriftzug und die Shisha und natürlich durch die „Odalisken“. So – nach dem osmanischen Wort *odalik* (Zimmer) – nannte man Konkubinen, häufig Sklavinnen aus dem Kaukasus, die dem Sultan und hochgestellten Personen des Palastes in einem Harem zur Verfügung standen, auch für sexuelle Kontakte.

Akt-Motive waren im 18. Jahrhundert ein beliebtes Sujet der Malerei und Plastik, verstärkt dann im frühen 19. Jahrhundert, nicht nur bei Delacroix, sondern auch in Jean-Auguste-Dominique Ingrès‘ Bildern „Große Odaliske“ (1814), „Odaliske und Sklave“ (1839) und „Türkisches Bad“ (1862). Im damaligen Orientbild verband sich die Darstellung nackter oder spärlich verhüllter Frauenkörper mit erotischen Fantasien der Zeit und malerischen Darstellungspräferenzen. Delacroix’ Bilder, das erste von 1834, 1849 entstand noch als Variante „Femmes d'Alger dans leur intérieur“, spiegelt Eindrücke, die der Maler als künstlerischer Begleiter einer diplomatischen Mission nach Marokko und vor allem bei einem kurzen Abstecher nach Algerien gewonnen hat, wo er, vermittelt vom Freund eines Freundes, den fast unmöglichen Zutritt zu einem Harem bekam und ganz berauscht war: „Das ist schön! Das ist wie zu Homers Zeiten!“ Delacroix notierte sich die Namen der Frauen: Bayah, Mouni, Zora… und fertigte Skizzen an. Interessant ist die Kontextualisierung des Gemäldes im Louvre, wo es heute zu sehen ist: Delacroix führe uns in „ein Universum, das so fremd wie faszinierend ist und dessen Exotik einen explizit erotischen Ton aufweist. Die Sinnlichkeit dieser Frauen, ihre abwesenden Einstellungen erzeugen eine Laszivität,

die im Westen nicht vorstellbar ist. Das Korsett der guten Moral der europäischen Gesellschaft wird aufgesprengt, und das Publikum des Salons erfährt eine regelrechte Revolution des Blicks, welche die Konventionen erschüttert und den bürgerlichen Konformismus auf den Kopf stellt."
So könnten männliche Zeitgenossen um 1830 sich auch in den Empfangsraum eines gehobenen Pariser Privatbordells hineinversetzt oder weniger erotisch gebundene Gefühle von Ambivalenz oder Geistesabwesenheit aus dem Gemälde herausgelesen haben. Die algerische Schriftstellerin Aissa Djebar hat eine feministische Lesart angeboten:

„Frauen, die immer nur warten. Plötzlich nicht mehr so sehr Sultaninnen als vielmehr Gefangene. Sie treten zu uns, den Betrachtern, in keinerlei Beziehung. Sie liefern sich unseren Blicken weder aus noch verweigern sie sich ihnen. Fremdartig, aber schrecklich präsent in dieser dünnen Atmosphäre der Abgeschiedenheit."

Indem Malerei vornehmlich mit Schauen zu tun und die Betrachter mit den Dargestellten Blicke tauschen, wird aus dem verstohlenen Blick des Malers der gestohlene Blick des Voyeurs, und diesen wiederum kreuzt der weibliche Blick, der in der Öffentlichkeit damals kaum zu erhaschen war. Wir sehen weibliche Körper, die sonst nur ihr Herrscher, ihr Vater und Bruder anschauen durften. Die „Femmes d'Alger dans leur appartement" sind also insofern interessant, als sie arabische Frauen in der Intimität des Hauses, in der ihnen zugewiesenen Privatsphäre zeigen und diese zugleich übertreten.
Das Gemälde steht im Kontext ähnlich gearteter „Odalisken"-Bilder der Zeit und ist am Ende der Kolonialperiode

von einem anderen herausragenden Maler, Pablo Picasso, in nicht weniger als 15 Varianten abgewandelt und „dekonstruiert“ worden. Er soll den Harem befreit haben, indem er den Raum öffnete, Licht einströmen ließ und die Körper in Bewegung versetzte und tanzen ließ. Die Serie entstand 1954/55, eine vielleicht nicht zufällige Koinzidenz zu Beginn des Befreiungskampfes. Picasso entblößt die Frauen meist ganz, befreit sie als Herr der Erzählung von ihrer Verhüllung. Entschleierung war auch die Absicht der Kolonialherren gewesen; das Schleier-Verbot nahmen sie, wie heute noch bei der Hijab-Debatte in Frankreich, als Beweis einer zivilisatorischen und emanzipatorischen Mission, den Frauen ihren Körper wiederzugeben.

In diesem Kontext hat der algerische Schriftsteller Malek Alloula 1981 in "Le Colonial Harem" Abbildungen französischer Kolonialpostkarten mit Motiven algerischer Frauen versammelt, die in der Zeit von 1900 bis 1930 entstanden waren. Zum 100jährigen Jubiläum der kolonialen Eroberung sollte ein friedliches Algerien vorgeführt werden, das den Einheimischen die Zivilisation gebracht hat. An die Stelle wilder Krieger und Piraten, die schon Delacroix als orientalische Helden und Schurken ins Bildrepertoire des Mutterlands eingeführt hatte, dienten nun laszive Frauen mit anrüchigem Lebenslauf auf Postkarten in die Heimat als Nachweise für die Exotik des Maghreb und Trophäen der Eroberung. Die Aufnahmen wurden in Fotostudios inszeniert, als seien es Schnappschüsse aus dem alltäglichen Leben der Frauen oder vor beeindruckenden Naturkulissen. Dabei wurden die „Objekte der Begierde“ bisweilen halbnackt dargestellt, was die Befürchtung nährte, Entschleierung werde am Ende eher auf Entblößung hinauslaufen, wie die Befürworter des Schleiers immer wieder unterstellten. Gesehen wurden die Fotos jedoch als Beweis für die Rückständigkeit der algerischen Frau und zugleich als Mittel, um bei den Betrachtern eine stilisierte „Belle Fatma" sexuell zu exponieren. In Alloulas Sicht führte der Voyeurismus des Westens zur Übernahme des Stereotyps und damit zur Erblindung der Kolonisierten.

Picassos Gemälde-Serie wurde als Wendepunkt aufgefasst und dabei als Kontrapunkt zur kolonialen Lesart Delacroix' wohl übermäßig politisiert. Picasso engagierte sich nur schwach für die algerische Befreiung, ihn interessierte als Künstler mehr die Auseinandersetzung mit den alten Meistern, speziell mit dem eben verstorbenen Odalisken-Maler Henri Matisse. Picasso hatte die Haremsfrauen *nicht* in Kriegerinnen verwandelt, wie Rachid Boudjedra meinte, seine Femmes d'Alger waren auch keine Hommage an das kämpfende Algerien. Und im Befreiungskampf spielten Frauen keine aktive Rolle, wie es das (unter anderem von Frantz Fanon benutzte) Meme kolportierte, Frauen hätten die moudjahedins logistisch unterstützt, Kurierdienste und medizinische Vorsorgung geleistet, unter ihren Gewändern Waffen und Bomben versteckt und den Kämpfern moralisch den Rücken gestärkt. Wenn das der Fall gewesen war, dann nur, damit die Frauen 1962 wieder in die Häuser und Wohnungen zurückkehrten und sich der von Vätern, Brüdern und Gatten kompromisslos, oft brachial verteidigten Geschlechterordnung unterwarfen. In der Graphic Novel „Algériennes" von Swann Meralliu und Deloupy von 2018 wird

ein sehr drastisches Bild der Unterordnung und auch sexuellen Ausbeutung der *Mudschahida* gezeichnet.
Auch heute verzeichnet Algerien eine weit unterdurchschnittliche weibliche Erwerbstätigkeit. Frauen üben meist wenig qualifizierte und schlecht entlohnte Tätigkeiten aus, trotz der in den letzten Jahrzehnten erheblich vorangeschrittenen Alphabetisierung und Sekundär-bildung, darunter an weiterführenden Schulen und Hochschulen. Auch höherqualifizierte Mädchen und junge Frauen bleiben überwiegend im Haus und sollen ihre Kenntnisse für die Kindererziehung in traditionellen Familienkonstellationen einsetzen. Bei der Legitimierung der Ungleichheiten spielt Religion eine zentrale Rolle. In einer Art Modernisierungsspagat und Arbeitsteilung hat sich Algerien in den 1970er Jahren ein avanciertes technologisch-ökonomisches Programm verordnet und dabei den *Code de la famille*, das Familien- und Sexualrecht den Ulemas für eine konservative Auslegung überlassen. Das bedeutet auch für moderne Algerierinnen oft noch einen faktischen Heiratszwang und Brautpreiszahlung, die Zulassung der Polygamie und die ungleiche Behandlung bei Scheidungen, Erbfällen und Vormundschaftsangelegenheiten. Die Geschlechtertrennung und Subordination der Frauen ist festgeschrieben, ganz gegen das nach der Unabhängigkeit angeschlagene rhetorische Versprechen der Gleichberechtigung und Gleichstellung. Frauen blieben in die häusliche Sphäre der biologischen und soziokulturellen Reproduktion und in ihre Gebärerinnenrolle verbannt. In Reaktion auf die in der Kolonialzeit durch das französische Zivilrecht und die Appelle zur Entschleierung verordnete Frauenemanzipation, aber auch auf die faktische

Degradierung der Männer im öffentlichen und Wirtschaftsleben, hat sich die Misogynie verfestigt: „Der Mann, im öffentlichen Leben zum Zwerg gestempelt, revanchiert sich in der Intimität, im Schlafzimmer; er beweist seine Männlichkeit, indem er zeugt", schrieb 1965 ein Historiker. Verstärkt durch den Machismus der moudjahedin überlebte ein retroaktiver Männlichkeitswahn, der von vorkolonialen agrarischen wie nomadischen Familienhierarchien weit entfernt war. In den Schreckensjahren der 1980er und 1990er wurden Frauen regelmäßig Zielscheibe vielfältiger Aggressionen, darunter von Vergewaltigungen und nicht erst bei Anbruch der Dunkelheit aus der Öffentlichkeit weitgehend verbannt.

Das schränkte auch die politische Partizipation von Frauen ein, die im Wesentlichen auf gleichgeschaltete Massenorganisationen des FLN wie der *Union Generale des Femmes Algériennes* (UGFA) beschränkt war. Politische und ökonomische Führungspositionen waren ihnen weitgehend verschlossen, sehr selten drang eine Frau in die oberen Machtkartelle vor. Feministische Gruppierungen blieben auf ein schmales urbanes Milieu beschränkt. Zugleich wurden islamische Parteien und Vereine für Frauen attraktiv, zum einen, weil sie familien- und sozialpolitische Leistungen anboten, die staatlicherseits nicht ausreichend angeboten wurden, zum anderen, weil sie einen intellektuellen Feminismus propagierten, der sich von dem unter Akademikerinnen als retrograd und abergläubisch bewerteten Volksislam absetzte und einen Emanzipationsgewinn unter dem Schleier versprach. Diese Möglichkeit hatte schon in den 1970er Jahren, genau wie in Europa und den USA, Kontoversen ausgelöst zwischen einem Gleichheitsfeminismus, der auf einen steinigen Aufstieg in den sozialen Hierarchien und Institutionen setzte, und einem Differenzfeminismus, der sich von männlichen Aufstiegspfaden und Egalitätsidealen absetzte und Weiblichkeit im Einklang mit dem Koran und der Überlieferung anstrebte. Dieser erlaubte, wie Almut Zwengel herausgearbeitet hat[69], eine horizontale Vernetzung mit Schwestern, Kolleginnen, Mitschülerinnen und Kommilitoninnen, die von der männlichen, „vertikalen" Verwandtschaft absah. Die Entscheidung, „das Kopftuch zu nehmen", war in diesem Sinne keine Unterwerfung unter männliche Anordnungen, sondern eine freie, vielleicht auch politische Entscheidung aus eigenem Willen. Zudem erlaubt die Verschleierung freien Zugang zur Öffentlichkeit, den Zutritt in Bäder, Friedhöfe und Moscheen – und eben neuerdings die Teilnahme an Demonstrationen. Jenseits der häuslichen Sphäre entstehen autonome Räume in Wohltätigkeitsvereinen, Gebetskreise und dergleichen. Hier können junge Frauen auch einem dem Islam verpflichteten, nicht an westlichen Mode-, Diskurs- und Verhaltensmustern orientierten Modernitätsideal folgen. Bei den jüngsten Aufmärschen des Hirak standen algerische Frauen und Mädchen mit in der ersten Reihe und im Zentrum der öffentlichen Aufmerksamkeit. Dass manche verschleiert, andere mit offenem Gesicht

---

[69] Kampf für die eigene Unterdrückung? Das Engagement von Frauen für eine islamische Politik am Beispiel Algeriens. Zeitschrift für Frauenforschung und Geschlechterstudien 22, 4, 2004, S. 77–9

auftreten, belegt die ambivalente Symbolik der Verschleierung als Zeichen männlicher Dominanz *und* als Zeichen weiblichen Selbstbewusstseins.

Es ist interessant, wie die Images des Femmes d'Alger von Delacroix bis Picasso heute interpretiert werden, namentlich von algerischen Frauen. Exemplarisch herausgestellt worden seien Gemälde von Baya Mahieddine (1947ff.) und Djamel Tatah (1994/1996), die Fotografien von Halida Boughfriet (2010/11), die Videoarbeit von Zoulikha Bouabdellah (2016) und zuletzt das Bild von Dalila Dallés Bouzar (2003), das sich direkt auf Delacroix bezieht. Vor allem in von konservativen Muslimen und Islamisten kontrollierten Gebieten werden Frauen weiterhin diskriminierend behandelt und haftet denen, die freizügiger leben, das Odium der Unreinheit an. Viele Frauen jüngeren wie mittleren Alters verlassen das Land, weil sie die täglichen Schikanen und Repressalien leid sind. Auch weil sie Angst haben und in Lockdown-Zeiten wie fast überall Fälle häuslicher Gewalt und die Zahl der Femizide in die Höhe geschossen sind. Nur die Spitze des Eisbergs ist die grauenhafte Vergewaltigung von 10 Lehrerinnen in Bordj Badji Mokhtar, einer Kleinstadt im Süden; obwohl sie ihre Bedrohung mehrfach angezeigt hatten, erweis sich der algerische Staat unfähig, sie zu schützen. Auch ohne solche Extreme ist es keine Freude, Frau in Algerien zu sein, belegt ein aktueller Kommentar von Soraya Benourine in der Zeitung *El Watan*:

In Algerien wird die Frau von ihren Brüdern weder respektiert noch geschätzt oder geliebt. Wenn sie den Schleier nicht trägt, bekomt sie Nachhilfeunterricht in "Moral", was sage ich: man ruft sie bei jeder Gelegenheit zur Ordnung und bedeutet ihr, dass sie nicht "Mestoura" ist, dass sie die Männer provoziert, dass ihre Haare, ihre Haut, ihre Rundungen die Ursache für Erdbeben sind und von allem, was einem an Unglück passieren könnte. Wenn sie das erträgt, wird man sie für rückständig und unterwürfig erklären; wenn sie arbeitet, wird man sie beschuldigen, für ihre Karriere den Ehemann, ihre Kinder und ihr Zuhause zu vernachlässigen. Wenn sie nur Hausfrau ist, wird man sie herabsetzen, wenn sie eine Geschiedene oder gar Witwe ist, wird sie die Beute bösartiger Raubtiere sein, die sie für eine leichte Beute halten ... Wenn eine Frau beruflich erfolgreich ist, liegt das gewiss daran, dass sie eine ‚Sofabeförderung' erfahren hat, wenn sie für ihren Job reist, an Konferenzen teilnimmt, bis in die Nacht spät arbeitet, wird sie als Flittchen bezeichnet... und so weiter!

Und die Autorin ist noch nicht fertig:

Nein, es ist nicht gut, eine Frau in einem Land zu sein, in dem ein minderjähriges Mädchen vor Gericht gezwungen ist, den Schläger zu heiraten, der sie vergewaltigt hat (das habe ich mehrmals vor Gericht erlebt). Nein, es ist nicht gut, in einem Land zu leben, in dem wir Huren genannt werden, weil wir rauchen. Nein, es ist nicht gut, eine Frau in einem Land zu sein, in dem Polygamie existiert … Nein, es ist nicht gut, eine Frau in einem Land zu sein, in dem man sich mit einem gewalttätigen oder launischen Ehemann abfinden muss ... der Kinder wegen oder weil es nicht in Ordnung ist, eine Beschwerde gegen ihn einzureichen, Lahchouma, Schande über dich, komm schon! Nein, es ist nicht gut, eine Frau in einem Land zu sein, in dem Sie Angst vor Ihrem kleinen Bruder haben müssen, weil er ein „Mann" ist.

Und da ist noch mehr zu beklagen:

Wer möchte schon über die Frauen sprechen, die von Terroristen vergewaltigt wurden und dafür von ihren Vätern und Brüdern auf die Straße geworfen wurden? Wer möchte über die Frauen sprechen, die sich danach prostituierten? Oder noch einmal von Mitarbeitern der ‚Zentren für junge Mädchen" vergewaltigt wurden, in denen sie Zuflucht gesucht hatten? Wer möchte über diese Frauen sprechen, deren nach Vergewaltigung geborene Babys abgelehnt werden und die gezwungen sind, sie vor einer Moschee, einem Treppenhaus oder sogar in einem Müllsack zu deponieren, um erneut tausendfach beleidigt zu werden? Wer möchte über diese Frauen sprechen, deren Babys in den Ofen gestellt wurden und die vor ihrem Ehemann vergewaltigt wurden? Aber vor allem, wer möchte über das Gesetz sprechen, das den Verantwortlichen vergeben hat, und sie noch mehr beschämen, weil sie jetzt nicht einmal den Wert von Opfern haben, da ihren Folterern vergeben wurde? Soll ich über die Frau sprechen, die ihren missbräuchlichen, untreuen oder verantwortungslosen Ehemann für die Scheidung noch bezahlen muss? Spreche ich über das elende Kindergeld, das sie als Alleinstehende erhält, und darüber, wie sie behandelt wird, nachdem sie zu ihren Eltern zurückgekehrt ist?

Der drastische Realismus dürfte klarmachen, dass auch ein erfolgreicher Hirak von Frauen (und Männern) es schwer haben dürfte, die massive Diskriminierung von Frauen in Algerien zu beenden. Das Familiengesetz von 1984 widerspricht der algerischen Verfassung und den internationalen Abkommen zum Schutz der Rechte der Frauen, wie der Erklärung über die Beseitigung der Gewalt gegen Frauen, der UN-Resolution 48/104 vom Dezember 1993, die sich in Artikel 2 gegen so gut wie alle Tatbestände richtet, die in den letzten Jahrzehnten in Algerien vorgekommen und sogar legalisiert worden sind. Sowohl im Staatsapparat als auch in islamistischen Kreisen stellen sich auch Frauen der überfälligen Anerkennung der Menschen- und besonders Frauenrechte (sowie analog von Rechten von LGBTQ-Personen) entgegen.

V.

Dekolonial: Die Zukunft

Hirak 2019 bis 2022. Bilanz eines Scheiterns

Möge dieses Kapitel die falsche Überschrift bekommen haben: Denn wenn der Protest, der den Namen „Bewegung“ (Hirak) trägt, im Jahr 2021 scheitert, könnte das Algerien erneut in den Teufelskreis von Aufbruch und Abbruch unvollendeter Befreiungsversuche seit 1954 zurückwerfen, die stets suizidale Bürgerkriege nach sich zogen. Die kontrafaktische Hoffnung ist, dass der Hirak diesen Zyklus unterbricht, das Regime abdankt und Algerien in eine echte, freiheitliche Demokratie übergeht.[70]

Damit schlösse sich die offene Wunde des Landes. Vor allem junge Maghrebiner empfinden ihre Lage so hoffnungslos, dass sie Afrika den Rücken kehren. Im Volksmund heißt die Emigration *Harraga (arabisch* (الحراقة), wörtlich „die, die brennen“. Sie verbrennen ihre Papiere, aber niedergebrannt

[70] Rachid Sidi Boumedine, Aux sources du Hirak, Algier 2019; Omar Benderra et al., Hirak en Algérie.L'invention d'un soulèvement, Paris 2020; Nordine Grim, L'an 1 du Hirak. Autopsie d'une révolution inédite, Algier 2020; Benjamin Stora, Retours d'histoire. L'Algérie après Bouteflika, Paris 2020; Kollektiv, Hirak, Algérie en révolution(s), in: Revue Mouvements, 102, Paris 2020; Sanhadja Akrouf, Patrick Farbiaz, Algérie. La seconde révolution, Paris 2021; Kamal Guerroua, L'Algérie révoltée entre impasse et espoir de changement, Paris 2021; Amin Allal et al., Cheminements révolutionnaires. Un an de mobilisations en Algérie (2019-2020), Paris 2021

werden auch erst die Grenzen im eigenen Land, dann die restriktive Visumspolitik und schließlich die europäischen Schutzzäune. Das tun sie, ohne die Brücken in die Heimat völlig abzubrechen, eher wollen sie, überwiegend im prekären Status der „sans papiers" (als undokumentierte Einwanderer), ihren Lebensraum nach Norden erweitern in eine privilegierte Zone, der sie in einer Art Hassliebe verbunden sind.

Am Strand des tunesischen Küstenorts Zarzis hat der dort ansässige Künstler Mohsen Lihidheb eine Installation angebracht, die italo-arabisch „Basta Harraga" postuliert: Schluss mit der Abwanderung. In Algerien hat sich die Fluchtbewegung in der Tat verlangsamt: der Hirak, die im Frühjahr 2019 (übrigens schon am 16. Februar in der kabylischen Stadt Kherrata) gestartete Protestbewegung, vermittelte vielen das Gefühl, sie hätten anderes zu erwarten als die riskante Überfahrt. Auslöser der spontanen und sogleich massenhaften Proteste war die Ankündigung, Präsident Abdelaziz Bouteflika wolle sich für eine fünfte Amtszeit zur Wahl stellen. Dabei war der 81jährige nach einem Schlaganfall schon lange sprech- und handlungsunfähig und kaum noch öffentlich aufgetreten, und wenn, dann in erbarmungswürdiger Positur im Rollstuhl. Doch „le pouvoir", wie der militärische Machtapparat hinter ihm genannt wird, konnte sich nicht auf einen Nachfolger einigen und brauchte den letzten Überlebenden aus der Riege der Revolutionshelden als Strohmann.

Dieses Manöver trieb erst Studierende und Schüler, dann Menschen aller Altersgruppen auf die Straße. Am 22. Februar 2019 bekundeten Tausende Algerier, sie hätten genug von der „Mumie“ und seinen Höflingen, die sich hinter Sonnenbrillen verstecken und in abgedunkelten Limousinen durchs Land rauschen. Drei Freitage in Folge schwollen die Aufmärsche in der Hauptstadt und weiten Teilen des Landes bis zu einem halben Generalstreik an, sogar die Interessenvertretung der alten Kämpfer (ONM) soll eine Solidaritätsadresse abgegeben haben. Fußballfans des damaligen Tabellenführers USM Alger stimmten *La Casa del Mouradia* an, das Spottlied auf den Präsidentenpalast; im Netz zirkulierten Schmähvideos und Karikaturen, die Bouteflika als jämmerliche Lachnummer der Nation verspotteten. „Not My President“, hieß es nach US-Vorbild auf Plakaten. Der Respekt war aufgezehrt, den er als *moudjahed* im antikolonialen Kampf erworben und nach den „schwarzen Jahren“ als Versöhner der Nation erneuert hatte.

Mit Ausnahme einer Nacht verlief dieser Protest friedlich, diszipliniert und beschwingt, wie aus heiterem Himmel entspann sich eine *révolution de sourire* (Revolution des Lächelns) mit grüner Armbinde als Erkennungszeichen. So viele junge Menschen, namentlich junge Frauen, hatten sich seit der Unabhängigkeit 1962 nicht mehr über die Rue Didouche Mourad zur Grand Poste hinabgedrängt. Und das Regime gab fürs erste nach: Am 11. März ließ der Präsident in einem Brief an das algerische Volk, über dessen wahre Verfasser spekuliert wurde, den Verzicht auf eine neue Kandidatur erklären, zugleich wurde der Termin der Präsidentenwahl auf unbestimmte Zeit verschoben. Bouteflikas Premierminister Ahmed Ouyahia, ein nicht minder verbrauchter Repräsentant der alten Garde, machte einem etwas jüngeren Tandem aus dem Innenminister Nourredine Bedoui und dem früheren Außenminister Ramtane Lamamra Platz. Zuerst brandeten Jubelstürme auf, aber bald kochte der Zorn hoch, als ruchbar wurde, dass diese aus „Wahlen ohne Bouteflika“ ein „Bouteflika ohne Wahlen“ machen wollten. Dagegen gingen am 15. März noch einmal Hunderttausende im ganzen Land auf die Straße und skandierten ein entschlossenes „Verschwindet!“ Der FLN wurde endgültig entmystifiziert und als „Bande“ von Kriminellen und Korrupten verhöhnt. Dass sich so viele Demonstranten in die Nationalflagge gehüllt hatten, sollte zeigen: *Wir* sind das Volk und verkörpern die algerische Nation.

Die öffentliche Entehrung der alten Kämpfer bedeutete eine Zäsur in der postkolonialen Geschichte. Vieles schien nun möglich – von einem „Venezuela am Mittelmeer“ bis zum „Arabischen Frühling 2.0“. 2011, als in der arabischen Welt die Diktatoren reihenweise fielen, hatte sich die algerische Straße zunächst zurückgehalten. Denn auf den algerischen „Brotaufstand“ von 1988 waren die Wahlerfolge der Islamischen Heilsfront FIS gefolgt, die das Regime nicht anerkannte und den Ausnahmezustand verhängte, was zu einem mörderischen Bürgerkrieg führte – in jene Gewaltspirale, die Algerien so oft ins Unglück gestürzt hat. Auch andernorts, am schlimmsten in Syrien, war die *Arabellion* in einem Blutbad geendet. 2019 waren in Algier islamistische Parolen zunächst nur vereinzelt zu hören, Männer und Frauen (ohne Kopfbedeckung) schritten Seite an Seite, Belästigungen wurden nur wenige verzeichnet. Man munkelte, die „Bärtigen“ warteten auf ihre zweite Chance, aber alle Augen ruhten nun auf der Jugend, die den aus dem Pariser Mai ’68 bekannten Slogan „Das ist nur ein Anfang“ skandierte und im Nationaltheater eine spontane, sehr ernsthaft geführte Debatte über die Zukunft Algeriens abhielt. Diese antiautoritäre Entschlossenheit durchkreuzte die Absicht des Regimes, die Transition nach ihrem Drehbuch durchzuziehen. Und die sonstigen Parolen unterstrichen die Fantasie, die Heiterkeit und den Scharfsinn dieser Demokratiebewegung.[71]

Slogans des Hirak - ein Glossar
(Auswahl, zusammengestellt von Rachid Ouaissa)

Adalat Attilifun (Urteile per Telefon = Justiz unter der Fuchtel von Armee und Regime

'Al ᶜissaba (Die Mafia = anderer Name für die amtierende Regierung)

Atikka (Weiblicher Name, für Bouteflika)

Baltadjiya (Schläger = vom Regime bezahlte gegendemonstranten)

Barakat (Es reicht! = Name einer Bewegung von Amina Bouraoui gegen ein viertes Mandat von Abdelaziz Bouteflika, verallgemeinert als Absage an das Regime)

Bled miki (Das Land Mickey = Bezeichnung der Absurditäten im algerischen Alltag)

Babur (Boot = Symbol des Wunsches, Algerien zu verlassen)

Baᶜouha ya Ali (« Sie haben Ali la Pointe verraten »)

Bu Sba' Azraq (« Die mit dem blauen Daumen » = Verspottung der Landsleute, die am 12. Dezember 2019 zur Wahl gegangen sind)

Boutesriqa (Kontraktion von Bouteflika und Dieb, wörtlich Vater des Diebs », bezeichnet die Rolle Bouteflikas unter seinen Spießgesellen Saïd, Haddad, Tahkout, Ouyahia, Ghoul, Benyounes, Khelil und anderer Nutznießer der Korruption

BRI (Brigade de Recherche et d'Intervention) = Namensübertragung einer französischen Anti-Terror-Einheit auf die algerische

[71] Karima Aït Dahmane, Vendredire en Algérie: Humour, Chants et Engagement, Algier 2019

DGSN, die auch gegen friedliche DemonstrantInnen eingesetzt wurde.

Cadre (frz. Rahmen *und* Vorgesetzter = kafkaeske Referenz an das Bild Bouteflikas in allen Amtsstuben – der Führer ist nur ein leerer Rahmen).

Chardama (kleine Gruppe ohne Gewicht = Bezeichnung des Armeegenerals Ahmed Gaid Salah für die angeblich geringe Zahl von Demonstranten, als Selbstbezeichnung übernommen)

Chiyata / Chiyatin (« die Glanzbürste spielen ») / **Chita /Chiyatin (**Schmeichler der Mächtigen, Begriff für Vetternwirtschaft und Klientelismus)

Dawla madania (Ziviler Staat = Slogan für den Rückzug der Armee aus der Politik)

Dhoubab electroni (elektronische Fliegen = bezeichnet die Urheber von Desinformationskampagnen in den sozialen Medien)

Djeich cha'ab khawa-khawa (Armee und Volk sind Brüder » = Aufforderung an die einstige Volksbefreiungsarmee, sich mit dem Volksaufstand zu verbrüdern)

Djiniralat Ad-dam (Blutgeneräle = Bezeichnung der Armeeoffiziere während des schwarzen Jahrzehnts))

Douze-Douze (12-12 = Slogan zur Wahlenthaltung am 12. Dezember 2019)

Fakhamat al-Chaab (« Seine Exzellenz, das Volk » = Verspottung der Ehrenbezeugung an « seine Exzellenz, Abdelaziz Bouteflika »)

Ghar Hirak (Die Grotte des Hirak = ein Tunnel im Zentrum Algiers, den die ersten Hirak-Aufmärsche genutzt haben und der von der Polizei gesperrt wurde. Anspielung auf die Gharu Hira, den Ort, an dem sich Mohammed und sein Freund Abu Bakr während ihrer Verfolgung versteckt hielten.

Hirak (arab. « Bewegung des Volkes » für die Protestmärsche in Algerien und Marokko)

Hittiste (« der die Mauer hält » = veralteter Ausdruck für junge Arbeitlose, die an den Häuserwänden der großen Boulevards stehen und diese zu stützen scheinen)

Hizb França (« die Partei Frankreichs », in den 1980er Jahren von Islamisten aufgebrachtes Schimpfwort für Kollaborateure mit dem Westen im Regierungsapparat)

Hna Oulad Amirouche lwara man oulouche (« Wir sind Kinder von Colonel Amirouche und marschieren nur nach vorn » = Ehrenerweis an einen unbeugsamen « alten Kämpfer », der die Entschlossenheit des Hirak bezeugen soll)
Hogra (Erniedrigung, Unterdrückung = in den 1980er Jahren aufgekommene Bezeichnung für das Gefühl der Erniedrigung durch die Herrschenden, ihre Willkür und strukturelle Ungerechtigkeiten, die dxs Leben unerträglich machen).
Houkumat al-'Aar (Regierung der Schande = für die Regierung von Noureddine Bedoui)
Karama (Gegenbegriff zu Hogra = wiedergewonnene Würde, Marsch für die Würde)
Kachiriste(s) (algerische Wurstsorte, wurde verwendet in « Hna manach ta' kachir » (Wir essen keine Würste) aus Anlass einer FLN-Versammlung am 9. Februar 2019, als die Partei Gratiswürste anbot.
Khamsa (fünf : "Makach al-Khamsa ya Bouteflika = kein fünftes Mandat für Bouteflika)
Khawa Khawa (Brüder, Brüder = Verballhornung des Slogans "Djīich Cha'ab Khawa Khawa" (Armée und Volk sind Brüder) zum Protest gegen General Ahmed Gaid Salah : Djiich Cha'ab Khawa Khawa ... wel l'Gaid Sālaḥ ma' lkhawana (Gaid Salah ist mit den Verrätern). Nach dem Verbot des Mitführens anderer als der algerischen Natioinalflagge umgewandelt in : « Qbāyel, ᶜarab .. Khawa, Khawa w l'Gaid Sālah ma' l'Khawana (Kabylen und Araber Brüder, Gaid Salah mit den Verrätern).
Khawana (Verräter = das Regime und seine Anhänger)
Khobziste (Brot = Begriff für Nepotismus = die vom Regiume ernährt werden)
Klitou leblad ya Seraqin (Diebe, ihr habt das Land aufgegessen = Slogan in den Fußballstadien gegen die Vergeudung der nationalen Ressourcen durch Korruption)
Lbled bledna ndiru raina (Das Land gehört und und wir machen, was wir wollen) (= bezieht sich auf Artikel 7 und 8 der algerischen Verfassung, die Volkssouveräntät und Handlungsfreiheit garantiert)

Mahraz in « Opération mahraz » = eine schon im 19. Jahrhundert praktizierte nächtliche Lärm-Aktion zur Unterstützung politischer Gefangener, bei der mit Löffeln Metalltöpfe angeschlagen werden.
Maranach habssin (Wir hören nicht auf – Durchhalteparole des Hirak)
Mardire (« Studentenhirak » = Dienstag als wöchentlicher Aktionstag der Studierenden zur Unterstützung des Hirak)
Moukhabarat Irhabiya (« terroristischer Geheimdienst = islamistischer Slogan, der an die Rolle des Geheimdienstes im Schwarzen Jahrzehnt erinnern soll)
(La) Momie (Mumie = wie cadre eine Referenz an die zombieartige Gestalt Bouteflikas)
(Le) Pouvoir (= Kurzform für das autoritär-obskure Regime)
Pouvoir Assasin (= aus dem Mai '68 bekannter Slogan, in der Kabylei nach dem Mord an 128 Personen 2001 aufgekommen und im Hirak durch einen Song des kabylischen Sängers Oulahlou Allgemeingut geworden.
Qanawat azzigu (Abwasser-Kanäle = Bezeichnung der Manipulation und selektiven Information der staatlichen und regimenahen Medien
Sa[c]iqa (Spezialeinheit der Armee SSI, "troupes de choc", verwendet im Slogan "Makach al-Khamsa ya Bouteflika, djibou l'BRI wo zidou sa[c]ika" («Es wird kein fünftes Mandat geben, bringt die Spezialeinheiten, wir fürchten sie nicht, allgemeine Bezeichnung des Polizeistaates »)
Silmiyya (Gewaltfreiheit)
Teraḥlu ya'ni teraḥlu (wenn wir sagen haut ab, heißt das: haut ab!)
Thawra al-Ibtisam (Revolution des Lächelns= Hervorhebung der gewaltlosen und freudig-witzigen Ausdrucksformen des Hirak)
Tchipa, auch **chkara** (Jutesack – Neologismus zur Bezeichnung des korrupten Regimes, das sich die Taschen füllt, statt bakchich)
Ulash Smah Ulash (« kein Pardon, keines » = ältere Parole aus dem Berberaufstand für Autonomie 2001)
Vendredire (« Freitag demonstrieren »)

Die „U30" stellen die Hälfte der 42 Millionen Algerier, mehr als ein Viertel von ihnen ist arbeitslos, und auch wer ein

Diplom hat, findet einen guten Job meist nur dank „pistons“, durch private Beziehungen ins verzweigte Klientelsystem der Nomenklatur. Die Nähe Europas und die Beziehungen nach Frankreich machen die algerische Jugend ihren dortigen Cousins und Peers ähnlich. Routiniert nutzt sie soziale Netzwerke, aber sie darf kaum reisen und in den Plattenbausiedlungen herrscht eine faktische Geschlechtertrennung, der Konsum von Drogen und Pornoseiten bleibt für viele Jungen die Hauptbeschäftigung. Das hatte wier gesagt ganze Hundertschaften von *harragas* auf die Schlepperboote der gefährlichen Überfahrt nach Spanien getrieben. Nach dem 22. Februar 2019 wurden erst einmal keine algerischen *Boat people* mehr gemeldet.

Politische Versammlungen waren seit 2001 verboten, doch nun skandierten die Jungen furchtlos *Barakat* (Schluss jetzt!) und *ras-le-bol* (Schnauze voll!). Sie distanzierten sich damit nicht nur vom Regime, das hektisch einen „Nationalrat“ unter Leitung des international hochangesehenen Außenpolitikers und ehemaligen UN-Sondergesandten Lakhdar Brahimi einberief und ein Technokraten-Kabinett einsetzte. Ebenso mieden sie die Splitterparteien, die sich stets vom Regime kooptieren ließen, genbau wie die FLN-Massenorganisationen und staatsnahen Gewerkschaften. Auf die Schnelle konnte sich auch keine eigene Plattform bilden, um die dezentralen Basiskomitees zu bündeln und dem perfiden Übergangsdrehbuch der Macht ein eigenes Skript des Systembruchs entgegenzustellen. „Kein Frühling in Algerien“ kommentierte der Schriftsteller Boualem Sansal ernüchtert (*Frankfurter Allgemeine*, 11.3. 2019), und sein Kollege Kamel Daoud konstatierte: „...es bleibt bei einer Kollektion von Slogans, einem Ausdruck des Zorns ohne Alternativen" (*The Guardian*, 10.3. 2019). Vor allem fehlte in Algerien, was Venezuelas Opposition anfangs mit Juan Gaidó gegen Nicolás Maduro aufbieten konnte: ein charismatischer Hoffnungsträger, der in einem Präsidialsystem (dem Vermächtnis der Fünften Republik de Gaulles, das sich mit der arabischen Tradition der *Raʾīs*, der autokratischen Stammesführer amalgamierte) unverzichtbar ist. Der anfangs so gehandelte Franko-Algerier Rachid Nekkaz, aufgewachsen in der Pariser Banlieue, Sorbonne-Student, mit Start-ups reich geworden und (abgelehnter) Präsidentschaftsbewerber, erreichte 1.5 Millionen Follower auf Facebook, aber nicht die algerischen Massen. In dieser führerlosen „Revolution des Lächelns“ ist die Rolle der jungen (und älteren) Frauen, die eminente Bedeutung der Pop-Kultur (in Verbindung mit der Ultraszene der Fußballfans) und die eminente Rolle der sozialen Medien hervorzuheben. Fazit: Der Hirak war vornehmlich eine Bewegung von Jugendlichen unterschiedlicher Herkunft und beiderlei Geschlechts zur Erringung von Autonomie.

Ein Jahr lang bis zum Februar 2020 ließen die Straßenproteste weder zahlenmäßig noch in ihrer beeindruckenden Performanz nach. Man konnte nur noch staunen über die Gelassenheit und Friedfertigkeit der Teilnehmer, die einen Ordnungsdienst stellten, Konfrontationen mit den reichlich vorhandenen Sicherheitskräften vermieden und nach den Demos auch noch den Abfall beseitigten. In Algerien braucht es einigen Mut, sich unter den Augen der Polizei in offener Opposition zum Regime zu zeigen. Zugute kam den

Jüngeren, dass sie die Straßen von Algier (und den anderen Städten) bestens kannten. „La rue" war oft der einzige Ort gewesen, an dem man sich treffen konnte und wo die Straßenhändler (trabendos) ihren Geschäften nachgehen konnten. Das war auchg der Parcours, auf dem Jugendliche gekonnt „navigierten" und sich per Mobiltelefon den urbanen Raum von „Sektor" zu „Sektor" eroberten. Zu dieser Form der Alltagsbewältigung im informellen Sektor hatten Regime und Sicherheitsapparat keine Beziehung und wenig Zugriff.

Diese Raumeroberung fand auch ihren artistischen Ausdruck. *Parkours* heißt nämlich die algerische Variante des international verbreiteten *Freerunning*, bei dem sich athletische Jugendliche mit waghalsigen Sprüngen und schwerelos wirkenden Salti in rasender Geschwindigkeit und großer Eleganz durch urbanes Terrain bewegen, wie auf unzähligen und massenhaft geteilten Videos zu sehen ist. Ironischerweise war *Parkours* ein zuerst in der französischen Armee eingeführtes Körpertraining, das nicht zuletzt auf den Kampf gegen urbane Guerilleros vorbereiten solltte. Und viele Jugendliche bewegen sich heute wachsam durch den urbanen Dschungel, als sei der nicht mehr von Franzosen, sondern von der eigenen Armee und Polizei beherrscht. So zogen die Hirak-Aktivisten in Freizeit-Montur über Boulevards, die den Namen der Widerstandshelden tragen; sie hielten sich an die zugewiesenen Routen, aber das Bewusstsein von urbanen Traceuren und Tänzern behielten sie bei.[72]

[72] Britta Elena Hecking, Jugend und Widerstand in Algier. Alltagsräume im Kontext urbaner Transformationen. Bielefeld 2021

Darin lag der Charme und die Verführung des Hirak, sein Lächeln.

Ein wichtiges Kommunikationsmittel spielte der *Rap algérien*, wie der klassische und moderne Raï in der kolonialen und postkolonialen Epoche, den die Rapper abgelöst und freundlich inkorporiert haben. Das legendäre gewordene Album „Ouled El Bahdja" (deutsch: Die Kinder der Leuchtenden <Stadt Algier>) der 1988 formierten Band mit dem programmatischen Namen *MBS* (Le Micro Brise le silence) entstand 1997 noch unter der Zensur und akuten Bedrohung von Musikschaffenden durch die Dschihadisten. (Namensgeber war die erwähnte Ultra-Kurve im Stadion von USMA). 60.000 Kassetten wurden abgesetzt, es folgten vier weitere Alben („Aouama" 1999, „MBS", 2000, „Wellew" 2001 und „Maquis bla sleh" 2005), bevor der heute in Paris lebende Rabah Donquishoot eine Solokarriere startete. Hervorzuheben ist ferner die aus Oran stammende Gruppe *T.O.X.* („Wahrap", 1999), Intik aus Algier, *Xenox* (aka Hakim Lakhdar-Barka) aus Oran aus unzähligen weniger bekannten oder heute angesagten Rappern, die auf Youtube und diversen Streamingdiensten zu hören sind.

Das globalisierte Genre des Hip-Hop war in Algerien (wie in anderen Ländern des globalen Südens) enorm anschlussfähig, gerade auch für eine politische Resistenz, die ihren Sitz im Alltag hat und erst einmal eine apolitisch wirkende Semantik begründet und eine neue Art des Sprechens und Räsonnierens hervorbringt, deren Flow die gestelzten Sprachspiele der politischen Elite (in Französisch) und der religiösen Würdenträger (in Hocharabisch) durchbricht und sich in scheinbarem Kauderwelsch mit Tamazight und dem algerischen Arabisch mischt. So entstand ein für die multilinguale Gesellschaft Algeriens typisches „linguistisches Kontinuum", das „El Moudjahid" nicht verstand und das den Jargon der Macht altmodisch und unsagbar wirken ließ. Auch Rappen war also eine ausgreifende Bewegung der Jugend über das Meer hinaus. Rapper brachten das „système de la démerde", die Techniken, sich mit geringen Mitteln im öffentlichen Raum durchzuschlagen, zum Strahlen.[73] Meist in Frankreich lebende Interpreten wie Soolking schrieben dem Hirak mit Songs wie „Liberté" die Hymnen und verliehen der politischen Rebellion Stimme und Sprache.

> Paraît que le pouvoir s'achète, liberté, c'est tout c'qui nous reste
> Si le scénario se répète, on sera acteurs de la paix
> Si faux, vos discours sont si faux
> Ouais, si faux, qu'on a fini par s'y faire
> Mais c'est fini, le verre est plein
> En bas, ils crient, entends-tu leurs voix
> La voix d'ces familles, pleine de chagrin
> La voix qui prie pour un meilleur destin
> Excuse-moi d'exister, excuse mes sentiments
> Et si j'dis que j'suis heureux avec toi, je mens
> Excuse-moi d'exister, excuse mes sentiments
> Rends-moi ma liberté, je te l'demande gentiment
> La liberté, la liberté
> La liberté c'est d'abord dans nos cœurs
> La liberté, la liberté
> La liberté nous, ça nous fait pas peur

---

[73] El Houma, Gegen Herrschaft: Algerischer Rap von Piratage zu Autonomie, in: Monika Albrecht, Europas südliche Ränder. Interdisziplinäre Perspektiven auf Asymmetrien, Hierarchien und Postkolonialismus-Verlierer. Bielefeld 2020, S. 263-284

La liberté, la liberté
La liberté c'est d'abord dans nos cœurs
La liberté, la liberté
La liberté nous, ça nous fait pas peur

Ils ont cru qu'on était morts, ils ont dit "bon débarras"
Ils ont cru qu'on avait peur de ce passé tout noir
Il n'y a plus personne, que des photos, des mensonges
Que des pensées qui nous rongent, c'est bon, emmenez-moi là-bas
Oui, il n'y a plus personne, là-bas, il n'y a que le peuple
Che Guevara, Matoub, emmenez-moi là-bas
J'écris ça un soir pour un nouveau matin
Oui, j'écris pour y croire, l'avenir est incertain
Oui, j'écris car nous sommes, nous sommes main dans la main
Moi, j'écris car nous sommes la génération dorée
La liberté, la liberté
La liberté c'est d'abord dans nos cœurs
La liberté, la liberté
La liberté nous, ça nous fait pas peur
La liberté, la liberté
La liberté c'est d'abord dans nos cœurs
La liberté, la liberté
La liberté nous, ça nous fait pas peur
Libérez لي راهي otage, libérez المرحومة كاين خلل في القضاء
Libérez ceux qui sont otages, nous, c'est tout c'qu'on a
On a que la liberta
واحنا هوما الإبتلاء آه يا حكومة، والنار هاذي ما تطفاش
Ceci est notre message, notre ultima verba
Soolking w Ouled El Bahdja

La liberté, la liberté
La liberté c'est d'abord dans nos cœurs
La liberté, la liberté
La liberté nous, ça nous fait pas peur

La liberté, la liberté
La liberté c'est d'abord dans nos cœurs
La liberté, la liberté
La liberté nous, ça nous fait pas peur

Gedanklich griff die friedliche Bewegung, die um eine bessere Zukunft kämpfte, aber auch zurück in die militante Vergangenheit des Befreiungskriegs. Rabah Donquishoot veröffentlichte um 2016 mit dem Rapper Diaz ein Album, das auf die 60 Jahre zuvor begonnene und vor 50 Jahren prominent verfilmte Schlacht um Algier Bezug nahm:

Wir haben das Mikro der Propaganda gestohlen,
wie der kleine Omar.
Wir treten im richtigen Moment auf mit der Technik der Angriffsspitze
Im traditionellen Gewand
Eine Bombe des Wissens
In einer Wiege mitten auf der Hauptstraße.
Alle treten nach draußen,
Schockiert,
aber unverletzt -
weder Zivilisten, noch Polizisten.
Oh, Kasbah,
du ziehst Männer mit Härte auf.
Das Leben in deinem Inneren ist ein Kampf mit der *Daïra*
Und der *APC*,
eine Administration verkleidet als Fallschirmjäger:
Befehle aus Washington DC
Befehle aus Washington DC
Befehle aus Washington DC

Rabah Donquishoot ft. Diaz [MBS] 2016

Rap stellte so eine historisch-politische Kontinuität zum Befreiungskampf her, mit einem frechen „Piratieren“ und der emphatischen Aneignung des 1965 in Algier an Originalschauplätzen und zum Teil mit historischen Akteuren des Straßenkampfes in der Kasbah gedrehten Films „Battaglia di Algeri“ von Gillo Pontecorvo. Mit „Angriffsspitze“ ist der im Oktober 1957 von Fallschirmjägern getötete Ali La Pointe gemeint, das Martyrium des Petit Omar wird auf den heutigen Überlebenskampf mit der alle möglichen Papiere ausstellenden oder verweigernden Bürokratie (die Distrikt- und Kommunalverwaltungen Daira und APC) projiziert. Die Erinnerung an den Straßenkampf wird so „multidirektional“: Aus dem antikolonialen Kampf schöpft sie eine dekoloniale Sprache der Emanzipation gegen die postkolonialen Eliten. Es mangelt dabei nicht an Eindeutigkeit: Die Zeile „Ich dringe ins System ein, wie Hassiba in die Milk Bar“ spielt auf einen im September 1956 verübten Terroranschlag des FLN auf ein Café im Zentrum Algiers an, bei dem drei junge Franzosen ums Leben kamen.

Revolution in Permanenz: Die zweite Auferstehung des Ali la Pointe

Zur Hochzeit des Dritte-Welt-Internationalismus der 1960er Jahre prangte in vielen Schüler- und Studentenbuden ein Konterfei von Ernesto „Che“ Guevara, vor allem die nachbearbeitete Aufnahme von Alberto Korda, das den Guerillero in heroischer Pose zeigt. An diese Idolisierung erinnert die ikonische Darstellung eines anderen Stadtguerilleros aus den 1950er Jahren, Ali Ammar. Sein aus einem Steckbrief abgezogenes Konterfei führten junge Algerier bei den Freitagsdemonstrationen des 2019 aufgeflammten Hirak mit, um den kollektiven Rückzug der alten FLN- und Militärelite zu beschleunigen. Doch auch dieses Ancien Régime bezog seine historische Legitimation aus eben jenem Befreiungskrieg gegen die Kolonialmacht Frankreich, für den Ali Ammar zum Märtyrer wurde. Dieser, besser bekannt als „Ali La Pointe“, wurde im Oktober 1957 von französischen Spezialeinheiten in seinem Versteck in der Altstadt (Kasbah) von Algier in die Luft gesprengt. Ob ihn seine Mitstreiter verraten hatten, ist bis heute umstritten und ungeklärt.

Warum führen fast 60 Jahre nach der Unabhängigkeit des Landes junge Algerier das Bild eines FLN-Kämpfers wie eine Monstranz mit sich? Drei Viertel der Algerier waren 1962 noch gar nicht geboren, warum tragen sie die algerische Nationalflagge aus dem Schrank ihrer Großeltern nun wie eine Reliquie, warum singen sie die Nationalhymne voller Inbrunst? Und warum kann man - wie seinerzeit Che Guevara-Poster – heute T-Shirts mit dem Konterfei von Ali la Pointe erwerben, die Solidarität mit dem Slogan „Hirak ist zurück“ ausdrücken? Wer oder was ist hier „zurück“?

Ali Ammar wurde als jüngster Sohn einer bitterarmen Familie in Miliana geboren, genauer im Viertel *Pointe des Blagueurs* (Ecke der Spötter), dem er wohl den Spitznamen verdankt. Für den Besuch der Schule reicht das Geld nicht; Ali stiehlt, prügelt sich und wandert mit 13 erstmals hinter Gitter. Man schickt ihn als Maurerlehrling nach Algier, wo er dann als Trickbetrüger und Zuhälter den Ruf eines „petit caid“ erwirbt, eines Nachwuchsganoven im kriminellen Milieu der Altstadt. Als Ali wegen Widerstandes gegen die Polizei, Raub und versuchtem Mord eine zweijährige Haftstrafe im berüchtigten Gefängnis Barberousse verbüßt, nehmen Angehörige des Front de Libération Nationale (FLN) mit ihm Kontakt auf, jener dezentral in Algerien und Frankreich agierenden Nationalbewegung, die am 1. November 1954 zum bewaffneten Guerillakampf übergegangen ist. Viele Kader stammen aus ähnlich delinquentem Milieu, mit Ali tritt nun ein guter Teil der Halbwelt Algiers mit in die Dienste des FLN. Sein Boss ist der kaum ältere Yacef Saâdi, und Ali bald dessen rechte Hand, die bedenkenlos vermeintliche und tatsächliche Spitzel und Verräter aus dem

Abb. 40: Demonstranten mit dem Foto von Ali La Pointe https://algeria-watch.org/wp-content/uploads/ 2021/02/ hirak_ali_la_pointe.jpg

Weg räumt. Um militärische Disziplin herzustellen, untersagt Ali seinen Leuten das Rauchen und Trinken.
Wenn sich der Hirak ausdrücklich als „friedlich" und „zivilisiert" bezeichnet, scheint mit der Verehrung eines Gewalttäters aus der Halbwelt eine doppelte Diskrepanz vorzuliegen. Die Geschichte (vor)revolutionärer Bewegungen zeigt jedoch, dass sie immer wieder delinquente Protagonisten anzogen, die auf ihre Weise gegen die Obrigkeit kämpften, und dann das revolutionäre Milieu eine temporäre Symbiose mit dem kriminellen Milieu einging. Das galt für anarchistische Gruppen ebenso wie für die frühen Bolschewiki, auch für die links von der KPD stehende KAPD der frühen 1920er Jahre. Auch später noch gab es eine Stilisierung von „Bambule"-Delinquenten zur Avantgarde von Rebellion in den Schriften der „Roten Armee Fraktion" (RAF) der frühen 1970er Jahre. Eine weitere Diskrepanz ergibt sich aus der Bewunderung einer ausdrücklich pazifistischen Bewegung für eine Militanz, die sich nicht nur gerne mit Pistole und Maschinengewehr abbilden ließ, sondern diese auch kaltlächelnd einzusetzen verstand.
Die auf historischen Fotos wie auf einem fröhlichen Ausflug wirkende Bombenleger-Gruppe um Yacef Saâdi (mit beachtlich hohem Frauenanteil – Zora Drif war die Bombenlegerin in der „Milk Bar") trug den bis dahin überwiegend auf dem Land mit Terror gegen Zivilisten wie Sicherheitskräfte geführten Kampf in die Hauptstadt. Die „Schlacht um Algier" war ein mit aller nur denkbaren Härte und Schmutzigkeit geführter Krieg von beiden Seiten. Die französischen Fallschirmjäger-Eliteeinheiten unter dem Kommando von General Jacques Massu machten beim Durchkämmen der

Häuser keine Gefangenen, die auf eigene Rechnung vorgehenden Bombenleger kannten ebenso wenig Gnade im Straßen- oder besser Gassenkampf.

Ali la Pointe ist unvergessen. In Miliana, seiner Geburtsstadt im Westen Algeriens mit einer sehr langen Widerstandstradition, steht an einem nach ihm benannten Platz eine Statue Ali Ammars, den der FLN nach der Unabhängigkeit 1962 zum Märtyrer der Revolution erhoben hat. Jenseits des Heldenkults treten an seiner Person die problematischen Aspekte der algerischen Revolution zutage: die zweifelhafte Legitimität revolutionärer Gewalt im „gerechten" Kampf um Unabhängigkeit und Entkolonialisierung, die gezielt auch unbeteiligte Zivilisten ins Visier nahm; die Omnipräsenz des Verrats und die Rivalität in den wie Clans organisierten Fraktionen des FLN und der Nationalbewegung; die „Counterterrorism"-Strategie der Kolonialmacht, die in Algerien mit Terror und Folter, summarischen Exekutionen und großflächiger Vertreibung an die Grenze zum Genozid ging und der Guerillabekämpfung bis in heutige Schauplätze im Mittleren Osten Modell stand; und nicht zuletzt die Langzeitfolgen der traumatisierenden Gewaltgeschichte Algeriens, die phasenweise wie ein einziges Blutbad wirkt.

Die Rolle des Ali La Pointe als herausragende Ikone beruht nicht zuletzt auf einer filmischen Reinszenierung der *Battaglia di Algeri* in der italienisch-algerischen Doku-Fiktion von 1966, die niemand Geringerer als der überlebende Yacef Saâdi auf den Weg gebracht hat. Regisseur Gillo Pontecorvo, journalistisch geschult, drehte faktengetreu in „veristischer" Kameraführung an Originalschauplätzen der Kasbah. (Ironie der Geschichte: Die Szenerie der Panzer in den Straßen nutzte Houari Boumedienne geschickt zur Ausführung seines Staatsstreiches gegen den damaligen Präsidenten Ahmed Ben Bella). Der Terror und die Verbrechen beider Seiten werden schonungslos dargestellt, und so entstand kein reiner Propagandafilm, sondern ein herausragender Streifen der Filmgeschichte, der 1966 den Goldenen Löwen in Venedig errang. In Frankreich war er lange verboten, gegen ihn lief vor allem die Terrororganisation OAS Sturm, die sich aus unversöhnlichen Algerienfranzosen rekrutierte. Yacef Saâdi war übrigens nicht nur der Initiator dieses Reenactments, er spielte sich auch selbst, neben markanten Laiendarstellern wie Brahim Hadjadj, der Ali La Pointe verkörperte (und später als professioneller Schauspieler tätig war). Dessen attraktives Gesicht vor allem prägte das Bild des sagenumwobenen Revolutionärs Ali La Pointe im kollektiven Gedächtnis der Algerier.

Das erklärt immer noch nicht, warum Ali la Pointe, in einer Art zweiten Wiederauferstehung, *heute* als Held verehrt wird, und zwar nicht mehr als Märtyrer der algerischen Revolution, sondern als Antipode zu der seit 1962 herrschenden FLN-Partei, die den Mythos der *Moudjahedins* ganz für sich usurpiert und ausgeschlachtet hat – und damit für eine Diktatur, gegen die Jugendliche und wachsende Teile der Bevölkerung zu Hunderttausenden aufstanden. Es erscheint paradox, wenn der Kampf von Ali La Pointe und weiteren, meist lange verstorbenen Kämpfern aus der Frühzeit der algerischen Befreiungsfront auf die heimische Machtclique

von heute projiziert wird. Doch in der kollektiven Wahrnehmung des Hirak muss die 1954ff. unvollendete Revolution weitergehen - und sie wird erst gesiegt haben, wenn die „Mumien“ des FLN endlich gestürzt sind. Ali La Pointe mag ein Gangster gewesen sein, aber die wahre *'issaba* (Gang) saß und sitzt für die Protestierenden in der „Casa de Mouradia“, im Präsidentenpalast, dessen Okkupatoren dem Volk über Jahrzehnte hinweg Ressourcen, Freiheit und Entfaltungsmöglichkeiten geraubt haben.
Auch dieses Phänomen, die Idealisierung der Frühzeit einer Revolution gegen ihre spätere Verfälschung, ist aus der Nach-Revolutionsgeschichte bekannt. In der Sowjetunion war etwa in der 2. Hälfte der 1920er zu beobachten, dass politisierte Jugendliche, die sich gegen die Neue Ökonomische Politik Lenins als Verrat an den Maximalzielen der Oktoberrevolution auflehnten, die Bürgerkriegszeit verklärten und deren Gräuel ausblendeten oder als unvermeidbare Kollateralschäden bagatellisierten. Dass sich eine Bewegung, die bisher konsequent friedlich geblieben ist, unter dem Bild eines Bombenlegers versammelt, wird folglich nicht als Widerspruch empfunden. Den Ausschlag für die Identifikation mit Ali la Pointe gibt die von ihm erfahrene, von den (männlichen) Jugendlichen heute symbolisch nachvollzogene und auch täglich erfahrene Marginalisierung, die ihn in die Delinquenz getrieben habe. Es kommt mithin nicht von ungefähr, wenn jetzt vor allem früh gefallene Märtyrer als Idole der Revolution herangezogen werden; in die korrupten Machtgeschäfte nach 1962 sind sie nicht involviert gewesen, haben also niemanden verraten oder sind selbst unter bis heute ungeklärten Umständen verraten worden.

Als sich eine überlebende Protagonistin der Schlacht um Algier wie die 84jährige Djamila Bouhired entschieden mit dem Hirak solidarisierte, stieß das bei den Aktivistinnen ebenfalls auf frenetische Begeisterung, da sie zum einen ebenfalls als „unschuldig“ gebliebene Kämpferin den Transfer von der Frühzeit der Revolution in die heutige verkörpert, zum anderen steht sie dafür, dass Frauen anders als von den Machthabern vorgesehen nicht auf eine passive und repräsentative Rolle reduziert werden. Dass bei den Demonstrationszügen manche Frauen verschleiert, andere mit offenem Gesicht auftreten, zeigt die ambivalente Symbolik der Verschleierung als Zeichen männlicher Dominanz *und* weiblichen Selbstbewusstseins. Zum Weltfrauentag am 8. März 2020, gut ein Jahr nach dem Beginn der seither wöchentlichen Freitagsmärsche, war vor dem Hauptgebäude der Universität ein „carré féministe“ angelegt, ein für Frauen reservierter Abschnitt, der gelegentlich auch als mobiler Block auf den Straßen dabei war. Auf den Bannern war zu lesen « Nos droits, c’est tout le temps et partout » (Unsere Rechte, immer und überall), Sprechchöre erschallten. « Algériennes libres, n’acceptant pas la honte. Nous poursuivrons la route jusqu’à la victoire » (Freie Algerierinnen, die ihre Schande nicht akzeptieren. Wir gehen den Weg bis zum Sieg). Eine der frühesten Feministinnen, Fatma Oussedik gab zu Protokoll, Frauen seien in allen Bewegungen und Kriegen dabei gewesen, doch dieses Mal kämpfen sie vor allem für sich selbst (*Le Monde* 7.3.2020).
Lachende, tanzende, selbstsichere Frauen auf Algeriens Straßen: Das war in der Tat neu. Aus dem Befreiungskrieg war das (unter anderem von Frantz Fanon tradierte) Bild

überliefert, Frauen hätten die moudjahedins logistisch unterstützt, indem sie Kurierdienste und medizinische Vorsorgung geleistet, unter ihren Gewändern Waffen und Bomben versteckt, den Kämpfern moralisch den Rücken gestärkt hätten. Nur um dann, nach 1962, alsbald wieder in die Häuser und Wohnungen zurückzukehren und sich der von Vätern, Brüdern und Gatten kompromisslos, oft brachial verteidigten Geschlechterordnung zu unterwerfen. Solche Impulse überlebten auch noch im Hirak. Den rebellischen Frauen wurde vorgeworfen, mit radikalen Parolen für Geschlechtergleichheit die Protestbewegung zu spalten, einen „Kampf im Kampf“ zu führen, der die konservative Bevölkerung irritiere, wo doch alle Stimmen für den Sturz der Diktatur benötigt würden. Die Aktivistinnen, viele als Bloggerinnen, halten dem entgegen, allein ihre Anwesenheit habe dem Hirak Zivilität verschafft, und sie ließen sich nicht mehr als *sidekicks* abspeisen. Das provozierte manche Männer so, dass sie Spruchbänder niederrissen, Drohungen ausstießen und sogar handgreiflich wurden. Einige mussten sich in aller Form entschuldigen, was die Frauen noch entschlossener machte. Denn hier vollzog sich eine Wiedereroberung des öffentlichen Raums, aus dem die Frauen in der Kolonialzeit genau wie nach 1962 und vor allem während der grausamen Ägide der Islamisten vertrieben worden waren.

Diese Referenzen belegen die intensive Rückwendung zur algerischen Geschichte, die der Hirak 60 Jahre nach der Unabhängigkeit des Landes mit sich gebracht hat. Die Zeit zwischen dem 1. November 1954 und dem Unabhängigkeitstag 1962 - beide Jahrestage werden jährlich begangen

- gilt als immer noch unvollendete Revolution – nur das Territorium wurde befreit, nicht das Volk. Die Gesänge und Slogans, die Poster und Fahnen, die Graffiti und die virtuellen Netzwerke des Hirak seien eine „formidable Kommunion zwischen der Generation des 1. November 1954 und den Kindern der Revolution“, notierte die Tageszeitung *El Watan* schon am 1. März 2019. Die Revolution, die von den Eliten der alten Kämpfer nach napoleonischem (und realsozialistischem) Muster zum „Block“ erklärt und gleichsam einbalsamiert wurde, erwacht zum Leben, der von toten Revolutionshelden eröffnete Erfahrungsraum weitet sich in einen wieder offenen Erwartungshorizont, und zwar nicht nur als intellektuelle Spekulation, sondern im reflexiven Massenereignis.

Dieses findet statt auf Straßen und Plätzen, die Namen toter Revolutionäre tragen wie Larbi M'Hidi, Didouche Mourad, Amirouche Aït Hamouda und Hassiba Ben Bouali oder die assoziiert werden mit Heldinnen, die noch keinen Ehrenplatz erhalten haben oder gezielt „vergessen“ wurden wie Messali Hadj, der eigentliche Gründer der algerischen Nationalbewegung. Djamila Bouhired, die noch lebt, schlug sich auf die Seite des Hirak. Die Schlacht von Algier geht weiter, ein Graffito lautete: "Ali Ammar, unser Land ist in Gefahr, lasst uns die Schlacht von Algier weiterkämpfen, es gibt kein Zurück, wir werden uns unsere Unabhängigkeit holen.“ So wähnte man sich heute noch an Schauplätzen der Kämpfe in den 1950er Jahren, an deren algerische Opfer Gedenkplaketten überall erinnern. Auch der Mathematiklehrer Maurice Audin, der auf Seiten des FLN kämpfte und 1957

„verschwunden" war, genoss die Verehrung der Hirak-Aktivisten; sie überhäuften seinen Gedenkort in Algier mit kleinen Post-it-Zetteln, auf denen sie ihre Wünsche für eine bessere Zukunft des Landes deponierten. Die beiden letzten französischen Staatspräsidenten François Hollande und Emmanuel Macron haben die Schuld Frankreichs an der Ermordung Audins und anderer FLN-Unterstützer eingeräumt und eine ernsthafte Aufarbeitung der Vergangenheit auf den Weg gebracht. Doch die Frontstellung gegen die einstige Kolonialmacht und die Kooperation des algerischen Regimes mit Frankreich blieb fest; Macron wird vom Hirak mit derselben Wut attackiert wie das überalterte FLN-Regime und die Militärs, in denen man Wiedergänger der Kolonialarmee sieht. Auch unter diesem Gesichtspunkt behalten Ali La Pointe und seine Kameradinnen ihre heroische Aura.

Nach den unablässigen Freitags- und (studentischen) Dienstagsdemonstrationen war das vom Militär gestützte FLN-Regime schwer angeschlagen. Interne Machtkämpfe hatte es dort immer gegeben, sie endeten meistens im Kompromiss einer Geschäftsverteilung, welche die diversen Gruppen in Partei, Staat und Armee in Balance hielt und deren privat-kommerziellen Interessen und die Ansprüche von Managern in Staats- und Privatunternehmen einbezog. Korruption und Vetternwirtschaft waren hier an der Tagesordnung. Nun war aber das Großreinemachen angesagt. Bouteflikas Sturz hatte der seit 2004 amtierende Armeechef Gaid Salah betrieben, Gefolgsleute und Netzwerke des Präsidenten wurden nun ebenso unter Anklage gestellt wie die des Chefs des militärischen Geheimdienstes DRS, Mohamed

„Tewfik" Medièn e, und diese einst allmächtige graue Eminenz selbst. Gaid Salah betrieb die Wahl seines Vertrauten, des früheren Premierministers Abdelmadjid Tebboune, der dem Hirak gegenüber eine konziliantere Haltung andeutete, zum Präsidenten. Der für den 4. Juli 2019 angesetzten Wahl fehlte jegliche Legitimation, sie wurde auch von regimeferneren Parteien boykottiert und auf den Dezember verschoben, wo der „unabhängige Kandidat" Tebboune 57 Prozent der Stimmen bei einer Wahlbeteiligung von nur 40 Prozent erlangte. Wie diese Machtübergabe funktionierte, hat der beliebte Karikaturist Abdelhamid Amine (Kürzel „Nime") mit einer an die Aschenputtel-Geschichte erinnernden Karikatur aufgespießt, die Tebboune als Marionette der Generäle darstellt, die ihm ein Paar gläserne Schuhe überstreifen. Für dieses Kunstwerk wurde Nime angeklagt und zu einem Jahr Gefängnis verurteilt. Nime war nicht der einzige Zeichner, der den Hirak unterstützte. Und Cartoons waren stets ein wichtiges Medium der Opposition.

Das erste Comicmagazin, *M'quidech*, erschien 1968, inspiriert von Pionieren der subversiven Zeichenkunst um Sid Ali Melouah und Slim. Jüngere wie Ali Dilem. *Le Hic* und *L'Andalou* kamen in den achtziger Jahren dazu, als ein Hauch von politischem Frühling durch das Land wehte und Zeitungen kritische Cartoons bringen durften. In den Neunzigern mussten sich dann alle wegducken unter dem blutigen Showdown zwischen islamistischem Terror und Armee; viele Zeichner gingen ins Exil nach Frankreich. Zurück in Algerien, wurden sie oft mit Klagen überzogen, was sie erst recht zu Idolen machte. Die damals inkriminierten Karikaturen teilten schonungslos in alle Richtungen von politischer Korruption und religiöser Bigotterie aus; ihre humorvolle Radikalität und drastischen Charakterköpfe erinnerten an Cabu, Luz, Wolinski und andere Autoren von *Charlie Hebdo*, auch an den älteren Jean-Marc Reiser. Neue Talente kamen hinzu, wie der zweiunddreißigjährige Karim Bouguemra, ein gelernter Zahnarzt. Der Zeichenstift als Waffe, der ein Gekritzelfeuer entfleucht, ist das Markenzeichen von *L'Andalou*, der weitere Stifte im Köcher hat.

Cartoons verbreiten sich vor allem über soziale Medien, da sich Printmedien in Algerien oft wieder in präventiver Selbstzensur üben. So erreichen die Zeichner mehr Menschen als die Intellektuellen in Algerien, die vor allem im Ausland als Stimmen der Opposition wahrgenommen werden, obwohl sie den demokratischen Grundton und die stupende Nachhaltigkeit des Straßenprotests zuerst unterschätzt hatten. In Deutschland bekannt sind durch ihre Romane vor allem Kamel Daoud, Boualem Sansal und Yasmina Khadra, die nun als Experten zur algerischen Misere befragt werden. Sansal und Daoud witterten in den Straßenprotesten den Endsieg der Islamisten, haben sich aber eines Besseren belehrt; Khadra äußerte sich nicht. Der in Deutschland weniger bekannte Essayist Mohamed Sifaoui hatte im Februar 2019 aus dem Pariser Exil mit seinem Essay „Où va l'Algérie?“ das krasseste Fehlurteil abgegeben: Die Bürger Algeriens interessiere rein gar nichts mehr. Tags darauf erhob sich die größte Protestbewegung des zweiten Arabischen Frühlings; der sarkastische Witz der überwiegend

jungen Demonstranten passte genau zum schwarzen Humor der Karikaturisten und setzte den Ton für den weiteren Verlauf des Jahres.
Die genannten Schriftsteller wollte die demokratische Bewegung in ihrem Heimatland dann sehr unterstützen, trafen sich aber eher in Paris (etwa im Goethe-Institut), bei den Algerien gewidmeten „Rencontres littéraires de Cannes“ oder in Genf, wo im November (seit 1954 der algerische Revolutionsmonat) unter anderem der Ex-Premier Ahmed Benbitour, der Politologe Hasni Abidi und der Anwalt Belhocine Lahemi einen Appel der Organisation „Algériens sans frontières“ (Algerier ohne Grenzen) veröffentlicht hatten. In Algerien selbst ist die Resonanz auch auf diese alte Garde eher schwach, auch weil sich die junge Protestbewegung äußerst patriotisch gibt und Frankreich verdächtigt, das alte Regime zu unterstützen beziehungsweise Nutzen aus den Unruhen ziehen zu wollen. Was den inhaftierten Nime betrifft, setzten sich die internationale Vereinigung „Cartoonists for Peace“ und französische Autoren für seine Freilassung ein. Und die Kollegen zeichneten weiter. *Le Hic* zeigte kürzlich eine Karikatur auf den frisch gewählten Präsidenten mit der Sprechblase: „Ich werde Algerien wieder auf die Spur setzen.“ Auf dem Tisch vor ihm sieht man in der Tat vier Spuren – Kokain. Als Anspielung auf Tebbounes Sohn, der wegen Koks-Konsums in Haft genommen wurde und wie sein Vater das Milieu der Privilegierten verkörperte, in dem Geldwäsche und Luxuskonsum, Korruption und Drogengenuss Alltag sind. Tebboune, der kurz zuvor noch für ein fünftes Mandat Bouteflikas geworben hatte, erhält nach seiner Wahl den Spottnamen „Boutebboune“.

Coronazäsur

Seit Beginn der Pandemie sind die Demokratien weltweit auf dem Rückzug.[74] Klassische wie neue wurden zu Demokraturen, Demokratiebewegungen wie in Venezuela, Hongkong, Belarus und Myanmar wurden unterdrückt. So auch in Algerien. Schien sich der Legitimationsverlust der Staatsklasse zunächst rapide fortzusetzen und war mit dem plötzlichen Ableben des Armeechef Salah eine starke Stütze weggebrochen, hatten dann auch weder Repression noch schlechtes Wetter die Proteste eindämmen können. Die konnten im Februar 2020 ihren ersten Jahrestag begehen, doch machte dann die Covid19-Pandemie dem Hirak nach dreizehn Monaten fast den Garaus. Noch am 13. März skandierten die Protestierenden „Corona macht uns keine Angst, wir sind im Elend aufgewachsen“, doch stiegen die Fallzahlen rapide an und das ohnehin marode Gesundheitswesen stieß rasch an seine Grenzen. 57 Wochen Protestmärsche waren mit einem Schlag zu Ende. Und das Regime nutzte die Gunst der Stunde: Es hagelte Vorladungen, Verhaftungen und Verurteilungen von Aktivisten und Oppositionellen sowie deren Anwälten und Menschenrechtsorganisationen, wichtige Medienportale wie „Maghreb Emergent“, „TSA Algérie“ und „Radio M“ wurden gesperrt. Zu den verhafteten und als „Rädelsführer“ verurteilten Aktivisten zählten unter anderen Karim Tabbou (*1973), der Sprecher der *Union Démocratique et Sociale* (UDS) und vormalige Erste Sekretär des Front des Forces Socialistes (FFS), der

---

[74] https://www.tagesschau.de/ausland/weniger-demokratien-101.html

38jährige Blogger Ibrahim Daouadji, der gefoltert wurde, der Vorsitzende des *Rassemblement Action Jeunesse* (RAJ), Abdelouahab Fersaoui, Khaled Drareni und weitere Journalisten des Webmagazins *Casbah Tribune* und anderer Organe. Die Anklagen lauteten jeweils auf Verstöße gegen die nationale Einheit und Landesverrat, was dadurch verstärkt wurde, dass sich Unterstützer aus Tunesien und Marokko für die Beschuldigten eingesetzt hatten.

Tebboune zeigte damit, dass die vermeintlich ausgestreckte Hand zuschnappen würde, dass die Übernahme von Hirak-Vokabular ein rhetorischer Trick und die Erhebung des 22. Februar zum Nationalfeiertag der blanke Hohn war. Derweil fehlte es an Schutzmasken, Desinfektionsmitteln und Beatmungsgeräten - ein Staatsversagen mit Ansage, denn eine Streikwelle im Gesundheitswesen hatte schon 2018 auf eklatante Mängel hingewiesen. Was den Volkszorn schürte und dem Hirak die Unterstützung breiter Bevölkerungsschichten verschaffte, kam im Lockdown jäh zum Stillstand. Dass Präsident Tebboune an Covid19 erkrankte und sich in eoinem Bundeswehrhospital in Koblenz (!) auskurierte, nährte nur den Zynismus und machte symbolisch klar, dass alle Versprechungen auf mehr Transparenz des Machtapparates nicht galten. Weder zündeten die personellen Rochaden noch konnten die mit einer Verfassungsreform annoncierten Reformversprechen überzeugen.

Peitsche und Zuckerbrot war die Strategie des Regimes. Ein Referendum legte im November 2020 73 Verfassungsänderungen vor, die Themen und Forderungen des Hirak aufnahmen: Grund- und Bürgerrechte, Teilung der Gewalten und Unabhängigkeit der Justiz, Einrichtung eines Verfassungsgerichts und einer unabhängigen Wahlkommission, Bekämpfung der Korruption. In der Präambel des Entwurfs feierte die Regierung den „authentischen gesegneten Hirak“ und versprach, man wolle aus den Fehlern der Vergangenheit lernen und nun den Willen des Volkes respektieren. Dazu gehört die Beschränkung der Amtszeit des Präsidenten auf zwei Wahlperioden. Nicht aber die Stärkung des Premiers, so dass alle Macht in der „Casa de Mouradia“ konzentriert blieb. Die Antwort war eine blamabel niedrige Beteiligung am Referendum, drei Viertel der Wahlberechtigten blieben zuhause und erteilten der kosmetischen Politur eines unglaubwürdigen Regimes eine krachende Absage. Was in demokratischen Gesellschaften sogleich zu Rücktritten und einem Machtwechsel geführt hätte, stärkte in Algerien nur das Beharrungsvermögen der Eliten und eine deutlichere Distanzierung vom Hirak. Die Repressalien gegen Journalisten und Blogger, Oppositionelle und Aktivisten gingen weiter, in algerischen Gefängnissen wurde wieder gefoltert und düstere Erinnerungen an die 1990er Jahre wurden wach.

Zugleich konnte das Regime keine neuen Gesichter präsentieren, die Vertrauen weckten und mehr als eine kosmetische Reform versprachen. Im März 2021 löste Tebboune das Parlament auf und setzte Neuwahlen an, eine Antwort auch darauf, dass die Proteste wieder Fahrt aufgenommen hatten. Dagegen gingen die Sicherheitskräfte nun mit brutaler Gewalt vor; die Bildung und Zusammenführung der bisherigen Sternmärsche aus allen Vierteln der Stadt wurde unterbunden, Versammlungen wurden mit Knüppel und

Tränengas auseinandergetrieben. Die Hochburgen des Hirak verlagerten sich in die Kabylei.[75] Dort wurden die am 12. Juni 2021 abgehaltenen Wahlen am stärksten gestört. Erneut boykottierten die meisten Wahlberechtigten die Abstimmung. Tebboune ließ am Nachmittag verlauten, die Höhe der Wahlbeteiligung interessiere ihn nicht im mindesten. Manche sahen darin die ungeschminkte Arroganz der Macht, die sich nie groß um demokratische Legitimität bemüht hatte, andere die schiere Hilflosigkeit seitens eines längst entzauberten Machthabers, der selbst von weniger als einem Drittel der Bevölkerung gewählt worden war, seine Autorität also auf ganze fünf Millionen Stimmen einer Wahlbevölkerung von 24 Millionen stützte. Mit der vorgezogenen Parlamentswahl dem alten Regime neue Legitimität einhauchen zu wollen, war von vornherein zum Scheitern verurteilt. Die Wahlbeteiligung, am Nachmittag des Urnengangs noch auf 30 Prozent aufgehübscht, landete am Ende bei 23%, der niedrigsten Partizipation seit der Unabhängigkeit 1962. Und über eine Million Stimmen lauteten „nuls", also ungültig.

Wichtige politische Strömungen wie das Rassemblement pour la culture et la démocratie (RCD) und der Front des Forces socialistes (FFS), die Wählerinnen und Wähler in der Kabylei und die laizistische Stadtbevölkerung vertreten, hatten genau wie einige sozialdemokratische und sozialistische Kleinparteien zum Totalboykott aufgerufen, dem 18

[75] Interessanterweise nahm dort in den letzten Jahren auch die Präzenz evangelikaler Christen zu, dazu mein Bericht über das Kunstwerk „Survival in the afterlife" von Lydia Ourhahmane in *tageszeitung* 16.2.2022

Millionen Wahlberechtigte folgten. „Gewinner“ waren dadurch die Parteien des Ancien Régime. Auf den ersten Platz, ebenfalls mit der geringsten Zustimmung seit 1962, kam der Front de Libération National (FLN), der hundert Sitze verlor und gerade noch auf 107 Sitze im 407köpfigen Parlament kam. Somit war die Alt-Partei des Regimes weit entfernt von der gewohnten Mehrheit, zumal auch der bequeme Bündnispartner Rassemblement National Démocratique (RND) vierzig Sitze abgeben musste und nur als vierter aus der Wahl hervorging. Deren Parteichef Abdelkader Bensalah war nach dem Sturz Bouteflikas Interimspräsident und ein Intimus des einstigen Armeegenerals Liamine Zéroual, der in den 1990er Jahren das Amt des Präsidenten übernommen hatte. Eine Stütze des verhassten Systems war auch der mit 64 Sitzen dritte „Sieger“, das gemäßigt islamische Mouvement de la Société de la Paix (MSP, auch Hamas genannt); ebenfalls Federn lassen musste El Bina, eine zweite islamische Partei. Gewinner waren einzig die „Indépendants“, rund 1.200 unabhängige Kandidaten, die jedoch ohne eigenes politisches Profil und Gewicht sind, und der Front El Moustakbel mit 48 Sitzen.

Diese eher in Chronistenpflicht aufgelisteten Namen sagen nicht nur Europäern wenig, auch der breiten algerischen Bevölkerung sind sie kaum bekannt oder gleichgültig. Doch genau in diesem generellen Verdruss besteht das Problem, denn diese verkorkste Wahl verschafft den Konservativen eine Pseudo-Mehrheit, erlaubt keine stabile Regierungsbildung und eröffnet erst recht keine Reformperspektive für das Land. Der endgültige Abschied von den „Mumien“ blieb aus. Bemerkenswert ist dabei die Spaltung des Landes, der

Boykott erfasste die großen urbanen Zentren im Norden des Landes, im Süden lag die Beteiligung bei über 50 Prozent. Die berberische Kabylei, immer schon eine Ausnahme-Region, vollzog den symbolischen Bruch mit der Zentralregierung in Algier. Die Wahlbeteiligung lag in den Städten Tizi Ouzou und Béjaïa, nach einer Nullbeteiligung schon bei den Präsidentschaftswahlen im Dezember 2019 und ebenso beim Verfassungsreferendum im November 2020, erneut unter einem Prozent. Das war eine Reaktion auf Stimmen in der arabisch geführten Regierung und vor allem auch der islamischen Parteien, welche die ohnehin schwache kulturelle Autonomie der Berber zurückdrehen und Tamazight nicht länger als dritte Landessprache anerkennen wollen. Auch die Wahlbeteiligung der algerischen Diaspora betrug weniger als 5%. In den drei Wahllokalen in Berlin, Frankfurt und Bonn haben genau 217 Algerier und Algerierinnen gewählt, das sind 1,3 Prozent von 16.800 Wahlberechtigte in Deutschland. Die Kabylei und die Diaspora etablierten sich als wichtige Säulen des demokratischen Wandels. Verlierer der Wahl waren allerdings die Frauen – nur 34 weibliche Abgeordnete sind in der Kammer vertreten, es hält sich eine männerdominierte, patriarchale und retrograde Koalition, die Präsident Bouteflika 20 Jahre lang getragen hat.

Das Wahldebakel hat gezeigt, dass die Mehrheit der Bevölkerung das Regime weiterhin in toto ablehnt und einen Systemwechsel fordert, während die klassischen Machtinstrumente der Manipulation, Kooptation und Repression nicht mehr greifen. Das verschärft den Konflikt zwischen den unterschiedlichen Clans des Regimes. Ein Indiz war die seltsame Hemmung bei der möglichen Fälschung der Ergebnisse, bei mehr als einer Million ungültigen Stimmen, und so scheinen auch nennenswerte Teile der Administration und der Armee nicht hinter dem Präsidenten zu stehen. Mit dieser Parlamentswahl hat Algerien nicht aus der Stagnation herausgefunden, aber eine politische Lösung boten auch die Hirak-Aktivisten nicht an. Zwar widerstanden sie allen Versuchen der Kooptation durch das Regime und die Islamisten, auch wurden ernsthaft und breit Verfassungsideen debattiert; doch eine *auch* parteipolitische Alternative, die Algeriens Geschicke in die Hand nehmen könnte, ist aus der Bewegung nicht entstanden, der Protest blieb ausdrücklich führungslos und dezentral. So entstand eine „Gramscianische“ Situation: „Die alte Welt liegt im Sterben, die neue ist noch nicht geboren“ – und alle hofften inständig, dass nicht wieder die „Zeit der Monster" anbrach. Denkbare Auswege reichten von einem „historischen Kompromiss“ des Hirak mit dem Regime über dessen weitgehende Restauration bis zu einem Wiedererstarken der Islamisten und damit zur Gefahr eines erneuten Bürgerkriegs. Der Impuls, Wahlen in einer hybriden „Demokratur“ zu boykottieren, war nachvollziehbar. Dass sich deshalb in Algerien aber die Partei des alten Regimes zum Sieger erklären kann und sich politischer Raum für islamische Parteien eröffnet, demonstriert die Zweischneidigkeit dieser Waffe. Auch eine so starke und beständige Straßenopposition kommt ohne parlamentarische Repräsentation und internationale Unterstützung nicht weit.

Obwohl der Hirak alle gesellschaftlichen Schichten mobilisiert hat, war die Bewegung nicht in der Lage, ein überzeugendes gesellschaftliches Projekt für ein lebenswertes Algerien von morgen zu präsentieren. Von Beginn an wurde er von der Mittelschicht, insbesondere dem Bildungsbürgertum, dominiert. Diese Schichten sind in ihrem Aufstieg blockiert und merken, dass ihr kulturelles Kapital und papierne Hochschulabschlüsse für den Sozialaufstieg nicht ausreichen. Dabei sind sie ideologisch gespalten in zwei konkurrierende Blöcke, den islamisch-konservativen und den laizistisch-modernistischen Block. Beide Blöcke haben eine ähnliche soziale Basis, darunter Akademiker, liberale Funktionäre und Staatsbeamte, die in städtischen Gebieten leben. Unter dem Protestmotto "Yetnahaw Gaa" (Sie sollten alle gehen) die Harmonie der Bewegung beschwörend, haben sie jede Debatte über gesellschaftliche und wirtschaftliche Zukunftsvisionen erstickt.

Dabei stellt die Mittelschicht den in Algerien implementierten Neoliberalismus nicht explizit in Frage und begnügt sich, die Korruption und neue Formen der Vetternwirtschaft zu verurteilen, die in den letzten 20 Jahren eine Schicht von Rentiers, Importbaronen und Business-Gruppen favorisierte. Dagegen ist ein gemeinsames politisches Projekt nicht in Sicht. Mit gewollter Spontaneität und Strukturlosigkeit hat es der Hirak geschafft, dem autoritären Regime auszuweichen, was Repression, Manipulation, Infiltration und Kooptation anging. Auch hat die Bewegung eine bemerkenswerte Form kollektiver Aktion mit einem neuen Protestrepertoire (Lieder, Poesie, Straßentheater, Tanz und Humor) hervorgebracht. Aber diese „Revolution des Lachens" ist weit davon entfernt, ein Kollektivakteur zu sein. Es handelt sich eher um einen Non-Mouvement (Assef Bayat[76]) eine kollektive Aktion nicht-kollektiver Akteure.

Wie man einen Aufstand spaltet und beendet

2011 hatte der Tod des Tunesiers Mohamed Bouazizi eine ganze Region erschüttert, seine Selbstverbrennung war die Initialzündung des „Arabischen Frühlings". Der 26 Jahre alte Gemüsehändler war wiederholt von der Polizei schikaniert und misshandelt worden, bis er sich am 14. Januar 2011 in seinem Heimatdorf Ben Arous vor dem Sitz der Regionalverwaltung mit Benzin übergoss und seinen schweren Verletzungen erlag. Man kann nur spekulieren, welche Folge ein ganz anderes Brandopfer haben wird, diesmal in Algerien. Am 11. August 2021 lynchte ein aufgebrachter Mob in der Kleinstadt Larbaâ Nath Irathen im Bezirk Tizi-Ouzou den 26jährigen Djamel Bensmail. Er war aus seiner Heimatstadt Miliana in Westalgerien angereist, um bei der Bekämpfung der großflächigen Waldbrände in dieser Region der Kabylei zu helfen, und dabei in Verdacht geraten, selbst ein Brandstifter zu sein. Die wütende Menge zerrte den jungen Mann aus dem Polizeiwagen, erstach ihn auf dem Hof des Polizeireviers, zerrte den Körper auf den Marktplatz, trennte noch den Kopf ab und verbrannte den Leichnam. Dieser barbarische Akt, gegen den die Polizei nicht einschritt, wurde von zahlreichen Gaffern per Handy

[76] Revolutionary Life: The Everyday of the Arab Spring, Cambridge/Mass.ss, 2021

gefilmt und in sozialen Netzwerken geteilt. Und dort oft mit Häme kommentiert und für gut befunden.

Es gibt keinerlei Hinweise darauf, dass Bensmail, der als Musiker und Maler unterwegs und im Hirak aktiv war und sich für humanitäre Anliegen eingesetzt haben soll, einen Brand gelegt hat. Die Feuersbrunst in den Bergregionen Algeriens ist, wie in anderen Fällen rund um das Mittelmeer, unabhängigen Recherchen zufolge ganz überwiegend eine Folge der extremen Hitze und Trockenheit und damit eine lokale Ausprägung des globalen Klimawandels.

Gegen die Personen, die Bensmail misshandelt und ermordet haben, wurde ermittelt, rund vierzig Personen wurden verhaftet oder verhört. Der Vorfall hat das ganze Land erschüttert und aktuelle wie historische Gegensätze aufgerufen. Schon schwer gestresst von der Pandemie und ihren Begleiterscheinungen, insbesondere der verschärften Arbeitslosigkeit vor allem junger Menschen, lagen in diesem heißen Sommer die Nerven blank, wenn 5000 Hektar Wald abbrennen. Das entschuldigt aber beileibe kein derart abscheuliches Verbrechen, das eher einstudiert wirkte und gegen alle moralischen Prinzipien der lokalen Bevölkerung verstieß. Verdächtig war vor allem die prompte Reaktion des Regimes, das „ausländische" (im Klartext: marokkanische) und „zionistische" Provokateure als Urheber von Brandstiftungen bezeichnete. Trotz der in der unabhängigen Presse belegten Zweifel streuten offizielle Kreise, bei den Waldbränden in der Region seien vom Ausland unterstützte konspirative Kräfte der *kabylischen Unabhängigkeitsbewegung MAK (Mouvement* pour l'autodétermination de la Kabylie/ *Amussu i ufraniman n tmurt n iqbayliyen*) und der in London ansässigen Rachad-Bewegung am Werk gewesen, die beide terroristischer Ziele bezichtigt werden. Schuld an den Bränden war demnach nicht der Klimawandel, eine verfehlte Forstwirtschaft und -politik oder die Unterausstattung der Feuerwehren für solche Fälle, sondern die Eimischung fremder Mächte, namentlich Marokkos.

Mit Marokko, das jüngst Unabhängigkeitsbestrebungen von Kabylen bei den Vereinten Nationen unterstützt hat, ist Algerien seit seiner Unabhängigkeit 1962 im Dauerkonflikt, besonders, weil es seit Langem die Westsaharische Befreiungsfront Polisario gegen das völkerrechtswidrige Besatzungsregime Marokkos unterstützt. Und „Zionisten" dienen stets als probates Feindbild, seit sich Algerien als Frontstaat gegen Israel deklariert hat und die palästinensische Befreiung rhetorisch und logistisch unterstützt, während Marokko einen versöhnlichen Kurs fährt.

Dass Aktivisten für die Unabhängigkeit der berberischen Provinzen Waldbrände legen, ist ganz unwahrscheinlich. Dem Vater des Gelynchten, Noureddine Bensmail, bescheinigte man, als er sich gegen Rache und für die Brüderlichkeit mit den Kabylen ausgesprochen hatte, er habe damit einen Bürgerkrieg verhindert. Denn zwischen Berbern und Arabern bestehen Spannungen, die bis auf den nationalen Befreiungskampf zurückreichen und in der Verweigerung kultureller, sprachlicher und politischer Autonomie der Kabylen gründen. Kabylen hatten in den Augen vieler Algerier in der Kolonialzeit eine privilegierte Position, obwohl viele zu den entschiedensten *moudjahedins* zählten. Nach 1962 stellte sich die Region, die historisch, sprachlich, religiös, kulturell und in jeder anderen Hinsicht speziell war und ist, mit guten Gründen gegen die Zentralisierung der Macht, die Arabisierung der Kultur und die Islamisierung des Alltags. Von Tizi-Ouzou aus wurde der Mythos der nationalen „Einigkeit“ (unanimisme) stets am klarsten herausgefordert, ebenso das Machtmonopol der autokratischen Einheitspartei. Als Zwaf, in Anspielung auf die historischen "Zouaves", Parteigänger und Hilfstruppen Frankreichs in der Kolonialzeit, werden Kabylen heute vor allem in sozialen Medien pauschal geschmäht. Als *Elfurchita* (von frz. Fourchette, Gabel) wird die Flagge der Kabylen verhöhnt

Die Forderungen des vom populären, heute über 70jährigen Sänger Ferhat Mhenni gegründeten MAK sind nur die jüngste Ausprägung des Widerstands. Nach der Unabhängigkeit stellte sich der damalige Widerstandsbezirk III gegen Staatspräsident Ben Bella und die Armee, die Auseinandersetzungen forderten über 1000 Todesopfer. Das Verbot einer Lesung des Lyrikers Mouloud Mammeri führte 1980 zu einer breiten Streikbewegung, die Älteren als „Berber-Frühling“ im Gedächtnis blieb. Er führte zur Gründung des „Mouvement culturel berbère“ und 1989 des „Rassemblement pour la culture et la démocratie“ (RCD), die sich beide gegen die forcierte Arabisierung in den Schulen, im öffentlichen Leben und nicht zuletzt in der Verfassung wandten. Die Ermordung des populären Sängers Lounès Matoub führte 1998 zu neuen Unruhen. Das Regime schlug auch moderate Autonomiebestrebungen erbarmungslos nieder; der „schwarze Frühling“ 2001, wieder mit 128 Toten und weit mehr Verletzten, ist auch Jüngeren noch in böser

Erinnerung. Damals wurde eine Vorform des MAK gegründet, das ein Referendum für die Unabhängigkeit der Region fordert. 2002 wurde das Tamazight als zweite Nationalsprache zugelassen, aber die Rebellion gegen die Zentrale geht auf allen Ebenen weiter, von periodischen Schulboykotts bis zu den Ultragesängen in den Fußballstadien. Nach dem Lynchmord wurde die Präsidentin des berberischen Weltkongresses, Kamira Aït Sid, in Tizi-Ouzou verhaftet. Covid19-Hilfen aus der Diaspora sollen gestoppt worden sein, ähnliche Absichten bestanden beim Tamazight-Unterricht. Junge Kabylen stellten einen Kern der Hirak-Bewegung seit 2019, auch in Frankreich, wo die Mehrheit der Einwanderer aus Algerien kabylischen Hintergrund hat und einen stärker säkularen Lebenswandel pflegt. Der Jurist Khaled Satour hat in seinem Blog *Contredit* auf die Gefahr einer identitären Verkürzung dieser nationalen Demokratiebewegung hingewiesen, aber auch darauf, dass regionalistische Initiativen, die nicht aktiv zum Aufstand rufen und denen man keine Gewaltakte anlasten kann, durch die allgemeine Meinungs- und Versammlungsfreiheit geschützt sind. Das Regime, das einigen der festgenommenen Lynchtäter offensichtlich inszenierte Geständnisse vor der Kamera abgerungen hat, nutzt den grässlichen Vorfall aus. Es setzt auf Repression, indem es das MAK in die Nähe des Islamismus der 1990er Jahre rückt und pauschal als terroristische Bewegung einstuft. Gegen Mhenni wurde ein internationaler Haftbefehl ausgestellt, die diplomatischen Beziehungen zu Marokko wurden suspendiert. So, fast schon „belarussisch“, sieht die Panik eines überholten Systems aus.

Als Terror gilt laut Satour in Algerien alles, was den Mythos der nationalen Einheit in Frage stellt und der Regierung die demokratische Legitimität abspricht. Und hier liegt ein generelles Problem der algerischen Gesellschaft und Politik vor, von dem auch der Hirak nicht verschont ist: Dass alles durch die nationale Brille gesehen wird. Die tieferen Gründe dafür liegen im antikolonialen Befreiungskampf, der eine „Nationale Front“ (FLN) bildete und eine weit in die Vergangenheit zurückreichende algerische Nation imaginierte, die sich so „une et indivisible“ begreift wie die französische Republik (die ebensowenig monokulturell ist). Verschärft wird die verordnete Einheit durch das Amalgam aus Arabisierung und Islamisierung, das in der Kabylei historisch wie aktuell mit Zwang assoziiert wird. Nicht zufällig sollen 40 Prozent aller algerischen Sicherheitskräfte in der notorisch unruhigen Kabylei stationiert sein – von manchen Berbern werden sie als Besatzungsmacht wahrgenommen. Die Konstruktion strikter Einmütigkeit ging schon immer auf Kosten der nicht-arabischen und nicht-muslimischen Bevölkerung.

Wenn es dem Regime gelingt, die Aufstandsbewegung zur Sezessionsbewegung zu stilisieren, zeichnet es damit den Weg zurück in den kolonial angefeuerten Bruderzwist und in einen künftigen Bürgerkrieg. Zwei mögliche Szenarien zeichneten sich im Spätsommer 2021 ab: eine Restauration des alten Regimes, das die gemäßigten Islamisten aufnimmt und mit der schleichenden Islamisierung fortfährt, andernfalls bei internen Kämpfen im Apparat eine Eskalation der Repression und ein Wiederaufflammen der Massenproteste, nun womöglich unter Einbeziehung der Gewerkschaften.

Der Protestbewegung mangelt es weiter an einem politischen Programm und einer Vorstellung, wie das Land aussehen soll, wenn „le pouvoir“ überwunden sein sollte: eine säkulare Republik und eine repräsentative Demokratie? Mit wieviel islamischen Anteilen? Eine Überwindung des reaktionären Familien- und Erbrechts, das auf Kosten der algerischen Frauen geht, und deren effektive Gleichstellung? Darüber ist wenig diskutiert und erst recht keine Einigkeit erzielt worden. In der Petition eines Autorenkollektivs vom Mai 2020 für eine verfassungsgebende Versammlung sind einige Fragen immerhin angesprochen worden, stets mit Rekurs auf die Konstitutionalisierungsetappen der algerischen Revolution. Das *Manifeste pour une Constitution du Peuple souverain*[77] endet deshalb mit einem Zitat einer Erklärung, die 1976 von Ferhat Abbas, Benyoucef Ben Khedda, Cheikh Mohamed Kheireddine et Hocine Lahouel formuliert worden war:

„Die Lösung unserer internen wie auch externen Probleme erfordert die Ausübung der Volkssouveränität. Es geht nicht darum, dem Land eine nationale Charta aufzwingen zu wollen, wie es der Präsident des Rates der Revolution plant, um seine Macht zu institutionalisieren. Für die Schaffung dieser Charta bleibt nur ein Weg offen: eine öffentliche Debatte auf nationaler Ebene durch eine souveräne verfassungsgebende Nationalversammlung (...). Innerhalb dieser Versammlung werden die vom Volk frei beauftragten Vertreter in der Lage sein, die legitimen Bestrebungen

[77] https://www.change.org/p/algérie-manifeste-pour-une-constitution-du-peuple-souverain, mit der Möglkichkeit, eine Petition zu unterzeichnen.

der Nation in Texte umzusetzen. Jede andere Charta, die im Geheimen der Vorräume der Macht errichtet wurde, konnte nur null und nichtig sein.
Algerier, Algerier! Das Kolonialregime, gegen das wir mobilgemacht haben, hat uns gedemütigt. Er hatte uns in unserem eigenen Land die Ausübung nationaler Souveränität verboten, indem er uns auf Ernährungs- und Wirtschaftsprobleme beschränkte. Seit unserer Unabhängigkeit hat uns das Regime der persönlichen Macht allmählich zu denselben Untertanenverhältnissen geführt, ohne Freiheit und ohne Würde. Diese Unterordnung ist eine Beleidigung der Natur des Menschen und insbesondere der Algerier. Es ist ein Angriff auf seine Persönlichkeit. Aus diesem Grund haben sich Männer, Kämpfer guten Willens, versammelt, um diesen Zustand anzuprangern und der Empörung, die uns trifft, ein Ende zu bereiten. Sie rufen die Algerier zum Kampf auf, um: Vom Volk nach freier Konsultation eine konstituierende und souveräne Nationalversammlung zu wählen. »

Zu hoffen ist, dass die Überschrift dieses Kapitels ein Fragezeichen bekommt: Bilanz eines Scheiterns? Dafür spricht zunächst wenig: Das Regime, vor allem der aus Militärs zusammengesetzte Nationale Sicherheitsrat, sitzt wieder fest im Sattel, holt auch abgesetzte Generäle aus der Rente zurück und belebt die Terrorhysterie der 1990er. Fast täglich ist in den Medien von Verhaftungen, Prozessen, auch von Folterungen zu lesen und zu hören, ebenso oft die Klagen der Menschenrechtsanwälte und von Amnesty International. Die gestiegenen Öl- und Gaspreise haben der Regierung ein wenig Luft verschafft, um soziale Wohltaten zu verteilen (13.000 Dinar = 60 Euro an Arbeitslose), die rasante Inflation frisst das aber wieder auf und Subventionen für Grundnahrungsmittel sind abgeschafft worden. Auch die Pandemie hat die algerische Gesellschaft schwer getroffen, zugleich setzten sich ganze Hundertschaften von Ärzten nach Europa ab. Die Beziehungen zu Marokko und Frankreich haben sich entspannt, die beiden Länder bleiben aber als probate nationalististische Feindbilder erhalten. Zugleich hat Algerien die Beziehungen zu Putins Russland und Xi Jinpings China gestärkt, weshalb die Europäische Union bei ihrer Suche nach Rohstofflieferanten für die Energieversorgung eher zurückhaltend bleibt. Weiterhin ist es schwer an Visa zu kommen. Die Tragödie der durch den Hirak abgebremsten Fluchtbewegung über das Mittelmeer hat sich wieder zugespitzt; jetzt sitzen n den überfüllten Booten auch Frauen und Alte, Hunderte sind gekentert und ums Leben gekommen.

Die Hoffnungen, dass sich das Land in eine Demokratie auf neuen Grundlagen entwickeln könnte, hätte weit mehr europäische Unterstützung verdient; doch zu Algerien fällt Frankreich, Deutschland und der EU seit Jahrzehnten wenig ein. Das Land, das mit die höchste Sonneneinstrahlung pro Quadratkilometer aufweist, hat so gut wie keine Anstrengungen unternommen, sich aus der hydrokarbonen Exportfalle zu befreien und alternative Energien zu entwickeln. Eine transmediterrane Energiepartnerschaft könnte aber dazu beitragen, dass die südliche Peripherie der EU Algerien nicht nur als Ursprung von Terror und Migration wahrnimmt. Die ominöse „Bekämpfung der Fluchtursachen" müsste nicht Stacheldraht und Patrouillenboote assoziieren lassen, sondern mit einer solchen zukunftsweisenden Solidarität und Kooperation beginnen, die Anreize zur

Emigration verringert. Nachdem 2019 die Zahl der Bootsflüchtlinge merklich zurückgegangen war, dürften sich bei fortgesetzter Stagnation wieder viele Junge mit oder ohne Papieren nach Norden absetzen.

Gegenläufig zu einer humanitär motivierten Kooperation wirkt die Algerien zugedachte Rolle als Sicherheitspartner in der Sahelzone, vor allem seit der Verfassungsänderung, die den Einsatz algerischer Soldaten außerhalb Algeriens erlaubt. Algerien ist nicht nur weiterhin ein erster Importeur deutscher Waffen, sondern auch ein wichtiger Baustein der Europäischen Strategie in der Sahelzone. Ziel dabei ist die Bekämpfung des Terrorismus in Sahara und Sahel und mehr noch die Zurückdrängung von Flüchtenden aus den Staaten südlich der Sahara. Zwei Tage nachdem Präsident Macron das Ende der „Opération Barkhane“ angekündigt hat, traf im Juni 2021 der algerische Militärchef Said Chengriha in Paris ein; Frankreich scheint auf Hilfe Algeriens bei der Stabilisierung der Sahelzone zu zählen. Für solche Verdienste verzichten Deutschland und Frankreich erfahrungsgemäß darauf, Sicherung und Verbesserung der Menschenrechte und Demokratie entschieden zu fordern.

Investoren lieben es, Basisdaten einer ausländischen Volkswirtschaft auf einem knappen *Fact Sheet* ablesen zu können. Deren Performanz wird in der Regel am Bruttonationalprodukt pro Kopf bemessen, das 2020 3.638 $ betrug (2013: 5.477 $, zum Vergleich: Frankreich 38.625; Marokko 3.009, Tunesien 3.320, Ägypten 3548). Das sagt wenig über die soziale Verteilung des neuen Reichtums aus: 5,5 % der Algerier und Algerierinnen leben unter der Armutsgrenze, die bei weniger als 1,90 $ pro Tag und Kopf bereits tief angesetzt ist. Der Einkommensanteil der obersten 10 Prozent liegt bei 23 %, die unteren 10 Prozent verdienen 4%, der *GINI-Koeffizient* zur Messung sozialökonomische Ungleichheit liegt bei (relativ niedrigen) 32,2 % (Slowenien: 23,4, Frankreich: 32,7, Marokko 39,5, Tunesien 35,8, VR China 42,2, Südafrika 63,0). In Algerien leben heute über 42 Millionen Menschen; mit nur 18,4 Personen pro Quadratkilometer hat es eine weit unterdurchschnittliche Bevölkerungsdichte, aber drei Viertel leben in städtischen Agglomerationen. Das Bevölkerungswachstum ist auf 1,8 Prozent p.a. gesunken, die Fertilitätsrate liegt bei hohen 2,9 Geburten pro Frau, die durchschnittliche Lebenserwartung bei knapp 77 Jahren.

Die Entwicklungszusammenarbeit hält Fact Sheets zu anderen Aspekten bereit; Algerien rangiert bei anderen Faktoren menschlicher Entwicklung überwiegend hinten. Im *Human Development Index* rangiert das Land bei nur auf Platz 91 (von 188 Ländern), ebenso schlecht (und mit weiter sinkender Tendenz) sieht es bei den demokratiebezogenen Indizes (*Political Rights* 10 Punkte von 40 möglichen, *Civil Liberties* 22 von 60); im Demokratieindex der *Economist Intelligence Unit* rangiert das Land als „authoritarian regime“ an Platz 155, das *Freedom House* stuft Algerien mit 5.5 Punkten als „unfree“ ein. Ähnlich schlecht sind die Werte bei der Pressefreiheit; *Reporter ohne Grenzen* sieht Algerien 2021 auf Platz 146 (von 180), ähnlich sieht es aus im *Corruptions Perception Index* (33 von 100), beim *Economic Freedom Index* (47 von 100), beim *Property Rights Index* (Platz 100 von 180) und beim *Prosperity Index* (108 von 180), ähnlich beim *Happiness Index* (100 von 180).

Im Süden des Landes soll nach Plänen der algerischen Atombehörde COMENA ab 2025 ein Atomkraftwerk entstehen. Zwei Forschungsreaktoren gibt es seit Längerem, mit ROSATOM sowie China, Frankreich und den USA sind Kooperationsabkommen geschlossen worden. Das Vorhaben, das eine mit realsozialistischer Hilfe aufgesetzte technokratische Modernisierung der 1970er Jahre fortsetzt, verzögerte sich, die russische Exportoffensive verfing hier nicht. Die friedliche Nutzung der Kernenergie galt nach dem Zweiten Weltkrieg als der goldene Weg einer energiehungrigen Industrialisierung; in der Kolonialmacht Frankreich werden heute über 70 % der Stromerzeugung durch Atomstrom gedeckt. Umweltschützer, die früh gegen die *centrales nucléaires* protestierten, haben den Irrwitz dieser Technologiewahl angeprangert: Nicht nur ist der Betrieb der Anlagen, wie man schon vor den „Havarien“ in Harrisburg, Tschernobyl und Fukushima wissen konnte, hochgefährlich und toxisch für die nähere und weitere Umgebung, auch die Endlagerung von Abfällen mit einer alle menschlichen Vorsorgehorizonte sprengenden Halbwertzeit ist völlig ungewiss. Problematisch ist ferner die Verbindung von friedlicher und militärischer Nutzung, die für die Atommacht Frankreich in den 1960er Jahren wohl der eigentliche Treiber für die Nuklearoption war – die Force de frappe sollte den im Zweiten Weltkrieg und mit der Dekolonisation verlorenen Weltmachtstatus erneuern.

In diesem Ehrgeiz spielt das koloniale und postkoloniale Algerien eine wichtige Rolle, die bis heute selten thematisiert wird: Zwischen 1960 und 1967 wurden in der Nähe der Sahara-Orte Reggane und In Ekker in der Luft und unterirdisch Atombomben getestet. Bei In Ekker vor dem Gebirgsmassiv Taourirt Tan Afella, an der klassischen Nord-Süd-Sahararoute Richtung Tamanrasset gelegen, erinnern Stacheldrahtverhaue an diese Zeit, aus der mindestens eine schwere radioaktive Verseuchung im Umkreis von hundert Kilometern bekannt geworden ist. Fotografien von den überirdischen Atomversuchen in der tischebenen und superheißen „Wüste der Wüsten" (Tanezrouft) belegen, dass Militärs und Zivilisten ihr völlig ungeschützt ausgesetzt waren. Staatspräsident Emmanuel Macron hat zugesagt, die bis heute unter Verschluss gehaltenen Akten der erst 1967 beendeten Versuche zu öffnen, auch damit radioaktive Abfälle identifiziert und entsorgt werden können und das Ausmaß der Verseuchung mit den entsprechenden Langzeitfolgen in dem dünn, aber keineswegs unbesiedelten Gebiet zu eruieren ist.

Jetzt also ein AKW in der Sahara? Auch da ist Kernenergie weder sicher noch rentabel. Es wird künftigen Generationen, die sich ja mit der sicheren Verwahrung der strahlenden Abfälle befassen müssen, völlig unverständlich erscheinen, was bei klarem Verstand schon heute als verrückt gelten muss - dass in einem Land, in dem weltweit mit die stärkste Sonneneinstrahlung pro Quadratmeter einfällt und der Anteil erneuerbarer Energiequellen mit weniger als einem Prozent bis heute marginal ist, überhaupt die nukleare Option erwogen werden soll.

Darauf komme ich zurück, möchte die Sahara-Tour aber zunächst ein paar hundert Kilometer weiter nördlich, in der Oase von Timimoun beginnen lassen, wo der bedauerliche Verfall historischer umweltfreundlicher Technologien und Wissensordnungen zu besichtigen ist. Die Oasenstadt Timimoun liegt in der hyperariden Zone der Sahara, wo die jährliche Regenmenge 100 mm nicht übersteigt. Doch gibt es hier landwirtschaftliche Gartenkulturen, wofür seit einem Jahrtausend das hydraulische System der Foggara sorgt.

Foggara und ähnliche Varianten sind quer durch die arabische und persische Welt verbreitet und haben über Jahrhunderte für Trinkwasser und Bewässerung gesorgt, doch aus verschiedenen Gründen sind die meisten verfallen. In Algerien, haben drei Wasserwirtschaftler herausgefunden, ist schon die Hälfte binnen eines halben Jahrhunderts zerstört, die noch funktionierenden Foggaras liefern zu Beginn des 21. Jahrhunderts weniger als die Hälfte des noch um 1960 erzielten Wassermenge. Die Gründe reichen von der Privatisierung des Bodens, über die Abwanderung der Bevölkerung, die sich mit den pflegeintensiven Bewässerungssystemen auskannte, bis zu der Ansiedlung von Menschen mit urbanem Lebensstil, die nach moderner Hydraulik verlangen. Alles zusammen bewirkte mit dem Kollaps der Galerien, dem Austrocknen der Gräben und dem Abfall des Grundwasserspiegels eine Kettenreaktion. Die Foggara versanden, überwuchern und erodieren nach Starkregen. Dass damit ein jahrhundertelang tradiertes Wissen ausstirbt wie in diesem Biotop ansässige Lebewesen, ist kein algerisches Spezialproblem: Auch die Waalwege im Wallis oder im Vinschgau, eine ähnliche Wasserversorgung der trockenen Nordhänge von Alpenregionen sind verfallen und werden nun mit EU-Mitteln restauriert.

Religiöse Menschen sehen darin einen Verstoß, ja eine Sünde wider die Bewahrung der Schöpfung durch kurzfristiges Nutzendenken. Grün ist nicht nur das Erkennungszeichen der ökologischen Bewegungen weltweit, sondern auch – und weit mehr – die Farbe, die dem Islam zugeschrieben wird. Es gibt inzwischen auch muslimische Theologen und Organisationen, die beiderlei Grün zusammenführen wollen und ein Engagement für die Umwelt als Auftrag ihrer Religion verstehen. Katajun Amirpur[78] zählt dazu weltweit bekannte Vordenker wie den im Iran geborenen Seyyed Hossein Nasr, dessen 1967 erschienenes Buch „Man and Nature. The Spiritual Crisis of Modern Man" eine Art Manifest der doppelgrünen Bewegung wurde, den Südafrikaner Farid Esack, der mit dem *Progressive Muslim Network* auch einen sozial- und umweltfortschrittlichen Islam proklamiert, den türkischen Philosophen Ibrahim Özdemir, den in England lebenden Fazlun Khalid und den Indonesier Media Zainul Bahri. Wohl nicht zufällig gehören kein Nordafrikaner und kein Algerier zu den einflussreichen Öko-Vordenkern.

Doch sind nicht nur einzelne Theologen und Philosophen hervorgetreten, auch grenzüberschreitende Nichtregierungsorganisationen liefern eine religiöse Begründung für ökologisches Handeln. Sie schöpfen es aus dem Koran und

[78] And We Shall Save the Earth: Muslim Environmental Stewards, in: Eckart Ehlers/ Katajun Amirpur (Hg.) Middle East and North Africa. Climate, Culture, and Conflicts, Leiden 2021, S. 39–58

den Überlieferungen, die Mohammed als Vorbild für achtsames Verhalten gegenüber Tieren, knappen Ressourcen wie Wasser und der Natur überhaupt herausstellen. Im Vergleich zu den überwiegend säkularen und politischen Ökologiebewegungen des Westens leiten diese Muslime die Verpflichtung zu ökologischem Handeln ganz aus religiösen Prinzipien der Einheit Gottes mit der gesamten Schöpfung, dem Schöpfungsakt durch Allah und der Verantwortung für den Zustand der Natur ab. Sie kritisieren die westlich-materialistische Tradition der Naturnutzung, weil sie dem Auftrag Allahs zur Bewahrung der Schöpfung zuwiderläuft. Die einschlägigen Dokumente stimmen am ehesten mit der Enzyklika *Laudate si'* von Papst Franziskus überein, die etwa von der jordanischen Königin Noor Al-Hussein ausdrücklich als Pendant und Dialogpartner gewürdigt wird. Diese Texte weisen ökologische Verantwortung vor allem als personale, weniger politische Angelegenheit aus, die in konkreten Verhaltensregeln wie dem Verzicht auf umweltschädliche Produkte und Praktiken, darunter auf der Hadj (Wallfahrt) nach Mekka zum Ausdruck kommt und insgesamt einem maßvollen, nicht-verschwenderischen Habitus und Lebensstil folgt. Der Schutz der Umwelt wird vor allem unter islamischen Gerechtigkeitsprinzipien reflektiert.

In Algerien ist die grüne Bewegung wie gesagt bisher theologisch wie politisch kaum nennenswert hervorgetreten. Auch politische Umweltorganisationen haben in dem Land einen schweren Stand. Es steht immer noch unter dem Eindruck eines sozialistischen Produktivismus, der nun durch private Profitmotive kaum relativiert und schon gar nicht

„grüner“ wird, da Ökonomie und Ökologie weiter als Gegensätze gedacht werden. Entsprechend gering ist der Anteil erneuerbarer Energien am privaten, industriellen und staatlichen Verbrauch. Warum hat Algerien eine nach dem gesunden Menschenverstand ebenso wie nach energie- und gesamtwirtschaftlicher Logik irrationale Technologiewahl getroffen? Auf die starken Pfadabhängigkeiten aus dem Industrialisierungsmodell des nichtkapitalistischen Weges wurde hingewiesen, doch entscheidend ist die zunehmend sich selbst schadende Dominanz des Rentenstaates. Ein solcher beruht auf „Renten“, die der Staat aus dem Exporterlös seiner Rohstoffvorkommen bezieht und als sozialpolitische Leistungen für Wohnungen, Sozialtransfers und Bildung an die Bevölkerung verteilt. In Algerien zieht man diese Erträge vor allem aus der Extraktion und dem Export von Erdgas und Erdöl, die dort vergleichsweise reichlich im Boden vorhanden sind. Ähnlich alimentieren sich die meisten OPEC-Staaten, die in der Regel jedoch nicht so bevölkerungsreich sind. Renteneinkommen, die Golfmonarchen lange für ihren Luxuskonsum und Prestigevorhaben verwendet haben, werden dem Anspruch eines sozialistischen Egalitarismus folgend an die breitere Bevölkerung ausgezahlt, ohne dass damit jedoch Korruption und Kapitalflucht vermieden wurden – auch Algerien mit seiner exklusiven Staatsklasse und ihren Günstlingen steht im internationalen Korruptionsindex auf einem der hinteren Plätze.
Der Segen der Bodenschätze verwandelt sich in einen Fluch, wenn die Einnahmen auf Grund fallender Weltmarktpreise sinken, während die Bevölkerung rasch zunimmt, und wenn

es nicht gelingt, Importe durch eigene Produktion zu ersetzen, also ein wachsender Teil der Exporteinnahmen für die Einfuhr lebenswichtiger Güter verausgabt werden muss. Beides ist im algerischen Fall zusammengekommen und hat nach anfänglichen Erfolgen das Vertrauenskapital aufgezehrt, das eine aus dem antikolonialen Kampf geborene Staatsklasse einmal hatte, inzwischen aber als korruptes und mafiöses, mit Repression und Manipulation regierendes „Mumien-Regime" längst verspielt hat.
Der Niedergang des algerischen Rentenstaats[79] verlief folgendermaßen: Mit der Nationalisierung der Erdöl- und Erdgasproduktion, die als Kompensation für die Leiden der Kolonialzeit und als Anwaltschaft auf eine egalitäre Entwicklung seit 1970 vorgenommen wurde, brach zunächst ein goldenes Zeitalter an - mit hohen Investitionsquoten, starkem Wirtschaftswachstum und einem binnen zwei Jahrzehnten mehr als versechsfachten Bruttoinlandsprodukt pro Kopf. Mein Untersuchungsobjekt Ende der 1970er Jahre, die algerische Stahlindustrie, gehörte zu den sogenannten „industrie industrialisantes" (G. Destanne de Bernis), die mit dem Fokus auf Schwerindustrien wie Stahl und Petrochemie einen Etappensprung bewirken sollten. Zunächst wurden die Produktionsmittel sozialisiert, der private Konsum sollte anschließend wachsen. Weder gelang dieser

---

[79] Hartmut Elsenhans, Rentierstaat Algerien Realität vs. konstruierte Wirklichkeit, in: WeltTrends. Zeitschrift für internationale Politik, H. 85, Juli/August 2012, S. 10-14; Rachid Ouaissa, Rente als Hindernis für den Kapitalismus. In: Baraki, Matin/Edlinger, Fritz (Hg.): Krise am Golf. Hintergründe, Analysen, Berichte. Wien 2020, S. 223-231.

Große Sprung nach vorn noch die parallel angesetzte Agrarreform. Und die Halbierung der Erdölpreise seit Mitte der 1980er Jahre erzeugte erste Legitimationsprobleme für dieses ehrgeizige Industrialisierungsvorhaben, das zunächst nur karge Konzessionen an die breite Bevölkerung machte, die in Frankreich wie in den maghrebinischen Nachbarländern rasch wuchsen. Das FLN-Regime, das nach dem Tod Houari Boumediennes zwischen überholter Planwirtschaft und improvisierter Liberalisierung schwankte, war von dieser unplanmäßigen Entwicklung überrascht, verschuldete sich und geriet unter den Druck islamisch motivierter Kritik an der augenfälligen Verteilungs-Ungerechtigkeit und der nicht minder offensichtlichen Korruption.
Diese Kritik schlug sich im ebenso überraschend deutlichen Wahlsieg der Islamischen Heilsfront nieder, die aus der Missachtung islamischer Gerechtigkeitsprinzipien Kapital schlug. Das dagegen errichtete Militärregime, das immense Summen in die Terrorbekämpfung steckte und die Zivilgesellschaft, darunter mittlere und kleine Unternehmer, Gewerbetreibende und Selbständige abwürgte, privatisierte weiter und öffnete das Land für Direktinvestitionen, füllte dabei aber auch die Taschen seiner Nutznießer, die das Geld ins Ausland brachten. „Gerettet" wurde es durch das Nachlassen des Terrors und vor allem durch periodisch wieder steigende Erdölpreise, die indes die alten Probleme nicht überdeckten oder sogar noch verschärften. Denn ein großer Teil der Rente geht in den Import von Konsumgütern, den Rest verschlingen Wohnungsbau und Sozialleistungen, die jedoch zu schleppend und zu begrenzt sind, um die wach-

senden Ansprüche zu befriedigen. Insbesondere der algerischen Jugend blieb wieder nur die Emigration über das Mittelmeer, die immer schwieriger und riskanter geworden ist. Es gibt also Alternativen innerhalb Algeriens und Chancen für eine Kooperation mit Ländern der Europäischen Union. Potenziale sind reichlich vorhanden, vor allem im Bereich der erneuerbaren Energien, Kontakte von Unternehmen, Regierungen und NGOs ebenso. Während das zu Beginn des 21. Jahrhunderts gegründete „Desertec-Projekt" am Ende auf Energieexporte nach Norden fixiert war, ließe sich in der nächsten Dekade – der entscheidenden für die Abmilderung des Klimawandels, der auch in Algerien schlimme Folgen hat - eine Variante für importsubstituierende Industrien entwickeln, die in Sachen Nachhaltigkeit ganze Etappen überspringen könnte und am Ende auf eine grüne Gemeinwirtschaft hinausliefe. Von solchen Perspektiven ist das erschlaffte Regime in Algier indes ebenso weit entfernt wie die Opposition, die sich bislang wenig Gedanken gemacht hat über ein alternatives Entwicklungsprojekt.

Repair: Zeige die Wunde

Der Titel dieses Buches hat Algerien, Frankreich und Deutschland in ein Verhältnis gesetzt, das ich mangels eines besseren Ausdrucks als „Reparationsdreieck“ bezeichnen möchte. Das Deutsche Reich und Frankreich waren über Jahrhunderte in Kriege und Konflikte verwickelt, was Ende des 19. Jahrhunderts in eine sogenannte „Erbfeindschaft“ eskalierte. Drei Kriege mit Hekatomben von Toten und unendlichen mentalen, moralischen und materiellen Schäden wurden ausgefochten, bis 1945 *beide* Gesellschaften am Boden lagen. Anders als 1918/19 schlugen weitsichtige Politiker und Intellektuelle nun einen anderen Kurs ein, und auch wenn Frankreich aus guten Gründen Reparationen forderte und bekam, inszenierten sie parallel eine „deutsch-französische Aussöhnung“ - die funktionierte! Sie wurde nämlich vor allem von der jüngeren Generation auf beiden Seiten angenommen und habitualisiert, bis sich schließlich zu Beginn des Jahrhunderts die Bürger beider Nationen in Umfragen als wechselseitig am nächsten stehend einstuften. Die „Achse Paris-Berlin“ trug auch die Europäische Union, und sie hielt, wie oben dargestellt, die Parteinahme oppositioneller Deutscher für die algerische Unabhängigkeit aus. Mit dieser bekam die bilaterale Beziehung 1962 eine trilaterale Erweiterung, wobei das unabhängige Algerien eher mit der DDR kooperierte als mit Westdeutschland. Die Dreiecksbeziehung ist freilich nie ins allgemeine Bewusstsein vorgedrungen. Dabei stand und steht auch zwischen Algerien und Frankreich eine „Aussöhnung“, umfassender: eine

Reparation an, wofür die deutsche „Aufarbeitung der Vergangenheit" – ohne dass sie ein ideales Vorbild wäre – Anregungen geben könnte. Und auch wenn Politik und Gesellschaft Algeriens in Deutschland kaum präsent sind, haben algerische Emigranten seit Langem Beziehungen nach Deutschland geknüpft, wo wiederum die überfällige Aufarbeitung (und Reparation) der Kolonialgeschichte und vor allem des Genozids an den Herero und Name im einstigen „Deutsch-Südwestafrika" (Namibia) gerade erst begonnen hat.

Auch der Künstler Kader Attia bewegt sich zwischen Algerien, Frankreich und Deutschland. Geboren 1970 in der Vorstadt Dugny im Département Seine Saint-Denis als Kind algerischer Einwanderer, ist er im familiären Hin und Her über das Mittelmeer aufgewachsen; in Paris studierte er an der École Supérieure des Arts Appliqués Duperré und an der École Nationale Supérieure des Arts Décoratifs und gründete 2016 *La Colonie*, einen transkulturellen, transdisziplinären und generationsübergreifenden Ort der Debatte. Seit einiger Zeit lebt er mit seiner Familie überwiegend in Berlin, wo er 2022 die dortige Biennale kuratiert. Seine Werke, Skulpturen, Installationen, Filme und Fotoarbeiten sind auf vielen renommierten Einzel- und Gruppen-Ausstellungen rund um den Erdball gezeigt worden, darunter auf der documenta (13) in Kassel, im Museum of Modern Art (MoMA) New York und in der Hayworth Gallery in London. Er wird von der deutschen Galerie Nagel Draxler (Berlin-Köln-München) vertreten.

Im Blick auf diese wahrhaft transkulturelle Künstlerlaufbahn interessierte mich vor allem Kader Attias Hauptthema:

Repair, das ich 2012 auf der Documenta wie einen Schock erlebte.[80] Mein Zugang zu diesem Thema war zunächst ökologisch geprägt, das heißt: von der Vorstellung, dass wir in einer Reparaturgesellschaft weniger damit befasst sind (oder jedenfalls sein sollten), Altes abzureißen und wegzuwerfen, um für Neues Platz zu machen (wie in den zubetonierten Megacities der Welt immer noch der Fall), als vielmehr damit, die Zerstörung der Umwelt, die das Überleben der Menschheit bedroht, abzumildern und auszubessern. Reparieren heißt: Mit den Ressourcen haushalten und eine Kreislaufwirtschaft betreiben, in der es kaum noch „Müll“ gibt.[81] Und dabei, wie die Installationen Kader Attias exemplarisch zeigen, die Wunden der Zerstörung nicht zuzukleistern oder verschwinden zu lassen. Das hatte ich bereits von meinem verstorbenen Freund Lebbeus Woods gelernt, dem Architekten-Künstler der „Radical Reconstruction“, der für Orte radikaler Zerstörung durch Erdbeben (San Francisco 1989), politische Teilung (Potsdamer Platz in Berlin), Kriegszerstörung (Sarajewo) und Verfall (Havana) visionäre Entwürfe geliefert hat, die hier die urbanen Wunden

---

[80] Kader Attia (Hg.), The Repair. From Occident to Extra-Occidental Cultures, Berlin 2014; ders., Transformations, Leipzig 2014; ders., Sacrifice and Harmony, Bielefeld 2016; ders., Les racines poussent aussi dans le béton, Vitry-sur Seine, 2018; ders., The Museum of Emotion, London 2019; ders., Remembering the Future, Zürich 2020

[81] Bertling, Jürgen and Leggewie, Claus. "Die Reparaturgesellschaft. Ein Beitrag zur großen Transformation?". In: Andrea Baier et al. (Hg.) *Die Welt reparieren: Open Source und Selbermachen als postkapitalistische Praxis*, Bielefeld: 2016, S. 275-286. https://doi.org/10.1515/9783839433775-025 Zu verweisen ist auf das vielschichtige Dossier zum Thema *reparieren* in der Zeitschrift Rhinozeros, Bd., 1/2021

nicht verschwinden lassen, sondern für Über- und Nachlebende gut sichtbar halten sollten.

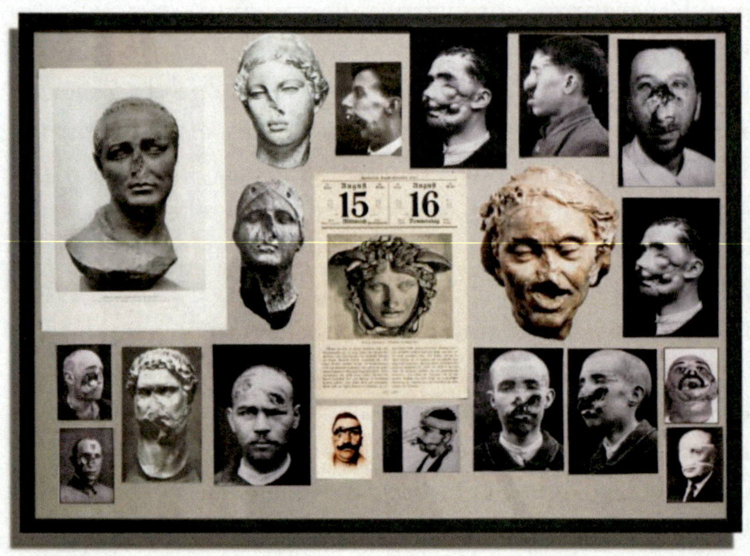

Untitled, 2014
Collage. Vintage silver print and documents on cardboard
Installation view, Sacrifice and Harmony, MMK, Frankfurt, 2016
Courtesy of the Artist
Photo: Axel Schneider

Die zerbrochenen Gesichter in der abgedunkelten documenta-Halle stammten von Kriegsversehrten des Ersten Weltkriegs, durch Schrapnelle und Granaten grausam entstellte Köpfe, die für die Nachkriegsgesellschaft chirurgisch hergerichtet worden waren. Die Ärzte hatten ihr Bestes gegeben, doch den weiterhin gräßlich gezeichneten Veteranen

schlugen oft Abscheu oder hilfloses Mitgefühl entgegen. Sieger und Verlierer der „Grande Guerre“ verliehen den Kriegshelden kostenlose Orden und schmale Renten; so kehrten sie aus dem Totenreich, in dem sie entschwunden wären, in die Gegenwart eines „Nachkriegs“ zurück.
Attia will mehr: „Begegnungen zwischen westlicher und nicht-westlicher Welt in einer emblematischen Zeit ihrer Geschichte herbeiführen, sei sie grausam oder ruhmreich gewesen. Doch über diese Gegenüberstellungen hinaus geht es in diesem Werk darum, eine Lesart von Existenz durch *Universalität* zu finden, statt durch eine bipolare Konfrontation zwischen westlicher und nichtwestlicher Welt." Die Folgen des europäischen Krieges, dessen Gewalt die "restaurative" Kosmetik überdecken wollte, konfrontiert der Künstler nun mit den Zerstörungen und Appropriationen des Kolonialismus. Im Ersten wie im Zweiten Weltkrieg wurden in den europäischen Armeen „Kolonialsoldaten“ verheizt, denen man 1945 wie in Sétif und Guelma die Unabhängigkeit und Freiheit verweigerte. Diesen Zusammenhang vermittelt Attia mit Holzskulpturen aus Dakar/Senegal und Marmorplastiken aus Carrara/Italien, mit Zeitdokumenten in den Regalen und Vitrinen: Zeitungen, Bücher, Originalfotos, Artefakte, Fotokopien, Metallelemente, darunter Objekte, die in Schützengräben aus Patronenhülsen und Artilleriemunition gebastelt worden waren, unterstützt durch Diaprojektionen und Filmdokumente.
Das Thema *Repair* hat der Künstler in weiteren Variationen bearbeitet. Für ihn ist Repararieren eine Konstante im natürlichen wie im sozialen Leben. Sie beinhaltet Traumata und Wunden, aber eben auch Erholung und Heilung, genau

wie Aneignung und Wiederaneignung. Die Kindheitserfahrung des Einwandererkindes steht dafür:

„Das Aufwachsen zwischen Frankreich und Algerien, das Hin- und Herpendeln zwischen zwei Welten, haben mich dazu gebracht, mich mit diversen Denkweisen über die Umwelt zu beschäftigen. Vieles hat meine Forschungen zum Konzept der Wiederaneignung genährt, aber eine Sache, die mein Vater zu mir sagte, als ich ein Kind war, ist mir besonders in Erinnerung. Er wusste ja, dass ich traurig war und es satt hatte, zwischen zwei so unterschiedlichen Orten hin- und herzuwandern, und er sagte: ‚Weißt du, Kader, als Einwanderer gibt es etwas sehr Wichtiges: Wenn du ein Land verlässt, ist weder das Land, das du verlässt, noch das, das du zu erreichen träumst, wichtig; das Wichtigste ist die Reise, die du machst.' Mit dieser poetischen Aussage im Hinterkopf begann ich, die Welt in einem anderen Licht zu sehen. Ich verstand, dass zwei Dinge paradoxerweise durch das, was sie miteinander verbindet, getrennt werden können. Viele Jahre später half mir der Rat meines Vaters, die Passage in René Descartes' Essay *Diskurs über die Methode* zu verstehen, in der er erklärt, dass, wenn zwei Dinge unterschiedlich sind (wie z. B. ein Apfel und ein Hut), es nichts geben kann, was sie gemeinsam haben, außer eben diesem Unterschied. Ihr Unterschied an sich ist eine Analogie, die sie teilen."

Reparatur und Reappropriation zielen nicht auf oberflächliche Harmonie und Heilung ab. Westliche Künstler, Architekten und Anthropologen haben sich im kolonialen Zeitalter Artefakte angeeignet, ohne deren Ursprung und Kontext zu würdigen, was der Terminus "Raubkunst" in der aktuellen Debatte um Restitutionen und Entschädigungen treffend benennt. Jede Aneignung muss den Prozess dieses

asymmetrischen und gewaltförmigen "Kulturkontaktes" reflektieren. Die Wiederherstellung zerfetzter oder „hässlicher" Gesichter durch Schönheitschirurgie übertüncht Wunden, korrigiert „Natur" und stellt ein Duplikat des alten Selbst, aber keine völlig neue Wirklichkeit her. Attias Solo-Ausstellung *"Scars remind us that our past is real"* in der Fundació Joan Miró in Barcelona demonstrierte 2018, wie man anders mit Wunden umgeht: nicht indem man sie verbirgt, sondern indem man sie als Geschichtszeichen anerkennt. Und es ist kein zufälliger Kontrast, dass zur gleichen Zeit, als die verstümmelten Antlitze repariert wurden, massenhaft afrikanische Masken als beliebte Sammlerobjekte nach Europa verbracht wurden.
Ein anderer Schauplatz „kannibalisierender" Appropriation wurde Ghardaia im Süden Algeriens. Der Architekt Le Corbusier nahm die Stadt, die er überflogen und besucht hatte, als Blaupause für seine demiurgische *Cité radieuse* und die daran anschließenden Großbauten der Vorstädte, in denen Attias Familie lebte.

„Einige ‚postmoderne' architektonische Theorien sind in den frühen 50er Jahren in Algerien von Fernand Pouillon erprobt und dann in den französischen Banlieues umgesetzt worden, bevor sie in der ganzen Welt Verbreitung fanden. Einige der von Pouillon in Algier errichteten modernistischen Sozialwohnungen, wie ‚Dar Essaada' oder ‚Cité Confort', sind Vorläufer der in den 1960er und 1970er Jahren in Frankreich in großer Zahl gebauten Wohnungen. Die Energie, die vor der Unabhängigkeit Algeriens noch eilig aufgebracht wurde, um diese Baustellen in Algier und anderen Städten fertigzustellen, hat etwas Vorahnungsvolles. Die

Projekte, zehn Jahre vor der Unabhängigkeit entwickelt, scheinen Laboratorien der sozialen Kontrolle durch Wohnungsbau und Städtebau für die Zeit nach der Kolonisierung gewesen zu sein. Sie nehmen die riesigen ‚Schlafstädte' vorweg, die die Ströme von Wirtschaftsmigranten aus den ‚zukünftigen ehemaligen Kolonien' aufnehmen sollten: sie waren eine billige Arbeitskraft, die noch leichter auszubeuten war als zur Kolonialzeit. Da sie nunmhr keine Franzosen mehr sind, sind sie ‚nicht mehr zu Hause' und nehmen weniger Rücksicht auf ihre Lebensbedingungen. Dies gilt umso mehr für Frankreich, wo diese Menschen von Barackensiedlungen (bidonvilles) - damals kleine Dörfer wie die von Nanterre oder Juvisy (wo meine Eltern lebten), - in riesige, scheinbar funktionale Betonklötze umziehen."

Untitled (Ghardaïa), 2009
Installation. Cooked couscous on plinth, digital prints on paper.
Installation view, Make Yourself at Home, Kunsthal Charlottenborg, Charlottenborg/Denmark, 2010
Courtesy the artist, Collection Solomon R. Guggenheim Museum, New York, Collection Tate London, and Lehmann Maupin
Photo: Anders Sune Berg

Für den New Yorker Kulturwissenschaftler Manthia Diawara ist diese Arbeit ein Beispiel für die Überwindung einer binären Logik: Das Andere ist nicht (wie bei Edward Said und vielen Postkolonialen) absolut, es enthält vielmehr eine Totalität, womit bestehende Asymmetrien, Hierarchien und

Machtgefälle keineswegs ignoriert oder verleugnet werden. Nur so kann die Grenze wirklich überschritten werden.
Die Zertrümmerung eines Gegenstandes nicht zu kaschieren, sondern zu markieren und hervorzuheben ist auch das Ziel des japanischen Kintsugi, einer traditionellen Reparaturmethode für Keramik. Porzellanbruchstücke werden mit Urushi-Lack geklebt, fehlende Scherben werden mit einer in mehreren Schichten aufgetragenen Kittmasse ergänzt, in die feinstes Pulvergold oder andere Metalle wie Silber und Platin eingestreut werden.
So macht man die Vergangenheit eines Artefakts, seine Zerstörung, das Zeugnis davon und das Entstehen eines neuen Artefakts oder umfassender einer Wirklichkeit bewusst und schafft eine Verbindung zwischen Vergangenheit, Gegenwart und Zukunft. Der Verlust eines Dings wird weder geleugnet noch überdeckt, er wird im Akt der Reparatur dreifach „aufgehoben" – nämlich aufgenommen, aufbewahrt und transformiert. In diesen Installationen hat Attia die Bruchstellen nur grob provisorisch „getackert" und den Betrachterinnen zusätzlich einen Spiegel angeboten, um die Spuren einer erinnerungslosen Moderne – die zerborstene Bahnschwelle, der aufgerissene Betonboden - sichtbar zu machen.

Untitled, 2020
Series of sculptures.
Ceramic plate, resin, metal stand.
Dimensions variable
Installation view, Kader Attia: Remembering the Future
Kunsthaus Zürich, 2020
Courtesy of the Artist
Photo: Franca Candrian

Repaired Broken Mirror, 2013-2021
Series of sculptures.
Mirror, wire.
Installation view, Kader Attia:
Repairing the Invisible
S.M.A.K, Ghent, 2017.
Courtesy of the Artist
and Galerie Nagel Draxler
Photo: Dirk Pauwels

Some Modernity's Foodprints, 2018
Side-specific installation. Wooden railway sleepers, metal staples
Installation view, Kader Attia: The Field of Emotion
The Power Plant, Toronto, 2018
Courtesy of the artist
Photo: Toni Hafkenscheid

II. Der künstlerische Reparaturgedanke darf nicht „nahtlos“ auf Kollektive wie Nationen übertragen werden. Man kann aber darauf verweisen, dass nach kriegerischen Konflikten seit der Antike regelmäßig „Reparationen“ von den Besiegten und für schuldig Erklärten gefordert und entrichtet werden. Das Deutsche Reich hat den Siegermächten nach den beiden Weltkriegen des 20. Jahrhunderts erhebliche

Geld- und Materialleistungen erbringen müssen, als Kompensation für wenigstens einen Teil der verursachten Schäden; auch wurden im Luxemburger „Reparations Agreement" von 1952 Geldzahlungen, Exportgüter und Dienstleistungen im Gesamtwert von 3,5 Milliarden Deutsche Mark an den Staat Israel und außerhalb Israels lebende überlebende Juden transferiert, die als „Wiedergutmachung" für den Mord an den europäischen Juden gedacht waren. Gewiss ist höchst fraglich, ob ein derartiges Menschheitsverbrechen wie die Shoah überhaupt „gutgemacht" werden kann; doch darf die Anerkennung der kollektiven Verantwortung des Nachfolgestaates eines totalitären Verbrecherregimes auch nicht bei einer rein symbolischen Entschuldigungsgeste stehen bleiben.

Diese Reparation ist eine Variante der „Übergangsgerechtigkeit" (transitional justice), die allgemein davon ausgeht, dass Verbrechen einer gewaltsamen Vergangenheit eines Gemeinwesens nach einem Bürgerkrieg aufzuarbeiten sind und diese Transition notwendig ist für einen gelungenen Übergang von einer Diktatur in eine Demokratie. Fehlt ein solcher Ausgleich, bleiben die Beziehungen zwischen Konfliktparteien dauerhaft gespannt und das Risiko ist groß, dass sie sich in einer neuerlichen Auseinandersetzung entladen.

Zwischen Frankreich und Algerien ist, anders als im Prozess der deutsch-französischen Aussöhnung nach 1945, eine solche Übergangsjustiz noch nicht zum Zuge gekommen. Über ein symbolisches Bekenntnis zur Verantwortung für den Kolonialismus und eine verhaltene Anerkennung der Schuld für Deportationen, Folter und genozidale Aktionen ist die Französische Republik bald 60 Jahre nach der Unabhängigkeit Algeriens nicht hinausgekommen. Umgekehrt gilt das auch für die auf algerische Seite verübten Verbrechen an Zivilisten, die weit über den als (auch bewaffnete) Gegengewalt legitimierbaren Widerstand hinausging. Neben gerichtlichen Maßnahmen (Kriegsverbrecherprozesse nach Nürnberger Muster, Opferentschädigungen) sind vor allem gesellschaftliche Initiativen notwendig, die den Willen zu dauerhafter Veränderung erkennen lassen und sich universalen Menschenrechten verpflichtet fühlen. Konfliktursachen und Verbrechen müssen dazu öffentlich aufbereitet und diskutiert werden, Opfer auf allen Seiten müssen unabhängig von ihrer Herkunft und Religion anerkannt werden, Täter – so schwer das fällt – eine Chance zur Rehabilitation erhalten. Wichtig sind dabei institutionalisierte Räume für ein kollektives Erinnern.

Einen Ansatz dazu bot der im Januar 2021 dem französischen Staatspräsidenten Emmanuel Macron vorgelegte „Rapport sur la colonisation et la guerre d'Algérie" aus der Feder des Algerienspezialisten Benjamin Stora, der konkrete Vorschläge für eine gemeinsame Aufarbeitung auflistet, von denen ich einige zitieren möchte:

- „In Frankreich eine Kommission ‚Erinnerung und Wahrheit' einsetzen, die gemeinsamen Initiativen zwischen Frankreich und Algerien zu Fragen der Erinnerung vorantreiben soll;
- Gedenkveranstaltungen zu verschiedenen symbolischen Daten des Konflikts: das Waffenstillstands-Abkommen von Évian am 19. März (1962), eine Ehrung der Harki zum 25. September und eine Erinnerung an das Pogrom

an algerischen Demonstranten in Paris am 17. Oktober (1961);

- Rückgabe des Schwertes von Emir Abdelkader, dem Helden des Widerstands gegen die französische Kolonialisierung im 19. Jahrhundert, an Algerien;
- Anerkennung der Ermordung des Rechtsanwalts und politischen Aktivisten Ali Boumendjel während der Schlacht um Algier 1957;
- Einsetzung einer gemeinsamen Kommission aus französischen und algerischen Historikern, um die Entführung und Ermordung von Europäern in Oran im Juli 1962 aufzuklären;
- Aufklärung zu den französischen Atomtests in der Sahara und ihren Folgen sowie zur Verlegung von Anti-Personenminen während des Krieges;
- Erleichterung der Reisen von Harkis und ihren Kindern zwischen Frankreich und Algerien;
- Förderung der Pflege europäischer Friedhöfe in Algerien sowie jüdischer Friedhöfe und der Gräber algerischer muslimischer Soldaten, die während des Algerienkriegs für Frankreich gefallen sind;
- Konservierung und Auswertung von Archiven mit dem Ziel, geeignete Archive von Frankreich nach Algerien zu transferieren und Forschern beider Länder den Zugang zu dortigen Archiven zu ermöglichen;
- Wiederaufnahme des Museums-Projekts zur Geschichte Frankreichs und Algeriens, das in Montpellier geplant und 2014 aufgegeben wurde;
- Überführung der Anwältin Gisèle Halimi, einer Oppositionsführerin gegen den Algerienkrieg, in das Pantheon;

- Einrichtung einer französisch-algerischen Kommission zur Zukunft der Kanone "Baba Merzoug"[82] ;
- Errichtung von "Erinnerungsorten" an vier Internierungslagern für Algerier in Frankreich. [83]

Das algerische Pendant, beginnend mit der Öffnung dortiger Archive, fehlt weiterhin.[84] Die Reaktion der algerischen Regierung war kühl bis ablehnend, auch die demokratische Protestbewegung konnte sich für diese Initiative nicht erwärmen. [85] Beide Akteure erwarten stärkere symbolische Gesten, wie eine unverklausulierte Entschuldigung des französischen Präsidenten bei einem offiziellen Staatsbesuch, und Reparationszahlungen für die algerischen Opfer der Kolonialisierung, deren Quantifizierung allerdings offen bleibt und angesichts der Länge der in Frage stehenden Periode von 132 Jahren fraglich bleibt.[86]

---

[82] „Baba Merzoug" wird die zwölf Tonnen schwere und sieben Meter lange Großkanone *Le Consulaire* genannt, die seit dem 16. Jahrhundert im Hafen von Algier stand und 1830 nach Brest verbracht wurde, wo man sie 1833 im Kriegshafen von Brest als Kriegstrophäe aufgerichtet hat.

[83] https://www.vie-publique.fr/rapport/278186-rapport-stora-memoire-sur-la-colonisation-et-la-guerre-dalgerie

[84] Francesco Tamburini, Who Controls the Past Controls the Future: How Algeria Manipulated History and Legitimated Power Using its Constitutional Chartes and Legislation, in: Journal of Asian and African Studies, 1/2021

[85] Salima Mella, La réponse cinglante du Hirak au „rapport Stora", in: Algeria-Watch, 22. 2. 2021

[86] Hinzuweisen ist hier auf analoge Forderungen der polnischen Regierung an die Bundesrepublik Deutschland zur Kompensation der Polen im Zweiten Weltkrieg entstandenen Schäden und Nachteile oder auch der Nachkommen von Sklaven in den USA. Offen ist die

Man darf im Blick auf die deutsch-französische Nachkriegsgeschichte behaupten, dass eine Reparation sich nicht auf materielle Kompensationen beschränken darf, so wichtig auch Geldtransfers sind (nicht zuletzt auch im Blick auf die symbolische Dimension von Geld). Ohne Reparation ist keine Versöhnung möglich, und möglich ist sie wohl nur zwischen demokratischen Gesellschaften. Man kann sogar die These aufstellen, dass es ohne eine echte „Aufarbeitung der Vergangenheit" keine posttotalitäre Demokratie geben konnte.

III. Es fragt sich stets, in welchem Geiste diese Aufarbeitung erfolgen kann. Als Kronzeugen möchte ich hier noch einmal Albert Camus anführen. Er kam im Januar 1960 bei einem Autounfall ums Leben, zwei Jahre bevor der Befreiungskrieg zu Ende ging. Gerne zitiert wird der Ausspruch über seine Mutter nach der Nobelpreisverleihung:
„Ich habe den Terror stets verurteilt. Ich muss auch einen Terrorismus verurteilen, der blindlings ausgeübt wird, z. B. in den Straßen von Algier, und der eines Tages meine Mutter oder meine Familie treffen kann. Ich glaube an die Gerechtigkeit, aber im Zweifel werde ich meine Mutter vor der Gerechtigkeit verteidigen".[87]

---

offizielle Entschuldigung plus Kompensationszahlungen der deutschen Regierung an Namibia für die während der Kolonialzeit verübten Massenmorde an den Herero und Nama.

[87] Das oft verkürzt wiedergegebene Zitat aus dem Wortwechsel mit einem algerischen Studenten in Stockholm ist apokryph, vgl. Dominique Birman, Le Monde, « Albert Camus a exposé aux étudiants suédois son attitude devant le problème algérien » , 14 décembre 1957

Antikolonialisten haben ihm diese Wahl angekreidet, obwohl Camus sicher keine Sympathie für das Kolonialregime hatte, zu dessen Abgründen seine Mutter indessen nicht das Mindeste beigetragen hatte. Sie war kein „pied-noir exploiteur", wie die antikoloniale Befreiungsfront die Siedler pauschal als Ausbeuter einstufte, sondern eine Analphabetin mit spanischen Wurzeln, die schwer hören und sehen konnte und sich, nachdem ihr Mann im Krieg umgekommen war, mit zwei Söhnen als Putzfrau durchschlagen musste. Camus adressierte nicht nur sie, sondern alle, die ähnlich schuldlos einem Terroranschlag des FLN ausgesetzt sein konnten. Ein postkoloniales Regime, das solche „Kollateralschäden" in Kauf genommen hatte, war nicht in seinem Sinn. Camus plädierte nicht für die „Algérie algérienne", wohl aber – 1959 jedenfalls noch - für ein französisches Algerien, in dem Araber, Berber und Europäer unterschiedlicher Herkunft friedlich und gerecht zusammenleben konnten – in heutiger Terminologie für eine „Einstaatenlösung", wie sie für Israel und Palästina vorgeschlagen wird.
Wenn der Nobelpreisträger von algerischen Schriftstellern in Wir-Form sprach, wollte er ein algerischer *und* französischer Autor von Weltformat sein. So setzt man sich zwischen alle Stühle: Die Ablehnung der meisten *Moudjahedins* war ihm so sicher wie die feindselige Kritik in Sartres Zeitschrift *Temps modernes*, die entschieden für den antikolonialen Kampf der Algerier Partei ergriff, gar nicht zu reden von Nachstellungen der französischen Ultranationalisten. Albert Camus reagierte mit einem langen Schweigen. Man kann nur spekulieren, wie in seinem Fragment gebliebenen autobiografischen Roman *Der erste Mensch*, an dem er bis zu

seinem Unfalltod gearbeitet hatte und der erst 1994 postum veröffentlicht wurde, sein alter ego Jacques Cormery die arabische Umwelt reflektiert hätte. Agnès Spiquel, die Mitherausgeberin von Camus' Werken bei Gallimard, hat in den Entwürfen Hinweise auf eine Freundschaft der Romanfigur mit einem Algerier namens Sidiq gefunden.[88]

Der Journalist und Romancier Kamel Daoud ist einen Schritt weitergegangen und hat in dem preisgekrönten Roman *Meursault, contre-enquête* (2013, deutsch 2016) Camus' berühmtestes Werk *Der Fremde* (in dem Araber und Berber kaum Konturen annehmen und das Mordopfer namenlos geblieben ist) gewissermaßen fortgeschrieben, indem er einen gewissen Moussa einführt, der von Meursault am Strand erschossen worden sei. 70 Jahre später sollten die beiden Perspektiven mit deutlichen Anspielungen und Parallelen konvergieren und auch den historischen Schauplatz des Algerienkrieges genauer erkennen lassen. Daouds Roman war kein gegen Camus gerichteter Versuch, über dessen Gelingen sich die Kritik nicht einig wurde.

Zu Camus 100. Geburtstag wurde deutlich, dass weder Frankreich noch Algerien mit dem weiterhin vielgelesenen (und 2019 mit „Der Pest" noch einmal zum absoluten Weltbestseller avancierten) Autor nicht fertig ist und eine nur scheinbar wankelmütige, in Wahrheit alle Aspekte berücksichtigende Position nicht akzeptieren will. Weder konnte 2010 in Algerien die von dem algerischen Schriftsteller Yasmina Khadra geplante „Camus-Karawane" starten, noch 2012 in Aix-en-Provence eine die Nachfahren der Pieds-

[88] https://www.youtube.com/watch?v=OjIcBraDKus

noirs womöglich schockierende Ausstellung zum Gedenken an einen Autor eröffnet werden, der doch so tief in seinem Geburtsland verankert geblieben war. Benjamin Stora, der das Projekt damals kuratieren sollte, aber auf Druck einiger aufgeregter Algerienfranzosen entlassen wurde, kommentierte das so: "Das ganze Drama von Camus besteht darin, dass er mehreren Welten angehören wollte. Ohne zu sehen, dass dies unmöglich geworden war".[89]

Mit diesem resignierten Fazit möchte ich meinen Rückblick auf Algerien keinesfalls enden lassen. „Mehreren Welten angehören" zu können, muss gerade in postkolonialen Zeiten eine Hoffnung bleiben. Auch in Palästina gibt es zahlreiche Juden und Araber, die gegen alle Evidenz und Resignation gemeinsam auf ein friedliches Zusammenleben in einem Land oder dann auch eben in zwei Staaten hinwirken. Dazu müsste man viele Wunden heilen, sie aber nicht übertünchen und verdrängen. „Empathische Verstörung" (empathic unsettlement) haben die in Israel tätigen Forscher Bashir Bashir und Amos Goldberg das Konzept[90] genannt, die beiden von Juden und Arabern erfahrenen Urkatastrophen der Shoa und der Nakba nicht gegeneinander in Stel-

---

[89] https://blogs.mediapart.fr/benjamin-stora/blog/190913/camus-brulant-entretien

[90] Nach Dominik LaCapra, Writing History, Writing Trauma, Baltimore 2000: Bashir Bashir/Amos Goldberg, Deliberating the Holocaust and the Nakba: Disruptive empathy and binationalism in Israel/ Palestine, in: World Futures The Journal of General Evolution 16(1) February 2014 DOI:10.1080/14623528.2014.878114 und dies (Hg.), The Holocaust and the Nakba: A New Grammar of Trauma and History, New York 2018.

lung zu bringen und aufzurechnen, sie auch weder analytisch zu hierarchisieren noch in einen simplen Kausalzusammenhang zu bringen, sie aber auch nicht in einer oberflächlichen Pazifizierung zu vernebeln. All das geschieht ja dauernd, nicht nur in Israel, sondern auch in unfruchtbaren Debatten über Antisemitismus und Rassismus, Holocaust und Kolonialismus. Emphatische Verstörung reißt keine Gräben auf und kleistert nichts zu, es ist die Einladung zu einem schwierigen Dialog auf Augenhöhe und der Versuch, ohne Verlogenheit und Rechthaberei eine Diskussion in Gang zu bringen. Das sollte endlich auch im französisch-algerischen Verhältnis möglich sein, wenn es erwünscht ist, mit Unterstützung von deutscher Seite.

Statt eines Nachworts: Die Pest – eine Relektüre

Den Roman habe ich um 1966 als Schüler erstanden und 1992 mit nach Algerien genommen, aber erst jetzt, weil Kaufen und Mitnehmen ja nicht gleich Lesen ist, erstmals gelesen. Dabei schien mir der Antrieb, das berühmte Werk zur Kenntnis zu nehmen, immer schon existenziell: Mit 16 ist man rebellisch und will frei sein, und der Name Camus stand für eben solche Dringlichkeit. Der junge Mann hatte Camus' literarischen Text aber gleich zu dessen Essaysammlung „Mensch in der Revolte" übersprungen: „Ich empöre mich, also sind wir". Oder: „Die wahre Großzügigkeit der *Zukunft* gegenüber besteht darin, in der *Gegenwart* alles zu geben." Knapp drei Jahrzehnte später, auf Reportagereise durch ein Bürgerkriegsgebiet, sprang einen behüteten Mitteleuropäer die Todesgefahr an wie nie zuvor. Am Ort der Entstehung des Romans war zum Lesen gar keine Muße; draußen spielte sich ein irres Gemetzel zwischen blutrünstigen Dschihadisten und unberechenbaren Sicherheitsdiensten ab, was schon eine Fahrt von Algier nach Oran zu einem erheblichen Risiko machte, wenn man etwa an einem Kontrollpunkt angehalten wurde. So blieb „La Peste" wieder ungelesen in der Tasche. Damals lernte ich Boualam Sansal kennen, der 2011 den Friedenspreis des Deutschen Buchhandels bekam und im gleichen Viertel wie Camus aufgewachsen war; sein düsterer, im Hausarrest geschriebener Roman „Das Ende der Welt" von 2015 erinnert an dieses Vorbild.

Wären die Lektüren der 1960er und 1990er Jahre wohl eher „symptomatisch" ausgefallen, mit der Pest als Metapher und Allegorie für etwas Anderes, meint man heute auf jeder Seite des Romans die realen Symptome der Pandemie zu erkennen. Das 1947 erschienene Buch, damals rasch ein Welterfolg und über Jahrzehnte ein Longseller, gibt heute den Ton an; in Italien sprang „La Peste" auf Platz 1 der Bestsellerliste, im Online-Buchhandel für deutsche Leser rangiert das Buch ebenfalls weit oben, wobei es der Algorithmus als den Spitzentitel „afrikanischer Literatur" listet.
Lesen ist die allseits empfohlene Art, den angeordneten Rückzug in die eigenen vier Wände zu überstehen. Aber sucht sich man ausgerechnet dieses Sujet aus? Man liest die „Pest" auf denen Fall völlig anders, wenn man die wahrscheinlich größte Bewährungsprobe seit dem Zweiten Weltkrieg vor sich hat, in dessen Verlauf Camus den Roman zu schreiben begann, als Redakteur der Widerstandszeitung *Combat* im von der Wehrmacht besetzten Frankreich. Gewiss ist das Werk kein Seuchen-ratgeber. Camus' Thema war nicht eine lebensgefährliche Krankheit, auch wenn er sich als Tuberkulosekranker medizinisch gut auskannte. Vielmehr skizzierte er, wie eine tödliche *politische* Gefahr, die Ausbreitung der „braunen Pest" des Nationalsozialismus und allgemeiner die Bedrohung durch ein totalitäres Regime zu überstehen war. Der Roman, in verschiedenen Epochen für die Bühne und als Hörspiel bearbeitet, sei mehr, aber eben auch nicht weniger als das Narrativ einer Résistance, bekundete Camus rückblickend einem Kritiker, der es ganz zeitlos lesen wollte. „La Peste" wurde auch ein Klassiker der politischen Philosophie, die aus keinem Anlass

luzider wird als dem einer tiefgreifenden Zivilisationskrise und einer derart immensen Gefährdung der Freiheit, wie wir sie wohl – noch reibe ich mir die Augen und will Übertreibungen meiden – zu gewärtigen haben.
Camus neu lesen, nun als alt gewordener Mann und jemand, der sich zutreffend in der „Risikogruppe" einsortiert weiß. Der konstatiert erst einmal, da die „Pest" gerade vergriffen und der Buchlanden geschlossen ist, dass das vergilbte Taschenbuch noch in der Hausbibliothek steht, die durch Umzüge und Akte des Ballastabwerfens geschrumpft war. Vorhanden blieb in der Abteilung Camus auch der „Mythos von Sisyphos", „Der Fremde" und Camus' Essaysammlungen und Tagebücher, um postume Schriften und Biografien zum 100. Geburtstag des 1960 bei einem Autounfall Verstorbenen ist sie noch gewachsen. In dieser Bibliothek hatte Albert Camus immer recht gehabt gegen Jean-Paul Sartre, der die „Pest" als minderes Werk und ihren Autor als „Gassenjungen aus Algier" abqualifizierte.
Dieses Mal schlug mich das Buch von der ersten Seite an in den Bann. Das apokryphe Motto von Daniel Defoe (auch er Berichterstatter einer „plague"), es sei „ebenso vernünftig, eine Art Gefangenschaft durch eine andere darzustellen, wie irgend etwas wirklich Vorhandenes durch etwas, was es nicht gibt", wird sich Verlauf der Lektüre klären, ebenso die zunächst nicht erkennbare Doppelrolle des Romanhelden, des Arztes Bernard Rieux, der auch als Chronist auftritt. Auf Seite 7 stolpert er über eine tote Ratte und zieht den Leser in den Sog einer sich beängstigend zuspitzenden Geschichte. Dann fallen Sätze, die von heute stammen könnten:

„Jetzt wird man ohne weiteres zugeben, dass unsere Mitbürger in keiner Weise auf die Ereignisse vorbereitet waren, die sich im Frühling dieses Jahres abspielten", urteilt der Arzt-Chronist. Sein Freund Jean Tarrou antwortet auf die Frage, ob ihm die Epidemie lästig sei:"...nur in einer Hinsicht. Weil wir noch nie so etwa gesehen haben. Aber ich finde es interessant, wirklich, geradezu interessant." Und ein Nachbar begründet, warum er einem Sterbenskranken behilflich sein will: „Ich kann zwar nicht behaupten, dass ich ihn kenne; aber man muss sich gegenseitig helfen." Nicht alle werden, damals wie heute, so edel sein.
Auf Seite 24 fällt erstmals das verhängnisvolle Wort PEST, das mehr als ein Krankheitsbild ist und eine „lange Folge außerordentlicher Bilder" auslöst. Solche vermischen sich unwillkürlich mit Eindrücken zum Beispiel aus Mailand, wo noch ein weiterer Report populär ist, *I promessi sposi* von Alessandro Manzoni, der die dortige Pest von 1665 als Hintergrund hat. Dass man Camus herbeizitiert, liegt an seiner treffenden Schilderung der sich verdichtenden Gewissheit vom Ernst der Lage – und ihrer Verleugnung: „Weil die Plage das Maß des Menschlichen übersteigt, sagt man sich, sie sei unwirklich, ein böser Traum, der vergehen wird. Aber er vergeht nicht immer, und von bösem Traum zu bösem Traum vergehen die Menschen, und die Menschenfreunde zuerst, weil sie sich nicht vorgesehen haben."
Camus führt durch alle Etappen des bösen Wachtraums: der erste Tote, das Badeverbot im Meer, der sich steigernde Bodycount, die Verhängung von Abstandsgeboten und Einrichtung von Absonderungslagern, überforderte Infra-

strukturen, die Monotonie des Lebens im Belagerungszustand, die Trennung von Familien und Freunden, das Ausheben von Massengräbern, die langwierige Arbeit an einem Serum, die totale Erschöpfung des medizinischen und administrativen Personals – und dann das allmähliche Abflauen, das wir jetzt auch möglichst bald erhoffen. Nüchtern registriert Camus die Hilflosigkeit menschlicher Reaktionen, die sich ja schwerlich an einen militärischen Feind halten können und andere Sündenböcke ausmachen.

Ort des Geschehens ist die (Camus grundunsympathische) Stadt Oran im Westen des Landes, wo erste Ideen und Skizzen zur „Pest“ entstanden. Es setzt ein im „April 194X“, von Camus ursprünglich auf 1941 datiert, und reicht bis zum folgenden Februar. Hauptakteure sind neben dem aufopfernungsvollen Arzt Bernard Rieux und dem wohlhabenden, der Revolution entsagenden Jean Tarrou der Verwaltungsangestellte und verhinderte Romancier, Joseph Grand und der Journalist Raymond Rambert, der nicht berichtet, sondern Katastrophenhelfer wird. Ebenso genau zeichnet Camus Randfiguren wie den Kleinkriminellen Cottard, den Untersuchungsrichter Othon und Rieux‘ philosophisch-theologischer Sparringspartner, Pater Paneloux, der in Sachen Theodizee meint, Oran habe die Pest verdient, weil die Sünder sich vom Glauben abgewandt hätten.

Die Romanfiguren sind allesamt *alter egos* des ungläubigen, aus der Partei ausgetreten, mit dem *Writers' block* wohlvertrauten und von seiner Frau getrenntlebenden Autors. Weibliche Wesen kommen übrigens, wie oft bei Camus, nur als Staffage vor (darunter eine strickende Mutter!), Araber in der damaligen französischen Siedlungskolonie überhaupt nicht, auch wenn sie die breite Mehrheit der Bevölkerung stellten. Den chronologischen Fluss unterbricht Camus mehrfach durch einen zweiten Erzähler (Tarrous Tagebücher) und sprachlich-künstlerische Meta-Reflexionen. Seine Sprache ist so schlicht wie mitreißend; der Roman, dessen früher Arbeitstitel „Peste ou aventure" war, könnte als Thriller gelesen werden. Beziehungsweise als konkrete Dystopie unseres Großexperiments: der Rettung der Sozialität durch Dissoziation. Und der Literat zeigt auch, welche Hilfe der Flow des einsamen Schreibens da sein kann.

1947 war in Oran wie in Paris oder Frankfurt eine dunkle, arme Zeit. In jeder Hinsicht besser informiert als die Bürger von Oran, die sich einer übermächtigen Gefahr namens „Pest" ausgesetzt sahen und im Dunkeln tappten, sind wir angeschlossen an globale Kommunikationsnetze und „soziale Medien", die heute jeden Menschen zum Live-Produzenten von (falschen) Nachrichten machen. Die Pest erscheint nicht mehr als riesige Ratte darzustellende Person und ausländischer Tyrann, der den Belagerungszustand ausruft (wie in Camus' gleichnamigem Stück von 1948), der Befall der Wirtszelle wird heute durch hochaufgelöste Aufnahmen aus dem Elektronenmikroskop illustriert. Dieses biopolitische Laien-Wissen lähmt aber auch, es beseitigt nicht die Ungewissheit nicht und schafft nicht die drohende Triage ab, die Rieux praktizieren muss. Ich lese unkonzentriert, blättere vor und zurück. Soll ich wirklich so enden, frage ich mich und stocke, als Tarrou, der „Heilige ohne Gott" eines der letzten Opfer der Pest wird. Aber ich darf nicht klagen, wenn nun wirklich das Ende der Welt kommt, wie wir sie kannten. Wir haben sie in über siebzig Friedensjahren

(wenn auch nur in Mitteleuropa) gebaut, wie sie ist, und hielten, trotz atomarer Dauerdrohung und drastischen Episoden wie der „Hongkong-Grippe“ (die 1969 weltweit über eine Million Opfer forderte), Schicksalsschläge wie diesen nie für möglich. Beklagen können sich vielmehr Kinder und Enkel, und ich muss mich zusammenreißen, um ihren Horizont durch Trübsinn nicht noch mehr zu verdunkeln, als es unsere „normale“ Lebensweise ohnehin getan hat.
Seit 1947 war der medizinische Fortschritt gewaltig. Die Pest ist fast restlos besiegt, nun rasen andere Pandemien um den Erdball und reihen sich ein in andere Kehrseiten der „Globalisierung“, die so, wie wir sie kannten, auch beendet sein dürfte. Und hoffentlich keiner neuen „peste brune“ Platz machen wird. Draußen scheint, wie zum Hohn, eine strahlende Sonne aus tiefblauem Himmel fast ohne die üblichen Konsensstreifen, die kalte Brise aus dem Osten schaufelt Sauerstoff in meine Lunge. Ich trete auf den Balkon, hoffe auf ein politisches Wunder: auf Umkehr, Einsicht, Demut, konstruktive Fantasien - und merke, dass sich diese Hoffnung auf ein Happy End an einen sehr dürren Strohhalm klammert, im absurden Jetzt, das auf sinkende Fallzahlen und Todesquoten schrumpft, wie im düsteren Oran vor achtzig Jahren.
Die „Pest“ nimmt kein glückliches Ende. Die Seuche ist zwar nach zehn Monaten ausgerottet (das wäre bei „Corona“ unser diesjähriges Weihnachtspräsent), aber Doktor Rieux ahnt, sie bleibe in „Zimmern, Kellern, Koffern, Taschentüchern und Papieren“ stecken und könne die Ratten erneut „zum Sterben in eine glückliche Stadt schicken“. Von

der Dachterrasse auf die verhalten jubelnde Menge blickend, nennt er (und das heißt: der Romanautor) als Ziel der Chronik gleichwohl, „schlicht (zu) schildern, was man in den Heimsuchungen lernen kann, nämlich, dass es an den Menschen mehr zu bewundern als zu verachten gibt.“ Ich blättere zurück: Das „Robinson Crusoe“ entnommene Motto Defoes, der 1722 auch einen fiktiven Bericht über die Pest in London 1665 geliefert hat, gibt eine Richtung, wie man heute „etwas wirklich Vorhandenes durch etwas, was es nicht gibt“ begreifen mag, da wir uns weniger gescheit zum Roman eines Autors verhalten, dem über die Jahrzehnte hinweg oft intellektuelle Schlichtheit, politische Naivität und literarische Borniertheit bescheinigt wurden: Wir sollten in Dr. Rieux, seinen Ärztekollegen und freiwilligen Helfern weniger Haus- und Hofphilosophen des Absurden erblicken als das, was sie sind, Ärzte nämlich, die ihr Metier verstehen und alles daran setzen, ein Massensterben zu verhindern. Es ist keine falsche Heroisierung, wenn Menschen in Mailand und anderswo, wenn sie am Abend den Camus (oder Boccaccio) zur Seite legen und auf den Balkon treten, diesen erschöpften Rettern Beifall spenden und Respekt zollen. Und damit Einsamkeit durch solidarisches Handeln überwinden.

Danksagung und Drucknachweise

Das Buch enthält neue und überarbeitete Texte aus den Jahren 1972 bis 2021. Ich danke den Zeitschriften „Blätter für deutsche und internationale Politik", „Merkur" und „Politische Vierteljahresschrift" sowie der „Frankfurter Allgemeinen Zeitung" für die Abdruckerlaubnis. Ohne die aufmunterde Kritik meines Marburger Kollegen Rachid Ouaissa und die Inspiration durch Kader Attia wäre das Buch nicht entstanden. Für kritische Lektüre und viele Denkanstöße danke ich meinem langjährigen Weggefährten Bruno Schoch, ebenso der mutigen Verlegerin Donata Kinzelbach, die sich seit Jahren um die Verbreitung von Texten aus und über Algerien verdient gemacht hat.

Erstveröffentlichungen:

Algérie, mon amour (malheureux) übernimmt Passagen meiner autobiografischen Studie *Politische Zeiten. Beobachtungen von der Seitenlinie*, München 2015, S. 30ff, 130ff., 172ff.

Das Tocqueville-Paradox: Landnahme und Arabophilie. Der Originalbeitrag erweitert ein Kapitel meiner Dissertation *Siedlung, Staat und Wanderung. Das französische Kolonialsystem in Algerien*, Frankfurt-New York 1979, S. 58ff.

Von Boufarik in die Welt: Orangina. Originalbeitrag

Papa, was hast du im Krieg gemacht? Überarbeitung des Aufsatzes „Papa, was hast du im Krieg gemacht? Der Algerienkrieg in der europäischen Erinnerungskultur, in: *Merkur*, Nr. 862, H. 3/2021, S. 68-75

James Baldwin in Paris – algerische Arbeitsmigration von 1880 bis heute. Originalbeitrag

Der andere 8. Mai oder: Kein arabischer Frühling 1945. Erschienen in *Frankfurter Allgemeine Zeitung* 9. Mai 2015

Untiefen des antikolonialen Kampfes. Das Manifest der 121. Erschienen in Susanne Zepp (Hg.), *Le Regard du Siècle. Claude Lanzmann zum 90. Geburtstag. Ein internationales Symposion.* Baden-Baden 2017, S. 71-88

Kofferträger Revisited. Überarbeitet und ergänzt aus *Politische Vierteljahresschrift* (PVS), Bd. 25, H. 2, Juni 1984, S. 169-186,

Kolonialismus als Menschheitsverbrechen? – Der mysteriöse Maître Vergès. Originalbeitrag

Fußballverrückt. Originalbeitrag

Vom Raï zum Rap: Musik als Widerstand – Eine Playlist: Transskript der Hörfunksendung Chaâbi, Tamazight, Raï & Rap. Eine musikalische Reise durch Algerien. Musik der Welt, *Hessischer Rundfunk*, hr2 Kultur 21. 2. 2013

Algerien: Eine visuelle Soziologie. Originalbeitrag

Westsahara: Ein verdrängter Konflikt kommt wieder hoch. Überarbeitet aus Westsahara: Trumps letztes Opfer? In: *Blätter für deutsche und internationale Politik*, 2/2021

Moi Khaled Kelkal – ein Wiederholungszwang? Originalbeitrag

Ungeliebte Flüchtlinge: Vom Erfurter Pogrom zur Kölner Silvesternacht, Originalbeitrag

Ewige Verliererinnen? Femmes de l'Algérie: Originalbeitrag

Hirak 2019 bis 2022. Bilanz eines Scheiterns, überarbeitet nach Algerien: Das Ancien Régime vor der Implosion? Mit Rachid Ouaissa, in: *Blätter für deutsche und internationale Politik* 7/2021 und Aufstand in Algerien. Die zweite Auferstehung des Ali la Pointe, in: *Geschichte der Gegenwart* 21. April 2021, https://geschichtedergegenwart.ch/aufstand-in-algerien-die-zweite-auferstehung-des-ali-la-pointe/

Nachhaltig grün: Nach dem Rentenstaat: Orginalbeitrag

Repair. Zeige die Wunde: Originalbeitrag

Albert Camus, Die Pest – ein Relektüre: Frankfu*rter Allgemeine Zeitung* 28. März 2020

Register